EVANGÉLICOS EM CÁRCERE

Ana Beatriz de Vilhena Pereira

EVANGÉLICOS EM CÁRCERE

Vi Jesus de calça bege e o diabo vestido de terno

ALTA BOOKS
GRUPO EDITORIAL

Evangélicos em cárcere

Contra o Vento é uma empresa do Grupo Editorial Alta Books (STARLIN ALTA EDITORA E CONSULTORIA LTDA).

ISBN: 978-65-83604-65-1

Impresso no Brasil – 1ª edição, 2025 – Edição revisada conforme o Acordo Ortográfico da Língua Portuguesa de 2009.

Dados Internacionais de Catalogação na Publicação (CIP)

P436e
Pereira, Ana Beatriz de Vilhena.
Evangélicos em cárcere: vi Jesus de calça bege e o diabo vestido de terno /Ana Beatriz de Vilhena Pereira. São Paulo: Contra o Vento, 2025.
286 p.; 14 x 21 cm

Inclui bibliografia

ISBN 978-65-83604-65-1

1. Religião 2. Teologia social 3. Pastoral carcerária

CDD 260

Produção Editorial: Grupo Editorial Alta Books
Diretor Editorial: Anderson Vieira
Editor da Obra: Eduardo de Proença
Vendas Governamentais: Cristiane Mutüs
Gerência Comercial: Claudio Lima
Gerência Marketing: Andréa Guatiello
Revisão: Márcia Teixeira
Tradução: José Orlando Pereira
Diagramação: Luana Vulcano
Capa: Victoria Cristina Eduardo

ALTA BOOKS
GRUPO EDITORIAL

Rua Viúva Cláudio, 291 – Bairro Industrial do Jacaré
CEP: 20.970-031 – Rio de Janeiro (RJ)
Tels.: (21) 3278-8069 / 3278-8419
www.altabooks.com.br – altabooks@altabooks.com.br
Ouvidoria: ouvidoria@altabooks.com.br

Editora **afiliada à:**

ASSOCIADO

SUMÁRIO

PRÓLOGO

"Sem data pra não virar passado...": *uma etnografia de memórias e afetos*[1]

O drama da cadeia e favela
Túmulo, sangue, sirene, choros e velas.
(Racionais MC's)

A familiarização proposta neste tópico descritivo-literário se desenvolve em sutilezas escritas que dão o tom e a potência da pesquisa em tela. Isso porque, muito além de reduções numéricas e estatísticas baseadas em marcadores padronizados, que criminalizam determinados e sempre os mesmos sujeitos, aqui versarei sobre realidades cotidianas locais, de pessoas de carne, osso e afetos para além do crime e da estigmatização a elas impostas.

O início deste "conto" se dá com a minha primeira formação, graduação em Licenciatura Plena em História, em

1 O título deste prólogo, "Sem data pra não virar passado", foi extraído do cabeçalho de uma carta confeccionada por um aluno com quem estabeleci estreita relação de respeito, empatia e afeto, escrita à caneta rosa com *glitter* e direcionada a mim, ao final do ano letivo, e a assinatura da carta foi "Do seu amigo, Jairo" (esse nome e todos os outros utilizados nesta obra são pseudônimos escolhidos aleatoriamente, a fim de preservar a confiança depositada na conversa, a identidade e as histórias dos envolvidos).

2011. Em julho de 2012, completando meus 25 anos de idade, ainda no início do mês, fui informada sobre a vaga para Professor de Ensino Básico em História (PEB), na Penitenciária Professor Ariosvaldo de Campos Pires (PPACP). Devido ao contexto singular, pensei que a vaga seria menos concorrida por profissionais com trajetória docente mais longa do que a minha à época e, dessa forma, poderia ser uma oportunidade única de começar a lecionar.

A PPACP é localizada no bairro Linhares, em uma das periferias de Juiz de Fora, muito distante do centro, cuja interação entre os ônibus urbanos é desregulada, o que dificultava ainda mais a acessibilidade. Coincidentemente, eu e os dois outros candidatos à vaga, um veterano da faculdade e uma senhora, descemos no ponto de embarque, exatamente na entrada que dá início à primeira subida em direção à prisão. Essa subida é extensa e ladeada por morros e matagais.

Chega-se, então, ao primeiro enorme portão de entrada e, após certo tempo de espera, algum agente penitenciário atende, verifica documento, telefona para outra portaria, que telefona para a escola e, depois de todas as confirmações, somos autorizados a entrar. Subimos, sozinhas, mais um extenso caminho, com várias entradas e construções laterais, cujo percurso é ladeado, à esquerda, por barrancos e mato e, à direita, um grande muro com pichações[2].

Seguindo em frente, depara-se com um segundo portão e todo o processo de verificação de identidade foi refeito. Entramos pelo portão, e nos encaminharam para o "Salão

2 Atualmente, 12 anos após a primeira descrição, não há mais as pichações com dizeres e imagens religiosas. Os muros foram pintados de uma tonalidade que chamaria de "cinza cadeia". A cor fria reflete a gélida morbidez do ambiente.

da Família[3]", a fim de aguardar a revista[4]. Ao nos direcionarmos para a escola, passamos por alguns sujeitos privados de liberdade. Um deles era muito alto, porte físico musculoso, do tipo fisiculturista, careca, usando o uniforme vermelho com a sigla da Subsecretaria de Administração Prisional (Suapi).

O homem segurava uma enorme pá em que a haste estava sustentada pelo ombro do sujeito, com o local em que se segura o utensílio posicionado para baixo, e a extensão de metal, que cumpre a funcionalidade de uma pá, ao lado e mais acima da sua cabeça. O conjunto da figura formava algo meio caricato e parece ter acionado o imaginário da senhora candidata que, ao se deparar com o rapaz, segurou em meus braços exclamando: — *Ai meu deus, será que dou conta, to com medo!* [*sic*] (Informação verbal, 2012).

Fui eu a candidata selecionada e, antes de assinar toda a documentação para firmar o contrato, a pedagoga da escola explica, em detalhes e por quase duas horas de conversa[5], a

3 O Salão da Família era uma sala que deveria abrigar, aproximadamente, no máximo, cem pessoas. Era destinada a palestras, atendimentos jurídicos ou encontros particulares de internos/as com familiares.

4 Com o tempo, pude constatar que o rigor da revista dependia da funcionária e seu humor do dia. Tínhamos os corpos levemente apalpados, da cabeça aos pés. Mulheres revistadas por funcionárias e homens por funcionários, bolsas também verificadas e cada dia uma recepção diferente, às vezes bem-humorada, outras indiferente, as seguintes hostis e, assim, ciclicamente, coloquialmente, o trato com funcionários, especificamente, da segurança, os agentes penitenciários (AP), era um cotidiano de "pisar em ovos".

5 Contudo, por mais acuradamente que a funcionária tenha explicado, advertido e aconselhado, nada, absolutamente nada, prepara para a realidade que, no dia seguinte, me deparei. Assim como, nenhum, absolutamente nenhum texto acadêmico de orientação em pesquisas etnográficas prepararia para a degradação da realidade das galerias e celas (conhecidas como "barracos", seria o equivalente ao local de moradia das pessoas) em que moram os internos, às quais pude ter acesso como pesquisadora, anos depois. Atualmente, a educação em

rotina da escola em relação à prisão, o que pode e o que não pode ser feito, o tipo de relação que se deve manter com os/as alunos/as ou não e, por vezes, enfatizava situações que se referiam à minha pouca idade. Essa identidade social realizada através da minha corporeidade e estética, para as mulheres agentes, parecia indiferente. Já nos agentes penitenciários, gerou reações diversas.

Muitas perguntas, especulações, curiosidade, conselhos e flertes, galanteios, sutis ou mais evidentes. Cada professora parecia ter a sua parcela específica de admiradores do setor de segurança. Por isso, essa autoidentificação possui função na análise em partes e no todo. Cada setor de segurança, feminino e masculino, possuía uma grande parcela de funcionários/as que não faziam questão de disfarçar o intenso desgosto por ter que lidar com a escola e os/as professores/as. A proporção de professoras era significativamente aumentada em relação aos professores.

No primeiro dia, chego e a escola ainda fechada. Aguardei ao lado de fora. O local é extremamente frio pela manhã. A sensação de encaminhar-me pela primeira vez para o primeiro pavilhão e primeira sala de aula na qual conheceria meus primeiros alunos foi inexplicável. Em um mesmo espaço, havia três pavilhões, dois masculinos e um feminino e, separadamente, o pavilhão quatro, que abrigava os encarcerados mais velhos.

Eu possuía nove turmas[6]: sete masculinas, duas femininas, totalizando dezesseis aulas semanais, distribuídas

contexto de cárcere parece estar chamando atenção à medida que surgem mais pesquisas.

6 As turmas eram multisseriadas, o "terror do professorado". Isso porque esse tipo de turma abrange alunos que estão alocados em todas as etapas do ensino básico fundamental, anos iniciais. Ou seja, deveríamos preparar material sobre um conteúdo para cinco alunos,

entre quarta, quinta e sexta-feira, manhã e tarde. Fui recebida, conforme mencionei, com fisionomias e expressões de surpresa e curiosidade intensa em minha primeira vez em todas as turmas masculinas e uma feminina. Simultânea e inconscientemente, realizávamos, eu e alunos, a etnografia reversa. Eu os estudava, eles me escrutinavam. Assim, passei todo o dia respondendo se eu não tinha medo de estar ali, qual era a minha idade, se eu já havia lecionado antes (ao que respondia que sim, como se para legitimar minha autoridade, visto que me consideravam – ou sabiam – inocente por ser jovem), quando havia me formado, se era casada. Dentre essas e diversas outras questões, uma em particular chamou-me a atenção. Um aluno, branco, olhos azuis, loiro, integrante do movimento do tráfico, no auge de seus vinte anos, pediu a palavra e inquiriu-me: "— Dona Bia, agora a senhora tá vendo que aqui dentro não tem só monstro? Por que lá no mundão eles acha que nós aqui é tudo monstro! [*sic*] (Vilhena, 2017, p. 15).

Naquele momento, respondi que do portão para dentro éramos professora e alunos e que nossas interações deveriam ser ancoradas nesta noção e a partir de tudo que o repertório de uma sala de aula fornecesse. No fim desse dia, foi necessária uma cerveja e solidão, a fim de assimilar um dia de experiência que não se traduz. Durante a primeira semana, talvez mês, ou ainda, talvez todo o período em que ali estive, fui testada pelos alunos, de várias formas. Porém, nunca através de apelo sexual ou desrespeito.

Antes, havia pedidos para entregar bilhetes para a administração prisional ou pedidos de notícias da família. Os lápis e canetas que levávamos para as salas deveriam ser

outros para mais sete e "rebolar" para dar uma aula transversal, didática, coerente, interativa.

contados antes de entrar no pavilhão a fim de que todos os itens retornassem à escola, evitando possíveis contravenções dentre os internos com o uso de uma caneta. Apenas anos depois, quando do meu ingresso na Ciência da Religião, foi que percebi que também passei por um tipo de teste por uma professora religiosa de confissão Batista.

Lembro-me que, especificamente, para essa professora, sentia que era enxergada como uma potencial evangélica[7]. Minha percepção foi confirmada através da situação em que, "evangelicamente estratégica", em um dia letivo comum, a mencionada professora ofereceu-me um DVD para que os alunos assistissem. Segundo ela, devido a alguma contenda interna, superlotação ou transferência de "presos", os pavilhões ficavam tensos, diferentes, e os alunos especialmente desanimados, logo justificava a apresentação do DVD.

Perguntei do que se tratava o conteúdo do vídeo acreditando que se referia a conteúdo pedagógico. A resposta foi que o vídeo retratava "pessoas contando suas histórias de vida, egressos que conseguiram sair do crime e que os alunos adoram" (Informação verbal, 2012). Aceitei o empréstimo do DVD e tal foi minha surpresa ao chegar na sala, ligar o dispositivo e constatar que as "histórias", na realidade, eram testemunhos de ex-umbandistas ou candomblecistas em uma sequência despudorada de difamação e ataques às religiões e religiosidades de matriz afro-brasileira.

Não interpelei a professora sobre o ocorrido, afinal, eu havia aceitado o CD sem questionar. Por ocasião do mês

7 Isso porque a moça vivia a aconselhar-me a partir de premissas cristãs, convidar-me para ir à Igreja que frequentava (o que nunca aconteceu) a fim de que eu "conhecesse a palavra, pois era maravilhoso" e alguns comentários preconceituosos sobre outras religiões. A despeito disso, desenvolvi relação de convivência mais estreita com essa professora, pois confiava nela.

da Consciência Negra, havia preparado aulas interativas com textos, vídeos, música, conversas. Quando entro em uma das turmas, um aluno exclama: "— Ah não, Dona Bia, aquele DVD que a [professora tal] fica passando de Jesus, de evangélico…" (Informaçao verbal, 2012). E, a cada situação ou gafe que eu cometia, era mais um aprendizado, até no que se referia à roupa.

Apesar da obrigatoriedade do uso de jalecos a fim de velar as formas dos nossos corpos, masculinos e femininos, principalmente, os olhares de cobiça masculina por parte dos agentes penitenciários eram constantes e inconvenientes. Havia outras regras sobre vestuário que considerei peculiares a princípio, porém, com a experiência, fui percebendo as nuances e diferentes significados de tais proibições. Certa vez, em um dia chuvoso, usava calça jeans com uma bota marrom de cano alto por cima da calça.

Ao aproximar-me do primeiro portão, mais frágil, que dá acesso ao maciço portão de entrada aos pavilhões, ouço a pedagoga da escola chamar meu nome. Retorno todo o caminho e, surpreendida, confusa e um tanto quanto envergonhada, fui informada que algum agente penitenciário, homem, acionou-a e a informou sobre meu vestuário. Segundo o funcionário, bota de cano alto por cima da calça é considerado *sexy* e, sendo assim, fui orientada a colocar a calça por cima do cano da bota.

Em uma outra ocasião, devido ao jaleco que cobre nossas roupas, não dei muita atenção à camisa que usei no dia. Era uma blusa preta, com a estampa de uma caveira estilizada como uma *Pin up*, feminista com alguns traços de Frida Khalo. Uma agente penitenciária vetou-me e disse que eu não poderia entrar usando uma blusa de caveira. Essa advertência fez sentido na hora, foi uma desatenção. Alunos e não alunos acabavam por nos "esbarrar" fora das salas de aula, e a figura de uma caveira no universo da criminalidade e da prisão transmite diferentes tipos de mensagem. Logo, tive que virar a camisa, fazendo com que a caveira ficasse em minhas costas, velada pela jaqueta. No decorrer dos dias, semanas, meses, a percepção dos conflitos concretos e quase diários entre setor de segurança e escola eram constantes, conflitos estes ressignificados durante etnografia, porém, por diferentes motivos, reiterados.

A falha, o ruído ou a ausência de comunicação entre todos/as faziam com que os procedimentos de retirada e revista dos sujeitos para assistir às aulas atrasassem quase diariamente. Os atrasos nunca tinham sido cometidos por alguém específico e, por vezes, a escola era culpada, os professores chamados de "devagar". Quando os agentes nos chamavam, deveríamos todos/as estarmos a postos e acompanhar o passo deles, afinal, eles eram da segurança[8].

Era comum que alguns agentes penitenciários responsáveis por encaminhar e trancar os professores nas salas de aula demonstrassem má vontade e fizessem comentários do tipo: "— *E* aí fessora, vai deixar muito bandido inteligente hoje? [*sic*]". Os chamados Procedimentos Operacionais Padrão (POP) se davam através da nudez do encarcerado que

8 O papel dos agentes penitenciários, agora chamados policiais penais, nas dinâmicas escolares era conduzir os professores aos pavilhões, abrindo e fechando os diversos portões que dividem as galerias, levando-nos até as celas de aula e nos retirando ao final dos 50 minutos de aula. Muitos acreditam que os agentes permanecem nas aulas para proteger os professores, o que é um equívoco. A presença de um agente de segurança durante a aula seria totalmente antipedagógica e não contribuiria em nada para a segurança dos professores; na verdade, poderia até ser prejudicial. Além disso, nos poucos casos de conflitos que ocorreram durante as aulas, é dito que ao primeiro sinal de briga, os demais internos rapidamente se posicionaram em torno da professora, formando uma barreira de proteção para evitar danos colaterais do conflito.

deveria, diante de outro homem, cuja autoridade e dominação é propriedade, agachar-se de frente e de costas, por três vezes, e tossir.

Essas são as chamadas medidas de segurança, justificadas pela precaução na verificação se o "preso" estava levando algum tipo de arma para fora da cela, como um barbeador ou algo afiado e improvisado. Era muito comum, em dias frios, gelados e de neblina, que os sujeitos privados de liberdade chegassem às celas amuados, abatidos. Muitos, por vezes, sem meias, apenas vestidos com uma calça e uma blusa de mangas compridas e chinelos. Lembro o quanto presenciar aquilo, um ser humano enregelado no auge do inverno, era deprimente, dilacerador e cortante.

Era necessário manter-se de pé, como se nada anormal ocorresse, enquanto gritos de frustração e impotência ecoavam por dentro, refletindo os gritos mudos vindos de fora. Além dos atrasos rotineiros, havia dias em que chegávamos à escola e era dia de "*bate cela*[9]". Também justificado como medida de segurança e garantia da não violação das leis pelos encarcerados, como porte de celular ou drogas. O procedimento era realizado pelos agentes do Grupo de Interna Tática (GIT).

9 Bate cela são interpelações pelo GIT (ou GIR, à época, Grupo de Interna Rápida), que invadem os pavilhões, antes que os encarcerados acordem, gritando para que encostem na parede, arrebatando os portões das celas, fazendo tanto barulho quanto possível. Ameaçam, agridem verbal e fisicamente, destroem os poucos bens que os encarcerados podem ter, utilizam armas mais e menos letais, guiam cães farejadores. Esses agentes passam por processo seletivo interno e treinamento especializado. Adiante, descreverei algumas instâncias reguladoras externas, internas, alguns procedimentos e retomarei ao GIT. À época, em 2012, eram chamados Grupo de Intervenção Rápida (GIR), a nomenclatura varia entre as regiões.

Os homens entravam de surpresa, grosseiramente e de forma violenta gritando xingamentos e ameaças nos pavilhões, antes do toque para que os encarcerados acordem, pegando-os de surpresa. Nos dias seguintes a esses procedimentos, o mesmo abatimento era visível nas feições. Um dos alunos contou que, no procedimento do dia anterior, "eles [agentes do GIT] chegaram ameaçando e, sem aviso ou motivo de conflito, dispararam o *spray* de pimenta, fazendo muitos internos passarem mal" (Informaçao verbal, 2012).

Conta, ainda, que esses episódios eram comuns, e, por vezes, os agentes rasgavam as fotos de familiares ou outros poucos e raros bens que podem possuir. Inclusive, muitos alunos tinham que pedir outros cadernos, pois estes também não eram poupados. Considerados "grupos de elite", os agentes desses grupos eram altos, corpos trabalhados, musculosos, enormes de altura e largura, usando máscaras pretas, armas de borracha, cassetetes e outros, guiando enormes cachorros farejadores

Supostamente treinados para conter motins, esses grupos especiais são forjados no corpo e através dos corpos para o uso da força, da violência sobre os presos, a fim de subjugá-los. As denúncias de tortura contra esses grupos são de difícil apuração, "uma vez que é virtualmente impossível identificar os responsáveis ou individualizar condutas, e a "excepcionalidade" das suas ações acaba por justificar a falta de qualquer acompanhamento, bem como o uso aparentemente indiscriminado da força" (Pastoral Carcerária, 2016, p. 69).

No decorrer das aulas, tanto manhã, quanto tarde, era comum a presença do grupo de oficiais da prisão nos corredores retirando os detentos que iriam para o banho de sol. Em minha primeira aula, um destes funcionários, sempre mascarado, perguntou meu nome, apresentou-se como "membro do GIT", sem mencionar seu próprio nome, na medida em que usam máscara, justamente, para manter anonimato. Fui informada que, durante as aulas, manhã e tarde, assim que identificássemos a entrada do grupo no pavilhão, "geralmente eles mesmo te avisa [*sic*][10]" (Informaçao verbal, 2012).

Ao aconselhar-me a procurá-lo caso fosse preciso, utilizou, a meu ver, um tom de voz que misturava vaidade, galanteio e transmitia uma mensagem de que ele me "protegeria" com o seu "poder" e virilidade. Solicitou que, quando estivesse na presença deles, caso eu optasse por continuar dando a aula, que fizesse uso de um baixo tom de voz, porém, os alunos não poderiam, absolutamente, emitir nenhum som ou fazer qualquer movimento em suas cadeiras. Não raras vezes, os alunos eram provocados com nomes agressivos ou ameaças, e o sujeito que fosse visto em pé ou que respondesse às provocações sofreria retaliações.

Certa vez, apesar do intenso silêncio no pavilhão, determinado aluno, cujo lugar cativo na sala era encostado na parede, com uma "janela" gradeada acima, estava em pé. Poderia dizer que, pela expressão do sujeito, ele se encontrava totalmente imerso em seus pensamentos, apenas seu corpo parecia estar presente. E, por esse motivo, não se deu conta da presença do "grupo de elite". Ao vê-lo em pé, apesar de em total silêncio, o funcionário pergunta de forma ríspida e arrogante: "— Que tá fazendo em pé? Já não sabe que num é pra ficar em pé? Qual galeria? Número da cela e Infopen[11]. Três dias sem sol pra você *[sic]*" (Informaçao verbal, 2012).

10 O funcionário referia-se ao fato de que os alunos sabiam os horários em que o grupo chegaria a fim de regularem suas posturas. De fato, com o tempo, eram eles que me avisavam sobre a presença do GIR.

11 O Infopen, além de ser a sigla para procedimentos de registro quando internos/as chegam às unidades, também se refere à própria identidade dos sujeitos perante todo aparato estatal. É comum ouvir chamarem os sujeitos pelo seu número de Infopen ou, ainda, per-

A um estrangeiro ao universo do cárcere, essa *canetada*[12] de três dias sem frequentar o pátio e tomar sol é uma sanção leve, porém duramente sentida. Basta fechar os olhos e pensar: sua vida é dormir a hora que mandam, acordar na base do grito, submeter-se aos outros, habitar um cubículo com mais cinco pessoas, uma latrina no mesmo ambiente restrito em que você se alimenta, dormir nos *jegues*[13].

Outro desafio da docência, em contexto de privação de liberdade, refere-se aos recursos materiais. A escola inserida na PPACP era responsabilidade da Secretaria Estadual de Educação, era esse órgão que gerava os recursos, como máquina de xerox, cadernos, lápis e demais itens escolares.

Se, em escolas extramuros, professores já possuem tarefa extra de otimização dos recursos escassos, em contexto de cárcere, multiplicam-se os desafios. Simultaneamente, pelo mesmo motivo, tudo é transformado em jogo, ferramenta, objetos interativos, tema, piadas. O baixo número de agentes penitenciários e as altas demandas faziam com que, entre duas a cinco vezes por semana, algum funcionário esquecesse ou não pudesse ir retirar os professores que, em tese, deveriam ficar cinquenta minutos em cada sala.

Diante dessa baixa, era constante que passássemos uma manhã ou tarde inteira com a mesma turma, perdendo au-

guntarem aos indivíduos "Qual seu Infopen?" que é o equivalente a "Quem é você?".

12 Canetada é o nome dado às sanções impostas por funcionários que são registradas nas fichas dos internos e que podem ou não interferir na execução da pena, no tempo de sentença, na obtenção de trabalhos fora da cela, por exemplo.

13 Os jegues são as camas: uma estrutura de concreto dura e fria coberta por um fino colchão. Dependendo da situação dos internos, o colchão se ausenta, seja por superlotação, seja por hierarquia da cela. Quando a cela chega ao limite da superlotação, e os internos/as têm que dormir no chão, fala-se dormir na "praia".

las em outras turmas. O resultado disso era que também acabávamos por naturalizar ficarmos presos/as por toda a manhã ou tarde, na mesma turma[14]. Nessas longas horas, na medida em que o horário da aula já havia sido concluído, conversávamos sobre tudo, e eu mais aprendia do que ensinava nessas conversas.

Marcou-me a fala e postura meio teatralizada de um aluno que gostava muito de conversar, à época, quase da minha idade, 23 anos. Exclamou, em tom indignado:

> Ehhnnn, fessora. Cê vai trabalhar no comércio, no mercado, vai lá, recebe 600 conto! Isso aí num compra meu tênis [falou uma marca famosa de tênis customizados, febre dentre jovens e com preços exorbitantes]. Num compensa não[15] (Informação verbal, 2012).

Entretida fiquei ao empenhar-me em explicar ao aluno que, de fato, o salário era baixo, e o produto, caro. Quando percebemos, toda a turma havia se aproximado, e a discussão se ampliando para questões sobre aspectos sociais, desigualdades, falta de acesso a direitos básicos, aspectos históricos na construção do país. E, de repente, alguém perguntou o que era estratificação social, expressão que constava no livro

14 Assim, perdíamos as aulas em três ou quatro turmas diferentes. Exemplo dessa naturalização e de consequências prejudiciais ao trabalho escolar foi quando descobri que existia uma turma que eu ainda não havia entrado, mesmo após um mês e meio na função.

15 Alguns anos depois, em 2016, não me lembro se foi em período pré ou pós-etnografia, entro no ônibus em direção à minha casa. Tal foi minha grata surpresa ao deparar-me com esse mesmo aluno trabalhado como cobrador de ônibus. A felicidade me invadiu, conversamos um pouco, e ele disse que aquela vida [do crime] não dava mais para ele, pois, agora, ele tinha virado pai.

didático e que veio a calhar no contexto. Na medida em que tal fato é complexo e composto por incontáveis variantes, expliquei, de forma sucinta, que se tratava de conjuntos de desigualdades que abrangiam seletivamente determinados grupos e determinados perfis, que os diferenciava dos demais.

Pedi: "— levante a mão quem aqui já foi chamado, por qualquer pessoa, de marginal". Mais da metade dos homens levantaram as mãos. Então, desenhei no quadro um círculo, e refletimos sobre o que é estar à margem, que a palavra marginal significa estar à margem, ou seja, não fazer parte de um grupo que está no centro de algo, no caso, da sociedade. Consegui acompanhar algumas reações: alguns expressaram seriedade e reflexão, outros, consegui perceber, em breves instantes, que estavam compreendendo e relacionando o que aquilo queria dizer, como eles foram alocados na marginalidade e, compreendi, que questões subjetivas foram balançadas.

Fez-se um pesado e justificado silêncio e resolvi dar um exemplo melhor para descontrair. Lembrei-os de um grupo musical composto por três moças bonitas, de corpos esculturais, chamado *As Meninas* (1997). Bastou a menção da música e, de repente, estavam todos cantando, dançando de forma caricata o refrão da música que dizia:

> *Analisando essa cadeia hereditária. Quero me livrar dessa situação precária. Onde o rico cada vez fica mais rico. E o pobre cada vez fica mais pobre. E o motivo todo mundo já conhece. É que o de cima sobe e o de baixo desce*[16].

Por fim, acabamos por nos exaltar no tom ao cantar a parte repetitiva da música que entranha na mente, o "*Bom xibom,*

16 Disponível em: https://www.youtube.com/watch?v=-Ksj7CodW18. Acesso em: maio de 2021.

xibom, bombom Bom xibom, xibom, bombom" da música. Durante essas mesmas horas, nem tudo era riso e distração. Ocorriam, também, densas conversas que envolviam histórias de suas trajetórias, os motivos pelos quais estavam a cumprir pena ou eram reincidentes, a saudade da família ou a falta do apoio dos parentes, a necessidade de liberdade.

As histórias eram diversas, a maioria, tráfico, falta de estrutura familiar, muitos com as mães presas antes deles, outros não viam saída para sustentar toda a família. Nenhum, felizmente, quis contar-me que estava cumprindo sentença por estupro. Um aluno que possuía laços mais estritos contou-me que, no auge do efeito de diversas drogas, cometeu latrocínio. Pareci ter identificado o resultado de complexas e intensas sinapses entre racionalidade e emoção experienciadas no decorrer da história que o aluno contava.

Com demonstrações de culpa, porém não querendo admitir o erro, relegando o ato à droga, disse se arrepender todos os dias. Um aluno, pardo, jovem, sem qualificação profissional, ensino fundamental sendo feito na prisão, periférico, parece ter encontrado, nas atividades escolares, principalmente na escrita, um subterfúgio para os sofrimentos. Suas redações eram bem estruturadas, bons argumentos e, nitidamente, feitas com vontade e dedicação. Estou falando de Wanderson, trinta e poucos anos, sentenciado por tráfico, que contou sua trajetória e os motivos pelos quais se empenhava tanto na escola.

Sua infância, conta, foi passada na rua, não possuía um par de chinelos a não ser um, repetidamente remendado, o que o fazia andar descalço. Os pais, em estado de extrema vulnerabilidade social, não conseguiam comprar cadernos e lápis e mandavam o filho para a escola para merendar. O resultado disso é previsível, Wanderson abandonou os estudos, passou a vender doces no sinal e logo foi cooptado pelo tráfico. Finalizou afirmando, categoricamente:

> Fiz o que fiz e sabia que ia pagar. Fiz, dona Bia, porque eu tô aqui, mas se a senhora for lá em casa agora, tem Danoninho na minha geladeira [...]eu passei anos sonhando com Danoninho, cadernos e um par de sapatos. Hoje, meus filhos têm cadernos, uniforme, tênis e vão todos os dias à escola [...]Eu fiz o que tinha que fazer e agora estou pagando e meus filhos valem o preço [*sic*] (Informaçâo verbal, 2012).

De expressão, a meu ver, genuinamente inofensiva, quase ingênua, transmitia uma compreensão de si como alguém que fez algo que precisava fazer pela família, porém tal falta de opção parecia entristecê-lo. Em uma turma de apenas seis alunos, aproximei-me mais estreitamente de dois, Cláudio e Rodolfo, cumprindo segunda sentença por assalto à mão armada. Ambos eram parceiros no crime, cumpriram a primeira sentença juntos e saíram. Cláudio, já mais velho, conta, em tom melancólico, conformado, que ambos, ao saírem, começaram a procurar emprego.

Este conseguiu uma candidatura em uma empresa de telefonia. Após entrevista e aprovação para o cargo de técnico, deu-se início aos processos burocráticos de contratação. Solicitaram documento de antecedentes criminais emitido pela Polícia Federal e, ao entregar, foi rejeitado. Conta que, no mesmo dia, ele e o outro aluno que não havia sequer conseguido entrevistas:

> subimo, pegamo os cano[17] e assaltamo um banco que acabou em homicídio. Deu tudo errado[18] e ago-

17 Subiram o morro a fim de conseguir armamento (cano) com chefes do tráfico.

18 As mortes durante o assalto não foram planejadas.

> ra tamo aqui, falta treze ano [para cumprir toda a sentença] (Informaçâo verbal, 2012).

Já Frederico, traficante que usava a loja do pai para vender, renomado no movimento central da cidade, cuja aparência física poderia render-lhe carreira em ramo de moda ou televisão, interessou-se intensamente pelo tema do Holocausto e pediu-me emprestado o livro o *Diário de Anne Frank* (1947). Quando me devolveu, compara, de forma loquaz, as angústias, medos, terrores e degradação dos campos de concentração com o cotidiano que viviam na prisão e que havia intensas semelhanças nas formas em que Anne agia para sobreviver, em relação à comida, suas angústias e medo constantes.

Fez diversas perguntas sobre o tema e pediu-me mais livros ou textos, nitidamente, consternado com tal acontecimento histórico (Vilhena, 2017, p.17). Disse-me que sua interpretação, através da comparação mencionada acima, era de que a prisão era um tipo de holocausto, pois "a prisão é feita para matar gente escolhida. A única diferença é no tipo de gente escolhida, lá um tipo, aqui outro tipo" (Informaçao verbal, 2012).

Lembro-me de conversar com um aluno, sempre reativo[19], com respostas afiadas, principalmente quando eu chamava

19 "Sempre reativo", foi a minha percepção do aluno à época; hoje, o que me vem a mente é a frase de James Baldwin: "Ser negro e relativamente consciente é estar quase sempre com raiva". É preciso encarar a fragilidade da branquitude todos os dias, aqui, reitero que o estilo e o conteúdo original da escrita foi mantido por tratar-se de recurso significativo na construção de uma reflexão e crítica que pretende partir da subjetividade branca e supremacista na justaposição com os grupos sociais transformados, ao longo da história das sociedades modernas, em objeto de pesquisa, de causa e efeito, categorias e tipos-ideais.

sua atenção durante o abano, em que ele, a despeito de ser muito alto, para completar, subia na cadeira. Não lembro como, mas consegui prender a atenção dele. Dênis, trinta e poucos anos, tráfico, periférico, negro, infância miserável e entrou cedo para o crime. Sua aparência física era de 60 anos. Uma conversa sobre bebidas foi iniciada e, questionada sobre o consumo, respondi que sim, que todo fim de semana tomava minha cerveja. Ele, então, conta que começou a beber aos nove anos de idade e completa: "— Eee, Dona Bia. Eu fui criado a uísque *cowboy*; duplo e sem gelo. A senhora é maçã raspadinha...foi criada na maçã raspadinha e bananinha amassada (Informaçao verbal, 2012).

"Deus ilumine o paraíso da criança, mesmo se os problemas vêm do jardim de infância [...] Nunca ninguém me deu um ponto positivo. Quando fui roubar me chamaram de agressivo [...]" [Referencia: A Familia, Brinquedo Assassino, 2018]. Impossível não se emudecer diante dessa crua e contundente realidade.

Diante da realidade que ali conheci concretamente, não ouso discordar, na medida em que essa fala significa dizer que eu nasci bem quista, desejada, tive amor, afeto, casa, comida, educação, estrutura familiar. Com o passar dos dias, dias que pareciam meses, mais se estreitavam nossos laços, que não há palavra que dê conta de traduzir, afinal, com um "criminoso", tudo se confunde. Ofereceram-me dinheiro, proteção, orientaram-me a não frequentar certos lugares em determinadas horas.

Meu "amigo", o qual chamei de Pablo[20] na dissertação, orienta que, caso eu fosse abordada em assalto ou algo pior,

20 Um dos ex-alunos, de alta influência e que estabeleceu relação de algo como confiança comigo, apego, já havia cumprido 13 dos 17 anos de sentença por 157. Demonstrava alegria, penso, aoimaginar aquela professora, totalmente, destoante do ambiente, tomando cerveja em

para eu *de cara*, ou seja, rápido, informar que sou *chegada* (próxima) do Fulano de tal, do bairro tal e que, se algo me acontecesse, ele ficaria sabendo e *ia dar ruim* para o meu suposto agressor. Eles desejavam me manter longe dos *duzentão*[21]. Ensinaram receitas de família, como macarrão frito, frango na cerveja e tira-gosto, além de me convidarem para tomar cerveja quando saíssem[22]. Ensinaram-me que era necessário ter receio ou medo, sim, quando sozinha, à noite. Temores estes que a juventude ameniza, através da falta de noção das consequências e da realidade. E foi dentro de uma penitenciária, e não durante a graduação em História, que pude conhecer a brilhante história de Carlos Marighela, através de uma aula empolgada, criativa, crua, de identificação, de luta e de realidade, dada por Felipe.

Durante a convivência intensa, acabei por naturalizar a relação professora e alunos e, por vezes, esquecia-me de onde eu estava e com quem estava lidando, da imprevisibilidade daquele contexto. Dessa forma, não me fazia de rogada quando tinha que chamar atenção diante das conversas paralelas ou do tom das conversas. Houve, nas turmas masculinas, apenas duas situações conflituosas, a primeira, com Felipe. Este era muito agitado, mexia-se a todo momento e instigava os demais que compunham uma turma mais calma, mas parecia inofensivo, apenas agitado.

um bar em um dos bairros periféricos mais perigosos da cidade. E é aí que, afirmo: as intersubjetividades nos moldam por meio de processos associativos/dissociativos (Marques, 2009).

21 Gíria baseada no artigo 214 do Código Penal, que define os crimes de estupro e refere-se aos sujeitos sentenciados por esse tipo de crime.

22 Eu desejaria, genuinamente, que essa situação se concretizasse, apesar da descrença de Pablo. Descrença baseada em processos de diferenciação que nos alocou, respectivamente, em polo desprivilegiado e privilegiada. Questões também retomadas adiante.

Ao levantar-se do lugar e perambular pela sala pela terceira vez, pela terceira vez pedi que retornasse ao seu lugar, na gradação mais firme do tom de voz da terceira bronca. Seguiu-se, então, o diálogo: "— Eeee, tá me tirando, dona Bia. Que isso. A senhora num tá no prézinho não". Já exaltada repeti, pela terceira vez e de forma enérgica, que voltasse a sentar-se e que, "se a gente não tá no prézinho, não haja como se estivesse" (conversa informal, 2012). Silêncio. Ouviam-se apenas sons externos.

Acredito que o fato de eu ter, realmente, não sentido medo, apenas irritação, foi produto da transformação que fiz do "estranho em familiar". A pequena rusga foi eventual e despropositada, sem gravidade, além disso o Felipe era empático. Minutos depois, já estávamos *de bem*. Resultado dessa contenda que, felizmente, não desencadeou nada mais sério, foi o aumento considerável do prestígio e respeito que alguns alunos que adotavam postura mais distante passaram a direcionar a mim, chamando-me de "primária esperta"[23].

Já o conflito com outro sujeito, da turma de Pablo, que era composta por metade de alunos tranquilos e metade mais agitados, pareceu-me pessoal. Por motivo similar, chamava a atenção de Júlio, constantemente, pois estava sempre a atrapalhar as aulas e agitar os colegas. Houve uma discussão grave que se encerrou com um clima tenso. O aluno chegou a ameaçar-me, dizendo à outra professora que estava antipatizado, para eu tomar cuidado. Entretanto, determinados alunos que me tinham em mais alta consideração, como Pablo, e gozavam do respeito da "massa" junto às demais turmas masculinas, vieram em minha defesa e, logo, o aluno pareceu

23 Primária/o é o sujeito que entra na "faculdade" (prisão) pela primeira vez, logo, não entende a dinâmica, fica confuso e perdido.

ter esquecido a questão. Após tanto tempo, compreendo que me arrisquei, "baixei a guarda" por ter me acostumado aos alunos e às peculiaridades do contexto. Situações que me faziam refletir ou sorrir, ainda que na efemeridade do esquecimento de tudo ao nosso redor, eram mais numerosas. Fez-me rir, por exemplo, durante uma bronca, a exclamação chorosa e expressão de quem implora de um aluno dirigindo-se aos demais: "— Ah não, gente. Ela já pediu silêncio... não, fessora, a lá, ela vai usar aquele tom de voz de novo, faz silêncio aí! (conversa informal, 2012).

Também motivo de risadas foi quando um dos/as professores/as me contou o apelido concedido a mim por Pablo, um aluno. A/o professora/a contou que, sempre antes das minhas aulas, Pablo começava a exclamar para os outros: "— Ah, agora é a aula da moranguinho" (Informaçao verbal, 2012). Questionado sobre o motivo do apelido, o aluno explicou que referia-se ao fato de eu chegar sempre com a face ruborizada nas salas, devido às trocas de sala entre pavilhões, sob o sol e sobe e desce das escadarias.

Curiosa e, sendo Pablo um dos alunos com quem mantinha diálogos constantes, questionei-o em tom brincalhão sobre o tal apelido e, com surpresa, reparei que quem "pagou de moranguinho", ou seja, quase ruborizou diante do "flagra", foi o próprio Pablo. Foram situações similares a essa que fundamentaram minha percepção de que meus alunos possuíam em relação a mim algo como sentimento de afeto e proteção, em detrimento de um olhar sexualizado, de cobiça. Esse apelido e o elogio à cor dos meus olhos foram as duas únicas vezes que os alunos se referiram às minhas características físicas.

O ex-aluno, traficante, assaltante de banco com diversos homicídios no "currículo", cumprindo mais de dezessete anos de prisão, apelidou-me de *moranguinho*. E contrariando os estereótipos que povoam a mentalidade do senso comum, foi um agente de segurança pública quem me assediou grosseiramente, o que me leva a pensar em certa inversão dos papéis naturalizados. Do primeiro, comumente, esperam-se atitudes de desrespeito e agressividade, do segundo, geralmente, espera-se respeito e senso de proteção. Contudo, na prisão, não há lugares para fixidez nas relações sociais de poder e seus marcadores interseccionais, como gênero, raça e religião[24]. Atuei na função de professora por seis meses e, com o término do contrato temporário, fui impossibilitada de permanecer na instituição e, concomitantemente, ao curso de aulas particulares e preparatório para concursos, dentre eles, para agente penitenciário (hoje, chamados de Polícia Penal), surgiu uma oportunidade de ingressar na Especialização em Religião e religiosidades afro-brasileiras no Núcleo de Estudos Afro-brasileiros da Universidade Federal de Juiz de Fora (Neab-UFJF).

Para a conclusão da especialização, foi-nos solicitado um artigo que relacionasse algum tema de nosso interesse com alguma disciplina cursada. O elemento religioso é contundente no contexto prisional, seja na representação de um jovem aluno simulando segurar um fuzil enquanto roga a Deus por proteção, seja nos grafites dos muros externos, todos cobertos com versículos bíblicos e figuras de Jesus,

24 Uma das propostas centrais à pesquisa é a desconstrução de determinada mentalidade que compreende que existe, por essência, um "ser bandido". Faz-se necessário ressaltar que os esforços empreendidos para essa desconstrução não possuem como impulsionador a fixação de uma identidade rígida aos agentes penitenciários, corroborando um binarismo nos pares de oposição bem/bandidos versus mau/policiais penais. Noutras palavras, não proponho a generalização afirmativa de que, ser policial penal é, necessariamente, ser mal educado ou conservador.

seja nos discursos e nas rotinas da administração prisional de prestação de assistência religiosa.

A retomada das memórias do convívio com os alunos, em especial, com os homens, fez acender um alerta diante de uma informação específica que acabou por se transformar na base sólida do artigo de conclusão (2014), da posterior dissertação (2017) e da presente pesquisa doutoral (2022). Esse aluno contou-me que, se um "cara" possuísse dívida com o tráfico e não pagasse o débito, poderia sofrer retaliações leves ou até mesmo a morte.

No entanto, se o devedor aderisse à religiosidade evangélica, ou seja, se ele, nas palavras do aluno, "*entra para a igreja*", poderia ter a dívida perdoada (Vilhena, 2017, p.17). A partir desse dado, desenvolvi dissertação de mestrado[25], conceitualizando o "proceder evangélico", reelaborado nesta tese como "ritmo evangélico". O contexto e as interações acima descritas evidenciam como a prisão é uma instituição constituída por um emaranhado de relações de poder que se dão em diferentes níveis, é generificada[26] e, como proponho, encontra, na presença do fenômeno religioso representado por discursos cristãos pentecostalizados e conservadores, um de seus principais pilares.

A narrativa acima ilustra situações e experiências vividas em um período que não possuía finalidade de registro acadêmico, são memórias. Memórias de uma jovem e inexperiente professora que, ao ingressar no mundo acadêmico, trocou de lentes e cedeu palco à, agora, pesquisadora. É preciso dizer, ainda, que a riqueza dos retratos e das memórias resgatadas

25 "São os evangélicos que seguram essa cadeia, se não fossem eles, quem iria converter os mauzão? Considerações sobre o papel do proceder evangélico na prisão" (Vilhena, 2017).

26 O termo "generificadas" é tradução livre do inglês *gendered relations*, expressão recorrente no campo de estudos em sexualidades e gênero.

conduziu-me de volta aos caminhos que percorri nesses dez anos. De forma a evidenciar o quanto os momentos geradores de dados para essa pesquisa afetaram minha biografia e trajetória acadêmica. Enriquecendo-me com sentidos e emoções, os quais requereram atenção de mim por ocasião do mestrado e, ainda, me interpelam no doutorado.

Assim, tais relatos subjetivos, transformados em objeto de reflexão e crítica, lançam bases para toda a trajetória de pesquisas em Religião, Sociedade e Prisão, e foram acrescidos aos dados etnográficos reunidos e detalhados adiante. Embora o recurso à redação literária possa, em alguma medida, ter amenizado a crueza da vida das pessoas em situação de cárcere com as quais convivi, a intenção desse relato foi indicar, a partir da minha descrição afetada, que a privação da liberdade, a desigualdade social, a ausência de empatia na vivência entre agentes do Estado e prisioneiros e os discursos religiosos, dentre outros marcadores, friccionavam-se a todo instante e pululavam em minha frente.

Quase como se estivessem pedindo atenção, análise e reflexão. Sobretudo, uma reflexão que pudesse resultar em algum instrumento compreensivo dessa realidade, que pudesse ser, ainda, subsídio para ações diretivas de transformação desse quadro. Conforme proponho, através de releitura do diário de campo e em diálogo com acontecimentos sociais e políticos contemporâneos à escrita, existe certo repertório cristão pentecostalizado de interpretação conservadora disseminado na sociedade que parece reverberar dentro dos muros da prisão.

Devidamente reinterpretado e ressignificado de acordo com as especificidades do contexto de encarceramento, as modulações desse discurso parece evidenciar sua preponderância, principalmente no que se refere à compreensão binária do sexo e do gênero. Fazendo uso de categorias apropriadas por um tipo de senso comum cristão pentecostalizado de leitura conservadora de finalidades políticas, utilizo as noções de "bandido" e de "cidadãos de bem" de forma a subverter as noções conforme utilizadas nos discursos religiosos analisados e colocados em diálogo com o discurso religioso intramuros, indicando que não existe fixidez e rigor em seus sentidos.

Diante disso, a pergunta norteadora desse estudo é: como esse repertório cristão pentecostalizado e conservador partilhado entre grupos sociais de homens, aqui identificados, a partir do marcador pênis/sexo biológico, que ocupam posições de poder opostas, privilegiados *versus* marginalizados, atua na produção de masculinidades evangélicas em contexto de privação de liberdade?

A partir dessa questão geral, à luz de teorias e sempre em diálogo com os dados do campo, outras questões surgiram e serviram como bússola, guiando, passo a passo, o percurso analítico desenvolvido nesse estudo. Assim, foi possível construir um panorama de questões, problemas, hipóteses, possibilidades e mais partidas e estradas bifurcadas, do que chegadas e destinos predefinidos. Nas palavras de Ângela Davis, as prisões funcionam, ideologicamente, como locais abstratos em que

> os indesejáveis são depositados, aliviando-nos da responsabilidade de pensar sobre as verdadeiras questões que afligem as comunidades de onde os presos são tirados em números tão desproporcionais (2003, p.16).

As prisões são modulações das antigas senzalas e calabouços. Urgem pela desnaturalização do cárcere e da punição através do encarceramento na mentalidade social e, principalmente, nos poderes instituídos. E, também em razão do exposto acima, entendo que essa tese desenvolvida na área de Ciência da Religião, interpelada pelo fenômeno religioso, devolve, para a academia de Estudos de Religião e para a sociedade, um instrumento compreensivo da relação Religião, Sociedade e Prisão.

Instrumento este que vislumbro poder agregar no diálogo com as ferramentas que compreendem o campo que está em construção da Ciência da Religião Aplicadas, com potencial para subsidiar o desenho de ações e políticas públicas, que considerem os interesses da população carcerária no Brasil. Ou seja, que considerem que o ponto de partida para resultados significativos seja a escuta dos viventes do cárcere, internos e funcionários e suas demandas diárias.

O objetivo desse falar, que parte do meu olhar, experiência e perspectiva, é poder dispersar o eco das vozes que gritam por essas linhas e somar suas lutas. É uma pesquisa que requer certa sensibilidade analítica, assim como qualquer outra que se dedica ao estudo de pessoas, vidas, sujeitos, grupos compreendidos ou transformados por uma epistemologia hegemônica branca, europeia e masculina, como subordinados, marginalizados, primitivos, "nativos".

Reitero, a partir do acima delineado que, para essa pesquisa, o que é determinante é a assunção de um compromisso ético, político e social na elaboração de conhecimentos contra-hegemônicos e que gerem impacto para a sociedade como um todo. Este produto, esta obra, carrega um sem número de memórias do cárcere, de pessoas privadas de liberdade e de direitos, de pessoas que, como eu, amam e choram, pessoas cujas vozes merecem ser ouvidas.

Não há texto científico de orientações em pesquisas etnográficas que prepare para o "chão de uma prisão": a precariedade, a subjugação cognitiva, a desumanização corporal e subjetiva às quais são submetidos. Trajetórias permeadas por misérias tão profundas, que a criatividade não alcança. Essa pesquisa tem cheiro. O cheiro de uma prisão é diferente de qualquer outro. Não é cheiro de sujeira. Mas é um cheiro de gente junta, de sabão com desinfetante. Roupa que não seca totalmente. Sinto esse cheiro, neste exato momento, ao escrever essas palavras. Cheiro de tristeza, cheiro de falta, cheiro de abandono.

Teorizar tamanhas dificuldades, conceitualizar realidades locais é tarefa árdua e que não deve ser reduzida ou *enquadrada* a teorias. Ao longo das páginas seguintes, falo do Jair, do Paulo, do Diego. Falo de Valdisney, de Fernando. Falo de Márcio, falo de Wagner e de Luiz. Falo *de*, não falo *por*. Falo sobre a importância das trocas intersubjetivas, que me trouxeram até aqui, a fim de servir como instrumento que dê voz a esses grupos. Sim, eles têm voz e muito a dizer.

A proposta é que o presente trabalho sirva como instrumento de auxílio às resistências que configuram o ato de existir e sobreviver de uma população demarcada como se sua pertença "natural" fosse atrás das grades, passando por processos dilacerantes diários intencionalmente projetados. No momento presente, estes escritos ainda não alcançaram a concretude que proponho, porém, a despeito disso, acredito estar no *ritmo* certo, seguindo na *caminhada*.

Finalizo este prólogo com a indicação de um documentário intitulado "Por favor, socorro[27]". A filmagem retrata, a partir das falas de familiares e sujeitos privados de liberdade,

27 Produzido pela jornalista Ana Lívia Faria, dirigido por Sinval Abranches. O curta-metragem ganhou, por votação popular, na categoria "Documental Mostra Nacional", no 6° Festival Internacional de Cinema de Santos. Além disso, foi selecionado para o Montreal Independent Filme Festival 2021 e para o Berlin Indie Festival 2022. Disponível em: Por Favor, Socorro – Documentário curta-metragem (porfavorsocorro.com.br). Acesso em: junho de 2021.

a situação em que se encontra a população carcerária da PPA-CP. Uma das cenas do vídeo mostra um homem cujo rosto está coberto com a blusa a fim de manter o anonimato, e diz

> [...] a *gente pede socorro pra vocês aí fora. Porque aqui vão acabar matando a gente. A gente falou pro Agente [penitenciário] e ele falou:* "É lei do Bolsonaro, *que morram vocês preso*". (Por Favor, socorro, 2021, 13:27, [grifos nossos]).

INTRODUÇÃO

O drama da cadeia e favela
Túmulo, sangue, sirene, choros e velas.
(Racionais MC's, 1997)

1. *Etnografia em prisões: desafios metodológicos*

O recorte de objeto a ser pesquisado, como é sabido, nunca é imparcial. A aspiração em compreender as trajetórias desses sujeitos através de suas próprias vozes levou a escolha do tema enquanto instrumento político e social para trazer à tona e dar visibilidade a essa população marginalizada. Sim, eles têm voz e têm muito a dizer. Nesse sentido, o processo etnográfico que fundamenta a presente pesquisa possui três momentos.

O primeiro se deu durante atuação profissional enquanto docente da disciplina de História, pelos seis meses finais do ano de 2012, na Penitenciária Professor Ariosvaldo de Campos Pires, Juiz de Fora, Minas Gerais. A pesquisa foi gestada no decorrer do exercício da educação[1], cujo período acreditamos podermos nomear de etnografia do cotidiano.

1 Possuía duas turmas femininas e sete masculinas. Eram turmas seriadas, ou seja, possuía alunos de diferentes níveis, do sexto ao nono ano. Além disso, eram pessoas que haviam cometido diversos tipos de crime.

Isto, pois, apesar de não possuir, à época, objetivos acadêmicos, foi naquele momento que surgiram os dados que fundamentam minhas pesquisas posteriores sobre a relação Religião, Sociedade e Prisão.

Quando se está inserido em ambiente prisional, o que deve modular as interações com os detentos não é o teor de seus crimes, caso contrário, ser mulher e gentil com um estuprador, por exemplo, apresentar-se-ia como tarefa impossível. Atribuo a essas mudanças o fato de que parece-me que quem adentra um cárcere, independentemente de cor, credo, classe social e posicionamento político, jamais sairá o/a mesmo/a, para o bem e/ou para o mal. A mim, durante o período docente e, posteriormente, etnográfico, não foram raras as ocasiões em que modifiquei minhas condutas, involuntariamente. Passei por oscilação de humor, tristeza e euforia, exaustão mental e emocional, rompantes de apatia, agressividade ou lágrimas e tantas outras emoções e sensações causadas pela indignação e impotência diante de tal cenário que, de tão potentes, por vezes, expressavam-se através do corpo físico por meio de dores, manchas ou enxaquecas.

Em outras palavras, uma vez que se conhece, minimamente, a realidade da prisão, não se pode permanecer imutável. Tais emoções são comuns a pesquisadores/as de criminalidade, violência e prisão, assim como a descrição de tais processos e vulnerabilidades têm se tornado mais recorrente nos últimos cinco anos (Biondi *et al.* 2021, Sloan, 2011). O cheiro, a precariedade, a solidão e a carência afetiva das pessoas encarceradas podem estabelecer, na subjetividade de quem faz pesquisa neste contexto, algo que, se bem dosado, é valioso para a construção da pesquisa. O pesquisador se vê diante uma miríade de sentimentos: empatia, indignação, impotência e outros, que tornam o processo de pesquisa em prisão denso, cansativo e, de fato, triste.

A despeito de a experiência como docente na PPACP ter permitido que eu me preparasse de alguma forma para a posterior pesquisa de campo, novas emoções, sensações e desafios se fizeram presentes quando voltei às anotações de campo. Ao retornar ao campo, eu não estava mais ali como a "Dona Bia", no batente da porta entre sociedade intra e extramuros; naquele período, estava como um corpo estranho que já não fazia mais parte daquela dinâmica.

Nesse sentido, foi a reflexividade sobre essas experiências vividas em período anterior ao meu ingresso na pós-graduação e a consequente percepção das memórias e do contexto prisional como objeto e *lócus* de pesquisa, que lançou bases para os pilares que sustentam essa pesquisa. O segundo passo metodológico foi, então, o desenvolvimento de uma etnografia mais analítica, responsável pelo registro de informações e dados que subsidiaram a produção da dissertação de mestrado, realizada em 2015 e 2016, conforme descrito adiante.

Tal passo permitiu a produção de um diário de campo extenso e sistematizado, a partir de observação participante de cultos religiosos de representantes de instituições, principalmente, pentecostalizadas, entrevistas com funcionários de diferentes setores, internos e internas. Nesse período, ainda por ocasião do mestrado, o que norteou a etnografia foram questões acerca do que denominei "proceder evangélico" na prisão.

A categoria proceder que emergiu do campo e encontrou elaboração acadêmica em outras pesquisas das quais fiz uso (Marques, 2009, p.28), em meu mestrado (Vilhena, 2017), foi ampliada pelo acréscimo do termo qualificativo evangélico. O proceder evangélico consistia em um tipo de código de condutas específico aos internos que se convertiam dentro do cárcere. Essa etapa foi a que apresentou maiores dificuldades, práticas e subjetividades para mim.

Primeiro, porque adentrar em uma prisão de regime fechado requer que se cumpram processos burocráticos e de segurança que podem se mostrar cansativos para o mais paciente dos sujeitos. O prólogo acima tematizou tais dificuldades e angústias. Segundo, porque conviver intensamente no ambiente prisional afeta significativamente a subjetividade de quem faz pesquisa no contexto do cárcere. É sabido que quando há a presença de qualquer pessoa que não faça parte da rotina da prisão e que irá entrar nos pavilhões, seja homem ou mulher, há maior demanda por parte da coordenação de segurança. Porém, ao se tratar de mulher, a instituição impõe medidas extras de segurança, e os processos de entrevista são dificultados. A pesquisa de Jennifer Anne Sloan (2011) aponta para um elemento presente, porém, negligenciado em pesquisas no contexto de cárcere, que, nesta pesquisa, ficou evidenciado no segundo momento etnográfico: o gênero da(o) pesquisadora(o). As vantagens de ser mulher e pesquisar em prisão podem ser menores, mas não menos importantes.

Durante atuação como docente, quase diariamente a atitude de parte majoritária dos alunos para comigo e demais professoras era de afetividade e proteção, o que indica uma associação de feminino com fragilidade muito comum. Isso, em entrevistas com finalidade acadêmica, acaba por ser proveitoso, na medida em que alguns homens parecem sentir-se mais à vontade para mostrar alguma vulnerabilidade.

Isto é, a fragilidade ou a vulnerabilidade a que me associavam deixava-os, aparentemente, livres da necessidade de provarem sua masculinidade a todo o momento, ao menos não da mesma forma que faziam para com outros homens. Se, no período do mestrado, as questões que circundavam minha pesquisa repousavam sobre as condutas dos presos, assim como orientadas pela religião, no período doutoral, a visita ao diário e retorno ao campo por meio das anotações etnográficas[2] permitiu-me considerar que a religião espraiava-se também em direção a outros recortes, como o de gênero e o social; das relações sociais dos internos entre si e com as autoridades do presídio.

Na medida em que todos os dados etnográficos utilizados partiram de experiências vivenciadas quando de minha atuação como professora e, posteriormente, com as entrevistas, opto por uma escrita em primeira pessoa, esperando que, com isso, a leitura seja um misto de narrativa com análise teórica.

No decorrer dos anos, passei por um processo de imersão teórica: criminologia, gênero, masculinidades, religiosidades cristianizadas, cárcere e, principalmente, leituras foucaultianas. Contudo, nesse contexto social, político, econômico, histórico e conflituoso no qual a pesquisa foi se consolidando, par e passo com transformações subjetivas, houve uma nova virada epistemológica. Encontrei, no escopo teórico decolonial, noções de indispensável contribuição à pesquisa, teórica e metodologicamente.

Boaventura de Souza Santos (2008, p. 83) afirma que "o objeto é a continuação do sujeito por outros meios. Por isso, todo o conhecimento científico é autoconhecimento".

Essa fala levou-me a pensar que a disciplinarização epistemológica e hegemônica que acompanhou minha formação irradiou para o estilo de escrita que estava desenvolvendo. Ora, se pretendo levar a criminalidade para a universidade e desestabilizar hegemonias epistemológicas invisíveis, se adoto, como ponto de partida, as racionalidades locais da

2 A releitura do diário de campo sob novas perguntas e perspectivas não foi uma escolha. A volta ao campo e o desenvolvimento de nova etnografia foi impossibilitada pelo contingente abrupto e letal imposto ao mundo com o surgimento e disseminação da crise sanitária global disseminada pela pandemia de SARS Covid-19.

cultura prisional pesquisada, do repertório religioso disseminado no campo, a forma como devo fazê-lo deve ser, necessariamente, contra tais hegemonias.

A pretensa democratização analítica desta pesquisa levou-me à autoetnografia que possui estatuto de desobediência à hegemonia epistemológica e científica, pois surgiu em período de crescente necessidade de confrontar pesquisas "colonialistas e estéreis[3]". Essa forma de se produzir etnografias, portanto, "[...] desafia os moldes canônicos do fazer científico e de representar os outros e trata a pesquisa como um ato político, socialmente justo e consciente" (Ellis; Adams; Bochner, 2011, p. 2). Daí a produtividade desse recurso, pois [...] enquanto método, a autoetnografia é ambos, processo e produto[4]" (Ellis; Adams; Bochner, 2011, p. 1). Ela não separa quem pesquisa da pesquisa, ela não distingue o sujeito do objeto. Ela colocou-se como *continuum* entre o contexto e a análise, entre pesquisador e pesquisado.

O produto dessa pesquisa, portanto, não é apenas conhecimento do contexto carcerário, mas também autoconhe-

3 Pesquisadores de então acabavam por repetir a colonização no campo intelectual. Entravam em dado contexto cultural, exploravam, anotavam e concluíam a partir de raciocínios individuais e assimétricos. Após decidir os resultados de suas observações, simplesmente voltavam para seus gabinetes para "escrever sobre aquela cultura por motivos financeiros e/ou ganho profissional, enquanto negligenciavam os laços relacionais com os membros da comunidade" (Ellis; Adams; Bochner, 2011, p. 2, [tradução nossa]). *Furthermore, there was an increasing need to resist colonialist, sterile research impulses of authoritatively entering a culture, exploiting cultural members, and then recklessly leaving to write about the culture for monetary and/or professional gain, while disregarding relational ties to cultural members.*

4 *This approach challenges canonical ways of doing research and representing others and treats research as a political, socially-just and socially-conscious act. [...] Thus, as a method, autoethnography is both process and product.*

cimento, no sentido aventado por Santos. Então, pode-se dizer que a metodologia deste trabalho é híbrida, porque, se afirmo como método a etnografia, concomitantemente assumo a autoetnografia como técnica de escrita e de análise desse "ambos": a pesquisa e eu.

Ao fazer uso desses métodos, é como se a escrita impelisse a academia a um movimento contra a hegemonia epistemológica branca, masculina, cristã e cisheteronormativa[5]. Ou, ao menos, compele à reflexividade sobre outras formas de adquirir e produzir conhecimento. Nesse sentido, outras perguntas que importam são sobre quem lê tais pesquisas, como são afetados(as) por ela e como esse diálogo pode ser mantido.

Trazendo a discussão sobre etnografia para o campo de pesquisas brasileiras, encontram-se significativas contribuições na discussão desenvolvida por Karina Biondi, Antônio Barbosa e Brígida Renoldi (2021). Os(as) autores(as) desenvolvem discussão híbrida, através de relatos e teorias, indicando que as especificidades das etnografias realizadas no campo de pesquisas em criminalidade, violência e prisão possuem certas particularidades.

A essa pesquisa, tais reflexões importam na medida em que indicaram a relevância do papel das incertezas, das vulnerabilidades, do inesperado, das viradas subjetivas ou epistemológicas que perpassam os trabalhos de quem pesquisa prisão e criminalidade. Além disso, corroboram um dos norteadores da pesquisa, qual seja, a compreensão de que foram os afetos micropolíticos (Biondi; Barbosa; Renoldi, 2021) produzidos através das intersubjetividades de pesqui-

5 *Cisheteronormatividade* é o termo que alberga noções, como cissexismo, heteronorma, cisnormatividade, que, quando unificados, referem-se a padrões sociais de gênero que pressupõem que gênero é equivalente a sexo biológico e, dessa forma, excluem, marginalizam, invisibilizam e violam pessoas que não se enquadram.

sadora e pesquisados, os resultados mais significativos dessa trajetória no campo de pesquisas em prisão.

Um dos resultados das afetações micropolíticas que permeiam pesquisadores e pesquisas em criminalidade e prisão é a desestabilização de conceitos e categorias que se baseiam, em grande parte, em juízos de valor, como, por exemplo, definições do que poderia ser um "criminoso". A partir disso, os autores corroboram, ainda, com o estatuto político intrínseco à pesquisa, na medida em que indicam que, no momento atual, os saberes academicistas enrijecidos é que estão sendo colocados em xeque, constantemente problematizados.

Isso porque as etnografias nesse campo são capazes de desestabilizar valoração de determinados conceitos. Na mesma toada, corroboram com a compreensão de um tipo de escrita etnográfica que transmite a quem lê os processos de reflexão e transformação que quem pesquisa nesses ambientes pode sofrer. Longe de narcisismo, tais técnicas servem ao propósito de imprimir, na comunicação dos resultados da pesquisa, seus aspectos relacionais e interacionais intrínsecos a todas as interações sociais.

Essa metodologia auxilia na contribuição teórica da pesquisa para a área da Ciência da Religião, através de debates que interseccionam religião, gênero, sexo, poder, corpo e prisão a partir do escopo da área. Além disso, também faz sentido propor que esta pesquisa se insira na área de Ciência da Religião Aplicada. Isso porque essa tese destina-se a fomentar o debate sobre a condição de pessoas em situação de privação de liberdade.

Pessoas que, na crença, encontram sentido para sua permanência na religião, que, impelidas pelas narrativas religiosas, formulam sentidos, os quais são atravessados, ainda, por questões de gênero e discursos de poder. Essa tese coloca-se, pois, como um instrumento compreensivo da relação entre

Religião, Sociedade e Prisão, que pretende ultrapassar os limites dos repositórios de dissertações de mestrado e teses de doutorado, em direção às agências públicas e órgãos responsáveis pelos cuidados com essas pessoas que vivenciam o cárcere.

Essa tese coloca-se em favor das populações encarceradas e à disposição da sociedade para a elaboração e implementação de políticas públicas, políticas de segurança, políticas sociais, políticas educacionais, políticas penais e outras que se voltem para o atendimento dessas populações.

2. *Situando a pesquisa*

Uma das problemáticas que compõem o pano de fundo dessa tese refere-se ao fato de que 93% da população carcerária mundial é masculina[6]. Esse dado faz com que ocorra a constante ratificação de que o homem, no sentido binário do termo, possui instintos agressivos e que a violência e o crime são "naturais" a eles. Nesse sentido, para sanar as graves questões da segurança pública no Brasil, faz-se necessário perguntarmos pelos padrões, pelos marcadores, ou seja, pelo que une, em grupos específicos, homens com perfis bem demarcados, pretos, periféricos, jovens e integrantes do movimento da criminalidade ou em contexto de privação de liberdade.

E, a despeito disso, quando se fala de criminalidade, violência, prisão e gênero, as temáticas mais populares têm sido as que versam sobre o aumento do encarceramento feminino, situação das mulheres aprisionadas e da população LGBT-

6 World Prison Brief | *an online database comprising information on prisons and the use of imprisonment around the world* (prisonstudies.org).

QIA+. Tais pesquisas são fundamentais para todas as áreas em que esbarram no escopo da interdisciplinaridade. Contudo, para pesquisas voltadas à instrumentalização de políticas públicas de assistência, segurança e combate a violências e a criminalidades, parece-me contraproducente que não tenhamos nos dedicado, no campo de pesquisas brasileiro, ao uso de tal categoria.

Dito de outra forma, se precisamos urgentemente reduzir e exterminar as violências contra mulheres cis e da população LGBTQIA+ em toda a amplitude da fluidez que a constante modificação da sigla indica, então, precisamos perguntar mais sobre quem agride do que quem é agredido(a). Mas, retomando o campo e as consequências de termos uma população encarcerada predominantemente masculina, vale salientar algumas observações iniciais importantes quanto à presença de religiosos nos sistemas prisionais, especialmente de tradições cristãs pentecostalizadas, as quais, como constatado em minha dissertação, estão presentes em maior número no contexto prisional juiz-forano (Vilhena, 2017).

Primeiro, os evangélicos rejeitam homossexuais em suas celas, mas acolhem estupradores. Segundo, mobilizam o feminino como propriedade que pode ter o destino escolhido pela preferência dos homens com o respaldo da figura masculina do Deus cristão. Terceiro, homens negros evangélicos rejeitam estupradores, diferente dos brancos. A constatação da relevância dessas diferenças fez com que surgisse a necessidade de uma análise dos discursos disseminados em sociedade e absorvidos pelo contexto prisional.

Esses discursos são alimentados pelo repertório cristão pentecostalizado de leitura conservadora, principalmente no que se refere ao gênero. Foi possível observar, tanto no contexto prisional, quanto extramuros, a preponderância de uma cosmovisão homofóbica e misógina a partir da qual a mulher é entendida como propriedade do homem, sendo este divinamente autorizado a controlar seus inferiores. O estupro é crime se não relativizado, justificado de formas amenas e a homossexualidade é percebida como abominação.

A partilha desse repertório comum no que há de mais conservador se dá entre grupos de homens que ocupam o eixo do marcador classe de posições opostas. De um lado, homens evangélicos cumprindo sentença na prisão, do outro lado, grupos de homens conservadores, aqui, especificamente compostos por homens da elite, políticos, empresários e empreendedores em geral.

O discurso religioso cristão pentecostalizado de viés conservador torna possível perceber noções partilhadas, principalmente no que se refere a sexo e gênero, que parecem subsidiar a produção de masculinidades cristãs/evangélicas de homens que ocupam eixos interseccionais opostos, quais sejam, homens representados pela figura e discurso dos que se autodenominam "cidadãos de bem[7]" e bradam que "bandido bom é bandido morto", e, do outro lado, sujeitos privados de liberdade, os próprios denominados "bandidos".

Essas observações levaram-me à formulação da pergunta que segue: como e a partir de quais processos esse repertório religioso pentecostalizado de interpretação conservadora é partilhado por homens de grupos opostos? A busca por respostas possíveis acompanha a análise sobre se as religiosidades pentecostalizadas são formas que garantem aos apri-

7 Conforme exposto, a presente análise consolidou-se em um período de marcos sociais e políticos históricos no Brasil e no mundo. Dessa forma, a categoria "cidadãos de bem" refere-se a dinâmicas ocorridas em tempo histórico recente de movimentação cotidiana contínua. Ver produções de Jacqueline Muniz (2021) e "Quem é o cidadão de bem?" (Andrade Costa, 2021). Disponível em: https://doi.org/10.1590/0103-6564e190106. Acesso em: 20. jan. 2022.

sionados novos meios de socialização ou se configuram-se enquanto sistemas de ideias e crenças que repõem padrões de conduta aprazíveis para uma sociedade ainda conservadora e de moral cristianizada.

Diante do acima exposto, temos que: a única coisa em comum que une os homens "de bem" e os "bandidos" nas redes de poder disseminadas pelo repertório evangélico é o marcador raça; os homens de ambos os grupos que relativizam o estupro são brancos. Nesse sentido, a questão que se coloca é: seriam as masculinidades evangélicas um tipo de estratégia na manutenção da hegemonia que, ao ignorar o marcador classe, une evangélicos "bandidos" e "cidadãos de bem" a partir da branquidade?

A partir do cenário e das questões que dele emergiram, delineio algumas hipóteses que nortearão o percurso teórico de cada capítulo em busca de compreensões sobre o acima exposto. A hipótese proposta é a de que, a partir da figura de um Deus cristão incorpóreo, porém, masculino, cristalizada no imaginário das sociedades ocidentais como universal e todo-poderoso, concede, a partir de diferentes tecnologias disciplinares e colonialistas, um tipo de poder divinamente consentido e justificado para homens brancos.

Assim, a raça branca constitui-se o que Raewyn Connell (1995) denominou de dividendo patriarcal. Este consiste em elementos que concedem privilégios da hegemonia a grupos de homens que não a realizam durante toda a vida, fazendo com que eles tenham uma relação de cumplicidade com o projeto hegemônico. Logo, "bandidos" brancos partilham com "homens de bem" o desejo e a busca pela supremacia.

Diante disso, esse Deus incorpóreo, masculino, branco, europeu e colonialista possui a dupla função de legitimar a subordinação de mulheres, homossexuais e pretos, a partir de interações entre níveis micro, médio e macro e através de inúmeros e diferentes marcadores sociais, como raça, classe e gênero. Sendo assim, dividi a tese em partes um, dois e três, seguidas das considerações finais. A parte um é composta por cinco tópicos.

O primeiro é dedicado à demarcação em perspectiva decolonial dos marcadores interseccionais a serem mobilizados em busca da compreensão proposta pela pesquisadora. O segundo tópico se propõe à delineação das formas através das quais mobilizo o conceito de masculinidades hegemônicas. Em seguida, proponho o diálogo entre uma analítica do poder em perspectiva foucaultiana com as teorizações propostas por Messerschmidt (2018) sobre masculinidades hegemônicas e sua atuação em níveis locais, regionais e globais.

Aqui, contempla-se já a centralidade do elemento religioso, na figura do Deus cristão, incorpóreo, masculino, branco, colonial e hegemônico, enquanto sistema abrangente que dissemina, através de dispositivo panóptico, padrões normativos de gênero a fim de alimentar a supremacia masculina e branca. Por dispositivo panóptico, compreendo um conjunto de tecnologias do poder a nível micro que são invisíveis, porém responsáveis por um autocontrole e autodisciplina dos sujeitos a fim de se encaixarem em padrões normativos, aqui, especificamente, de gênero.

As principais características panópticas são equivalentes às três qualidades atribuídas ao Deus cristão, branco e masculino: a onipresença, que equivale à capacidade panóptica de estar em todos os lugares, sujeitando os indivíduos a uma constante sensação de visibilidade e, por sua vez, tem por consequência a onisciência. Se Deus está em todos os lugares, logo, ele de tudo sabe, é detentor de todo o conhecimento. Resultante dessas duas características, então, está a onipotência, qualidade que classifica esse Deus como único portador do direito de permitir ou proibir, punir ou abençoar.

Em seguida, nos tópicos três e quatro, respectivamente, delineio algumas especificidades da produção de masculinidades a partir do fenômeno religioso cristão pentecostalizado, representado pelo repertório discursivo. E, por fim, algumas considerações sobre a produção de masculinidades dentro do contexto prisional. O objetivo geral da parte um é lançar mão dos referenciais teóricos de gênero, a saber, sobre as masculinidades, em diálogo com uma analítica do poder, a fim de indicar como padrões normativos são disseminados no corpo social. Retomarei essa sistematização no tópico analítico final.

A parte dois é iniciada com um tópico descritivo-analítico do contexto político brasileiro pré-eleições de 2018. A análise perpassa os discursos conservadores do então deputado, Jair Messias Bolsonaro, no período do golpe da presidenta democraticamente eleita, Dilma Rousseff, em 2016, fundamentado por repertório evangélico conservador. Os discursos são fundamentados em repertório evangélico conservador, principalmente, no que se refere ao gênero.

O que respalda esses discursos é uma visão de mundo em pares de oposição que compreende gênero como equivalente a sexo biológico e, dessa forma, homem e mulher são blocos homogêneos e elementos complementares. Tudo que foge a esse binarismo é abominação e antinatural aos olhos de Deus, o criador. Essa análise demonstra como os discursos evangélicos de Bolsonaro, eleito presidente em 2018 com o apoio de parcelas cristãs pentecostalizadas e conservadoras, são afinados com uma visão binária e excludente de gênero também presente no interior do cárcere nos discursos de internos evangélicos brancos.

O objetivo dessa análise é indicar como, a despeito de ocuparem lugares opostos no eixo intersecional da classe, Bolsonaro, seus seguidores e os internos evangélicos brancos entrevistados partilham uma visão excludente, homofóbica e misógina. Assim, na terceira parte, retomo essa análise a fim de colocar em diálogo com o discurso dos internos entrevistados, com o objetivo de indicar a branquidade como dividendo patriarcal que privilegia homens brancos, nublando o marcador classe.

A partir dessa análise, surgiu a necessidade de discutir o conceito de homohisteria, como um dispositivo de sexualidade disseminado pelos discursos acima, tanto em sociedade, quanto em contexto prisional, cujo objetivo é incutir individual e coletivamente, dentre os homens, o medo de ser homossexualizado. A homohisteria, enquanto racionalidade tática local que se dá através da agência de grupos ou indivíduos religiosos dentro da prisão, instrumentaliza aparatos estatais na forma de regimentos e regulamentações acerca de políticas penitenciárias de assistência religiosa.

Assim, no tópico seguinte, delineio aspectos estruturais, legais e subjetivos dos direitos e deveres da prestação do serviço de Assistência religiosa nas prisões. Então, um dos objetivos da parte dois é responder à questão sobre as masculinidades evangélicas ancoradas nesse repertório evangélico conservador se constituírem como estratégias de reposição e manutenção de privilégios dentre homens brancos cristãos, independentemente do polo que ocupam no marcador classe.

Delineio brevemente um tipo de perfil da população carcerária brasileira e descrevo alguns procedimentos massificadores de admissão, bem como o funcionamento de algumas instâncias internas em tais processos. Por fim, indicarei como tal discurso está institucionalizado em políticas de execução penal sob o manto do "universalismo laico" de uma forma de crença, a cristã. A parte três é iniciada com a descrição de cultos e entrevistas com todos os atores do contexto. Em seguida, desenvolvo breve reelaboração do conceito que designa os códigos internos aos sujeitos privados de liberdade e que norteiam suas condutas.

Esse código é desmembrado em ritmo geral da cadeia, ritmo evangélico e ritmo, sendo o último de cunho individual. Este tópico alberga os dados que sustentam a análise: nele, descrevo e analiso o discurso cristão pentecostalizado que os internos partilham com grupos de homens brancos, conforme indicado na parte dois e descrevo a diferença apresentada no ritmo individual seguido por homens brancos e homens pretos. A partir disso, lanço bases para a discussão do tópico seguinte, acerca do estatuto da branquitude como dividendo patriarcal que beneficia homens brancos em detrimento de homens negros, independente das especificidades do contexto.

Neste, retomo algumas questões e proponho uma última pergunta: seriam as tradições religiosas cristãs pentecostalizadas formas que garantem aos aprisionados novos meios de relação com a sociedade ou seriam sistemas de ideias e crenças que repõem padrões de conduta aprazíveis para uma sociedade conservadora, de moral cristianizada e colonialista? Inicialmente, o percurso da pesquisa levou-me a considerar que as masculinidades evangélicas poderiam ser estratégias de manutenção da hegemonia que, ao ignorar o marcador de classe, teriam como um fim unir adeptos de diferentes grupos de homens através do repertório cristão pentecostalizado de leitura conservadora.

Portanto, a última pergunta que propus e a hipótese aventada na sequência parecem-me imbricadas. Diante do desenvolvimento dessa pesquisa e da forma como os dados foram se apresentando para minha análise, orientada por uma perspectiva decolonial, arrisco-me a afirmar que sim, essa forma de masculinidade tem sido usada a fim de alimentar a supremacia masculina, sempre reinventada.

A branquitude/branquidade, enquanto dividendo patriarcal, disseminada, mantida e sempre alimentada, é exercida através do pacto narcísico da branquitude que beneficia e concede privilégios aos homens brancos em todo e qualquer contexto, reservadas às especificidades. De forma sucinta, religião, especificamente cristianizada, raça, classe e gênero são imbricações estruturadas e estruturantes que hierarquizam grupos de sujeitos, aqui, grupos de homens, a partir da racialização e inferiorização imposta pela colonialidade religiosa, cuja figura de maior representação é o Deus cristão.

Após indicar as compreensões às quais cheguei percorrendo todo o caminho teórico, dedico um tópico descritivo analítico das mais recentes políticas públicas penitenciárias, a partir dos aportes teóricos em Ciência da Religião. Os documentos expostos possuem funções distintas, contudo, o objetivo da análise desenvolvida foi lançar luz à urgência de ampliação dos debates acerca da presença do/a cientista da religião em diversas esferas e instituições sociais, tal como a prisão.

I
PENSANDO INTERSECÇÕES DECOLONIAIS

Quando a branquitude torna-se normativa, funciona como Deus, de formas misteriosas[1].
(Bonilla-Silva, 2008, p. 13)

Conforme dito anteriormente, essa pesquisa tem como foco a compreensão das dinâmicas religiosas, especificamente cristãs pentecostalizadas, no contexto prisional, e atuantes na produção das masculinidades de homens encarcerados e evangélicos. Para tanto, parte dos aportes teóricos e metodológicos adotados descendem dos pós-coloniais e, principalmente, decoloniais. Nesse sentido, este tópico é dedicado ao desenvolvimento sobre as formas através das quais os aportes teóricos desses campos auxiliam na compreensão das imbricações interseccionais de gênero, raça, classe, criminalidade e religião no contexto prisional.

Antes, porém, adoto a postura metodológica de posicionar-me na pesquisa demarcando o meu lugar de fala, qual seja, um lugar de mulher, branca, classe média e privilegiada em relação ao grupo de homens ao qual dedico essa pesquisa. Razão pela qual o "como" fazer essa pesquisa é fundamentado, declaradamente, em práxis política e comprometida com a transformação social. Nesse sentido, o "como" está relacio-

1 *When whiteness becomes normative, it works like God, in mysterious ways* (2008, p. 13).

nado à demarcação do meu lugar privilegiado nas relações de poder que produzem conhecimento, algo que foge ao meu escopo modificar. Contudo, na medida em que, em perspectiva foucaultiana, o poder e seu exercício também podem ser positivos, compreendo que o produto dessa tese, teórico e prático, configura-se em resultado benéfico do exercício de poder que me atravessa como sujeito e pesquisadora.

Logo, o "como" decidi realizar essa pesquisa é fazendo uso dos privilégios concedidos a mim pela branquitude/branquidade para desestabilizar hegemonias epistemológicas, teóricas, acadêmicas e não só, também sociais. Compreendo que o primeiro passo para a eficácia dessa proposta seja reconhecer como a lógica e os métodos acadêmicos são brancos e, diante disso, pensar estratégias para transformação que ultrapassem o escopo teórico. *É desafiador, porém, não impossível.*

Nesse sentido, recorro a Eduardo Bonilla-Silva, junto ao também sociólogo negro Tukufu Zuberi, que organizou o livro *White Logic, White Methods Racism and Methodology,* (Lógica branca, Métodos brancos: Racismo e metodologia. Tradução livre). O livro reúne artigos que versam sobre a lógica branca e o racismo metodológico em diversas frentes e abordagens. Por lógica, os autores referem-se tanto à fundação de técnicas, quanto ao raciocínio utilizado pelos pesquisadores que buscam compreender a sociedade.

Assim, a lógica branca assume postura histórica que "garante centralidade ao conhecimento, história, ciência e cultura dos homens brancos de elite[2]" (Bonilla-Silva; Zuberi; 2008, p.17, [tradução nossa]). Dessa maneira, os autores afirmam que o resultado é a promoção de uma "alienação

2 [...]grants centrality to the knowledge, history, science, and culture of elite White men Bonilla-Silva; Zuberi; 2008, p.17.

debilitante". O termo alienação foi utilizado por um dos pesquisadores expoentes do pós-colonialismo[3] de atualidade resguardada, Franz Fanon (1968). Ao lado de Albert Memmi (1973) e Aimé Césaire (1978), foi pioneiro nos estudos sobre o fato colonial e seus impactos nas subjetividades negras e na consolidação de desigualdades sociais baseadas em determinada compreensão de raça.

As teorias pós-coloniais e decoloniais convergem na crítica à modernidade e à tradição epistemológica ocidental, na medida em que se configuravam, ou ainda se configuram, como perspectiva universal de conhecimento, marginalizando todas as outras formas de existência e apreensão do mundo. A crítica ao eurocentrismo epistemológico encontrou campo fértil no grupo Modernidade/Colonialidade, formado em 1998.

Os pensadores dessa vertente ancoravam-se nas sistematizações teóricas de Derrida e Michel Foucault, e dividiam-se entre os que entendiam a subalternidade como um *continuum* dessas perspectivas e aqueles que reivindicavam uma ruptura com a tradição epistemológica ocidental. Diante dessa fragmentação, o grupo se desfez e, a partir disso, emergiu o projeto da decolonialidade, arquitetado a partir da interação entre produções intelectuais de vários países da América Latina, cuja convergência é a formulação de alternativas epistemológicas, fundamentando-se na premissa de que colonialismo difere-se de colonialidade.

3 As pesquisas pós-coloniais de estudos literários e culturais foram marcadas pela crítica da modernidade eurocentrada e os impactos da colonização para a construção discursiva de identidades de colonizadores e colonizados no período após as independências a partir do olhar do colonizador/europeu.

Segundo o pensador decolonial[4] Aníbal Quijano (2005), o colonialismo pode ser entendido como algo que teve um fim através de diversos processos históricos, tendo como marco a independência de países colonizados. Em contrapartida, a colonialidade refere-se à permanência de estruturas de poder colonial mesmo na modernidade. A esse tipo o autor nominou de colonialidade do poder.

Os principais pilares da colonialidade são: a racialização das relações de produção, que se refere a relações econômicas e políticas herdadas do poder colonial e ressignificadas através dos recursos capitalistas – a colonialidade do poder (Quijano, 2005); o Eurocentrismo, como referencial e produtor de conhecimento legítimo, refere-se à dominação epistêmica europeia, que reproduz padrões de pensamento coloniais – a colonialidade do saber (Quijano, 2005) – e, por fim, o controle das subjetividades e das experiências vividas pela colonização na construção das identidades e subjetividades – a colonialidade do ser (Mignolo, 2003, 2010; Maldonado-Torres, 2007).

Esses três tipos de colonialidade estão presentes no exercício de relações de poder invisíveis em variadas dimensões, atravessando subjetividades e estruturas sociais, alimentando hierarquias de gênero, raça e classe, a partir de moldes coloniais, excludentes e opressores. Se o gênero pode ser considerado tributário dos movimentos feministas brancos, a interseccionalidade, ainda que tardiamente conceitualizada,

4 Além de pós-colonialismo e decolonialidade, existe a designação descolonial. Pode-se dizer que o pensamento decolonial contrapõe-se à colonialidade, e o descolonial, ao colonialismo. Os termos não são sinônimos nem antônimos, porém as linhas são tênues. Permeiam a tese teorizações dos três campos de saber: pós-colonial, decolonial e descolonial.

teve suas bases lançadas antes da revolução do gênero, no início de 1850, com o discurso proferido por Sojourner Truth.

O discurso improvisado realizado por Truth[5] se deu em uma intervenção no W*omen's Rights Convention* (Convenção dos Direitos das Mulheres, Akron, EUA, 1851. Tradução nossa). O evento reunia clérigos que discutiam sobre mulheres e seus direitos, a fim de fazer deliberações a esse respeito. Diversos pastores discursaram sobre o quão frágeis eram as mulheres, o quanto elas não deveriam/mereciam ter os mesmos direitos que os homens, o quanto seu intelecto era limitado. Diante disso, Truth declarou

> Bem, se a mulher desconsertou o mundo, deem a ela a chance de colocá-lo no lugar. [...] como Jesus veio ao mundo? Através de Deus que o criou e da mulher que o pariu. Homem, qual foi o seu papel? Mas as mulheres estão se levantando com as bênçãos de Deus e alguns homens se levantam com elas[6].

É significativo mencionar que Truth pode não apenas ter lançado bases para as intersecções de gênero e classe, mas também da religião cristianizada, da figura de Deus e Jesus, como significativos marcadores interseccionais que produzem identidades. A ex-escravizada, letrada por seus ex-escravizadores de origem Quaker, demonstrou lucidez no que se refere a uma leitura mais igualitária de narrativas bíblicas.

5 A versão atribuída como sendo a original foi a publicada pelo Jornal Anti-Slavery Bugle (1851), poucas semanas depois do evento.

6 And how came Jesus into the world? Through God who created him and woman who bore him.(g)Man, where is your part? But the women are coming up blessed be God and a few of the men are coming up with them. Disponível em: https://www.thesojournertruthproject.com/compare-the-speeches/. Acesso em: maio de 2021.

Assim, reverteu, com maestria, a interpretação de que a mulher é inferior, pois a distinguiu de Jesus e de Deus, lidos por alguns religiosos como figuras masculinas, de traços que os difeririam do feminino. Essa diferenciação, pode-se dizer, é responsável pela estruturação de uma relação de poder que classifica um em oposição ao outro, ou um como superior ao outro. Sabidamente, o masculino como superior ao feminino.

Ao atribuir à mulher um papel fundamental, Truth lançou luz sobre o superdimensionamento do que se entende por ser homem e o questionou. Afinal, se a mulher carregou Jesus no ventre e o trouxe à vida, deveria haver pouco ou quase nada que os homens poderiam fazer que seria mais grandioso do que isto. Por fim, o último marcador cuja perspectiva decolonial será utilizada é a religião, mais especificamente as religiões cristianizadas e de leitura conservadora.

Em seu discurso, Truth evidenciou como as "categorias de brancura e negritude, masculinidade e feminilidade, trabalho e classe passaram a existir historicamente desde o início" (McClintock, 2010, p. 39). E, mais do que isso, a partir do discurso de Truth e da noção de que tais marcadores estão presentes na história desde um "início" é que se tornou possível pensar a religião também em perspectiva decolonial.

Dito de outra forma, a religião, aqui, especificamente de origem cristã, esteve presente desde o início da construção das sociedades modernas do eixo ocidental, cristianizadas pelo catolicismo e pelo protestantismo, assim como o "Novo Mundo", catequizado pelos colonizadores portugueses e pelos espanhóis, mas, fundamentalmente, colonizadores cristãos a serviço de um projeto civilizatório. E é nesse sentido que se pode dizer que colonialidade do poder se encontra com a colonialidade do saber. Ambas desaguam em dominação e em hierarquização, presentes nas concepções modernas de sociedade e de conhecimento contemporâneas. E, em certo sentido, ambas debutarias de certo cristianismo marcado pela concepção patriarcal e universalista de organização sociocultural, que forjaram tanto a Europa quanto as Américas.

Séculos após o discurso de Truth, em 1989, a feminista negra Kimberlé Crenshaw publicou elaboração conceitual que passou a ser um paradigma teórico e metodológico da epistemologia feminista negra: a interseccionalidade. Segundo a autora, a interseccionalidade como categoria

> busca capturar as consequências estruturais e dinâmicas da interação entre dois ou mais eixos da subordinação. Ela trata especificamente da forma pela qual o racismo, o patriarcalismo, as opressões de classe e outros sistemas discriminatórios criam desigualdades básicas que estruturam as posições relativas de mulheres, raças, etnias, classes e outras. Além disso, a interseccionalidade trata da forma como ações e políticas específicas geram opressões que fluem ao longo de tais eixos, constituindo aspectos dinâmicos ou ativos do desempoderamento (Crenshaw, 2002, p. 177).

Dito de outra forma, a interseccionalidade permite que se perceba o cruzamento de múltiplas formas de discriminação. Como teoria e como método, o uso do termo permite e, talvez, exija uma sensibilidade analítica, na medida em que possibilita que sejam evitados reducionismos de política de identidade, evidencia as articulações das estruturas modernas coloniais que fragilizam as identidades, investiga os contextos de colisões e fluxos entre estruturas, frequência e tipos de discriminação nas intersecções (Akotirene, 2018, p.35).

O termo permite, ainda, que se evidencie como o expediente penal é realizado, como desfaz "laços familiares das masculinidades avessas à negociação do corpo patriarcal" (Akotirene, 2018, p.35) e, mais do que isso, ao utilizar a interseccionalidade na busca por compreender a atuação do fenômeno religioso cristianizado conservador na produção de masculinidades encarceradas na interface com a raça e a classe, evidencia-se como a branquitude/branquidade se configura como um sistema determinante em todas as relações sociais e é estruturada e estruturante, respaldada por esse repertório religioso.

A interseccionalidade como método é imprescindível a essa pesquisa, na medida em que, usada de forma crítica e comprometida, permite capturar "como", nas relações modernas de colonialidade, estabelecem-se as desigualdades de gênero, raça e classe. Isso me autoriza a afirmar que analisar o fenômeno religioso em perspectiva decolonial, na sua interseccionalidade com gênero e em contexto prisional, apresenta grandes desafios. Um deles é que a "[...] grande ausência de envolvimento com a religião no estudo da modernidade/colonialidade é sintomática da colonialidade do conhecimento que informa o binário religioso/secular[7]" (Yountae, 2020).

Noutras palavras, se há poucos estudos que discutem a relação da religião com a modernidade/colonialidade, é porque a produção do conhecimento na Europa e nas Américas orienta-se por parâmetros ainda colonizados[8], que impedem e/ou dificultam uma gênese do par religioso/secular, a partir

7 The large absence of engagement with religion in the study of modernity/coloniality is symptomatic of the coloniality of knowledge which informs the religious/secular binary. (Yountae, A. *A decolonial theory of religion*. Contending Modernities, Notre Dame, feb. 28, 2020. Disponível em: https://url.gratis/nGAnH. Acesso em: junho de 2021).

8 Pensar religião em perspectiva decolonial requer um esforço de autocrítica, inclusive, da área de Ciência da Religião, na medida em que seus cânones se caracterizam por serem grandemente eurocentrados.

de lugares diferentes e outros olhares.[9] E, nessa mesma direção, pode-se destacar certa colonialidade nos estudos de gênero, como evidenciou Maria Lugones.

A partir de uma crítica às limitações de Quijano (2005) no que se concerne a gênero, Maria Lugones (2014, p. 941) propôs a colonialidade de gênero que se refere à opressão racializada capitalista do gênero. E, a partir desta, a autora entende ser possível compreender as opressões como relações complexas entre sistemas econômicos, racializantes e engendrados. A raça e a classe não devem ser relegadas a papéis secundários, antes se informam mutuamente em uma relação dialética.

Essa crítica é especialmente interessante porque essas imbricações produziram estruturas sociais, dentre as quais interessa, a essa pesquisa, o sistema penal brasileiro, a partir da consolidação de uma episteme do saber criminológico, que é masculina, branca, heterossexual e cristã. Indo além, ao sistematizar o que denominou "hipótese colonial", Evandro Piza, Marcos Vinícius Lustosa Queiroz e Pedro Argolo Costa (2016, p. 26) informam que "a racialização dos sistemas punitivos não é um evento pontual, mas o processo de constituição da categoria raça".

Não poderia ter existido a construção negativa da raça sem sistema penal [...]". O racismo dependeu da segregação espacial promovida pelos sistemas punitivos, e, de forma dinâmica, as sociedades em que o racismo é preponderante significaram e ressignificaram, "constituíram e reconstituíram a identidade negativa das raças pela punição. Ou seja,

9 Uma referência que destoa, entretanto, dessa colonialidade do saber, é a produção de Talal Asad, que se pode ver em *Genealogies of Religion* (1993) e *Formations of the Secular. Christianity, Islam e Modernity* (2003).

forjaram valores sociais cujo cerne é identificar sem permitir uma identidade" (2016, p. 26).

Em análise sobre as contribuições feministas para a criminologia crítica brasileira no que se refere ao sistema penal, Camila Damasceno (2016) informa que o controle social exercido pelo Direito Penal é reprodutor dos mecanismos de dominação de gênero, dentre eles o cárcere, que seria o resultado de um sistema patriarcal, fundamentado sob o domínio do homem sobre a mulher. Nesse sentido, o apelo feminista pela intensificação de processos punitivos, a fim de proteger as mulheres, inserindo-as no cerne das preocupações do direito, é insuficiente.

Isso porque o Direito penal é incapaz de mudar a percepção social relativa às violências de gênero cometidas contra as mulheres, ou seja, de romper com a supremacia masculina através da punição dos agressores. Antes, constitui-se enquanto mecanismo que se volta para indivíduos (em perspectiva positivista), e não para a proteção coletiva. Dessa forma, consolida as violências estruturais através da

> operacionalidade seletiva do sistema penal colhe os seus alvos no interior dos estratos mais marginalizados ao mesmo tempo em que imuniza os crimes praticados pelos mais abastados. Assim, o preço da visibilidade conquistada pelo feminismo com a extensão do controle penal às violências de gênero será pago, quase exclusivamente, pela juventude negra e pobre, já vitimada pelo racismo cotidiano e pelas opressões (Damasceno, 2016, p. 21).

Ao trecho em destaque, acrescentaria que é a juventude negra, pobre e *masculina* que pagará o preço do controle penal das violações de gênero. Nesse sentido, uma criminologia feminista e decolonial deve responder a questões sobre a racialização do próprio sistema penal como fruto das imbricações de gênero, raça e classe. Há uma significativa lacuna no campo de pesquisas brasileiro que parece gerar negligência teórica e epistemológica diante de uma imensa obviedade, que é o fato de que 93% da população carcerária mundial é composta por homens.

No Brasil, 95,06% dos encarcerados são homens. Como negligenciamos esse dado por tanto tempo e por quê? Pensar o gênero como categoria analítica em perspectiva decolonial requer a compreensão de que ele atua em prol de desestabilizar essencialismos como mulher e homem. Logo, implica em reconhecer que "se gênero é um conceito, também *mulher* o é. E se mulher é um conceito, assim também homem" (Scott, 2010, p. 9-10, [grifo nosso]). É precisamente pelo potencial desestabilizador de categorias enrijecidas por regimes de verdade epistêmicos que a decolonialidade constitui-se como campo profícuo na busca por compreender as inúmeras e mutáveis formas de produção de masculinidades.

Soma-se a isso o fato de o recorte ser o contexto prisional, através do qual os eixos de opressão de gênero, raça e classe são significativamente evidenciados. Do mesmo modo, pensar masculinidades em perspectiva decolonial significa desestabilizar determinados essencialismos no que se refere à microrelações de poder que permeiam a produção do gênero. Isso indica que, para além do patriarcado e da estrutura hegemônica masculina, deve-se atentar para o fato de que nem todos os homens recebem benefícios e privilégios do dividendo patriarcal[10], conforme os homens pretos sujeitos pesquisados nesta tese. Diante da interdisciplinaridade acima

10 Conceito será adequadamente retomado adiante.

delineada, pode-se perguntar: como essa pesquisa insere-se no escopo da área de Ciência da Religião?

A resposta está impressa na pergunta: a interdisciplinaridade é uma das características da Ciência da Religião, logo, esse aspecto é significativamente favorável para pensar o fenômeno religioso em perspectiva decolonial. Ao transpormos o enquadramento acima para a área de estudos em religião, conforme proposto, torna-se possível perceber como as relações generificadas estão impregnadas de sentidos religiosos assim como a religião é impregnada de questões de gênero, e foi na Teologia que a categoria encontrou campo fértil.

Sendo uma das características da Ciência da Religião, a interdisciplinaridade, isto é, o entendimento de que distintas metodologias derivadas das áreas que compõem o campo das humanidades podem ser úteis para a abordagem do fenômeno religioso, entendo que incrementaria o campo a perspectiva de estudos feministas decoloniais que, em tempo, cresce no âmbito dos estudos de religião, porém carece de maior investimento. Pode-se dizer que, em princípio, foi na Teologia que a categoria gênero encontrou campo fértil e deu luz a relevantes trabalhos interessados nos possíveis atravessamentos deste conceito pela religião e vice-versa.

Trabalhos de feministas na exegese bíblica (Ivone Gebara, Nancy Cardoso Pereira) e outras no universo brasileiro e, como principal referência, cito Elisabeth Fiorenza; na teologia, Ivoni R. Reimer, Luisa Tomita, Maria Clara Lucchetti Bingemere, Mercedes Lopes, Claudete Beise Ulrich e a argentina Marcela Althus-Reid, dentre outras, e, nas ciências sociais da religião (especialmente Sandra Duarte, Carolina Bezerra de Souza), atestam uma produção relativa às questões de gênero na área 044-Teologia e Ciência da Religião, que caminha rumo ao crescimento e à consolidação.

Essa breve lista de mulheres que produzem no seio dessa área mostra que uma crítica feminista, latino-americana e interessada nos estudos de religião vem desestabilizando o universo acadêmico, ainda predominantemente masculino, com suas pesquisas e produções. A partir dos estudos mencionados acima, propostos por muitas dessas mulheres é que se deu início à construção dos aportes teóricos que subsidiariam a formação e consolidação de uma Teologia Feminista no Brasil, cujo objetivo primeiro era o distanciamento da epistemologia, hermenêutica e exegese da Teologia da Libertação.

Esta, ainda que fosse uma teologia de práxis histórica que preconizava as populações miseráveis, era patriarcal, branca, androcêntrica e refletia a imagem masculina do Deus cristão na linguagem, nas liturgias e nos rituais. Além disso, a TL manteve-se alheia a questões acerca do corpo, sexo e sexualidades, parecendo encerrar seu alcance em abstrações ideológicas insuficientes para a compreensão da condição das mulheres, qual seja, a de inferioridade.

Dentre as diversas contribuições de teólogas feministas, pode-se dizer que foi com Ivone Gebara que a Teologia Feminista e seu estatuto desestabilizador de hegemonias começa a se expandir dentro do campo de pesquisas em religião para além da Teologia, chegando à Ciência da Religião um pouco tardiamente. Nesse sentido, se é possível dizer que a relação entre religião e gênero começou a partir dos impulsos de uma Teologia Feminista que se tornou plural, o mesmo não se adequa no que se refere à área de Ciência da Religião e questões de gênero.

A diferença fundamental entre ambos os campos é que, na Teologia Feminista, as mulheres que pesquisam podem encontrar restrições institucionais ou de fé particular. Assim, as mulheres feministas que professam outras crenças, ou de crença nenhuma, encontram na Ciência da Religião "uma ciência capaz, por meio da metodologia aberta ao diálogo com as teorias feministas, de ser um espaço de pesquisa qualificada" (Freire, 2015, p.82).

O uso da categoria gênero, ao deixar de ser uma chave analítica de mulheres para mulheres, ampliou o campo de análise, evidenciando as intensas imbricações entre gênero e religião. Prova disso é que, nos últimos anos, temos acompanhado um aumento significativo em pesquisas que abordam a relação entre as duas categorias. Os estudos que fazem uso dos aportes teóricos da Ciência da Religião têm se mostrado cada vez mais dinâmicos e fluidos. Abordagens que se pretendem ecléticas parecem estar ganhando preponderância em relação a abordagens mais funcionalistas.

Estudos que abordam a relação entre gênero e religião se deparam com desafios, como a desdogmatização de seus saberes (Duarte, 2008, p. 13) e uma leitura dos preceitos, aqui, especificamente judaico-cristãos, a partir de uma categoria de gênero que foi conceitualizada para desconstruir e ressignificar paradigmas. Sabemos que

> A religião é sistema simbólico, e, portanto, sistema cultural. Discutir religião é discutir sistemas de sentido, é discutir cultura, transformações sociais, relações de poder, de classe, de gênero, de raça/etnia; é adentrar num complexo sistema de representações, de trocas simbólicas, de jogos de interesse, na dinâmica da oferta e da procura; é deparar-se com um sistema sociocultural permanentemente redesenhado que permanentemente redesenha as sociedades (Duarte, 2008, p.15).

Isso quer dizer que tanto o gênero quanto a religião se constituem enquanto marcadores identitários significativos na realização das identidades sociais. Nesse sentido, pesquisas que fazem uso de ambas as categorias devem, necessariamente, alocar os sujeitos religiosos no centro da discussão proposta na medida em que se configuram enquanto mecanismos de construção da subjetividade humana e de estruturas sociais.

Isso porque gênero e religião não são simples elementos análogos que existem lado a lado e que podem ser relacionados em um mesmo nível. Antes, são entrelaçados em redes de poder que produzem identidades sociais, moldam subjetividades e estruturas. O gênero visto em perspectiva religiosa produz e reproduz lugares diferenciados de poder de acordo com o sexo biológico, logo, possui papel ativo na produção da desigualdade de gênero (Duarte, 2008, p.24). Assim como a religião compreendida a partir da chave analítica, gênero possibilita a compreensão das estruturas sociais desiguais.

Ao transpormos a análise das interações entre gênero e religião para o contexto de cárcere, diferentes questões emergem evidenciando a fluidez da produção de masculinidades atravessadas pelo fenômeno religioso. Dentre as teorias iniciais acerca do gênero, encontra-se a teoria dos papéis sexuais/sociais cujos autores (Parsons, 1930; Fry, 1985; Farrel, 1993) preconizavam uma análise das relações de gênero em nível individual em detrimento das estruturas sociais.

Assim, negligenciavam a interação entre micro e microrrelações de poder indicando que as relações de gênero se davam em termos de papéis sexuais e sociais atribuídos a homens e mulheres de forma a complementarem-se. A partir dessa abordagem, desconsideravam que a organização social por critérios de diferenciação não abrangia apenas gênero, mas classe, raça, regionalidade e todos os outros marcadores identitários que diferem de sociedade para sociedade.

Além disso, tal interpretação negligencia o fato de que os significados atribuídos à feminilidade e à masculinidade variam de sociedade para sociedade através do tempo histórico. O limite dessa teoria é que, ao enrijecer a existência dos sujeitos em papéis a serem cumpridos, essa vertente aloca homens e mulheres em blocos homogêneos, minimizando as desigualdades da hierarquia de gênero e as relações de poder que movem a sociedade.

Menciono, brevemente, tal teoria, porque essa visão binária também pode ser encontrada na cosmologia cristã pentecostalizada de leitura conservadora que alimenta o repertório evangélico na sociedade e é absorvida e reproduzida pelos internos evangélicos. Nesse sentido, embora as sistematizações teóricas acerca dos papéis sociais não sejam adequadas aos estudos de gênero, no que se refere à compreensão das masculinidades evangélicas no cárcere, ela pode ser útil. Dentre os pesquisadores, um dos que ilustra a mentalidade conservadora disseminada pelo repertorio evangélico na prisão é Peter Fry (1985).

O autor afirma que, em ambiente prisional, as identidades generificadas se produzem numa hierarquia através do ato da penetração, pois "a ideia é que quem penetra é de certa forma o vencedor de quem é penetrado". Então, a relação sexual seria uma prática corporal de poder que não interfere no que esses homens entendem por gênero masculino/ser homem. Dessa forma, as relações homoeróticas seriam todas

> [...]heterossexuais em termos de papéis sexuais. As pessoas socialmente "femininas" se relacionam com as socialmente "masculinas". As mulheres e bichas se relacionam com os homens e mulheres-machos se

> relacionam com as mulheres. O que é considerado realmente "desviante", de acordo com estas regras, são relações "homossexuais" não em termos fisiológicos, mas em termos dos papéis sexuais. Assim, um homem pode se relacionar sexualmente com uma bicha, enquanto o primeiro é "ativo" e o segundo é "passivo". Nesse sentido, o que causa escândalo é quando bicha se relaciona com bicha (Fry, p.45, 1985).

Essa compreensão coaduna com a visão de gênero do repertório evangélico conservador constatado durante etnografia de observação de cultos e entrevistas com pastores e encarcerados religiosos. Ilustra essa assertiva o culto destinado à manutenção da adesão religiosa de internos, em que o pastor que ministrava as pregações pede que eu me retire da cela, pois iria tratar de "questões constrangedoras para uma mulher". Direcionei-me à pequena sala em que agentes penitenciários cumprem seus plantões e que era posicionada à frente da cela na qual o culto era realizado.

A fina parede que se interpunha entre a sala e a galeria que abrigava a cela possuía pequenas brechas em forma de losango, possibilitando que eu entrevisse e escutasse a tal pregação constrangedora. O pastor, ao pregar, aconselhava os internos presentes a serem fiéis às esposas, não ter relações sexuais com as companheiras caso não fossem, oficialmente, casados e afirma saber ser difícil ficar sem o contato feminino e o quanto essa ausência era campo fértil para os desejos da carne.

Assim, pediu para que os internos colocassem as mãos por dentro das calças, segurassem as genitálias para que pudesse "repreender os desejos homossexuais da carne", que aparecem, inclusive, através de sonhos. Em perspectiva foucaultiana, o que necessita ser alvo de proibição e controle é algo que precede a sanção. Ou seja, se houve a necessidade de repreender os desejos "homossexuais e da carne", a fim de que evitem relações sexuais entre iguais, é porque tais práticas se faziam presentes.

Tal episódio ilustra a assertiva de Fry (1985), na medida em que indica que as práticas sexuais realizadas entre os homens evangélicos não interferem no papel social que eles irão realizar diante do coletivo. O que importa, então, não é a relação fisiológica, desde que velada, mas o cumprimento de atributos sociais masculinos. Nisto consiste a relevância de se compreender como gênero atravessa as religiosidades em contexto prisional, determinando certas condutas de presos e, de um lado, permitindo-lhes vivências de sexualidade não experimentadas fora do cárcere e, do outro lado, reforçando papéis de gênero tradicionalmente ensinados em sociedade.

Vale perceber, então, que gênero, nesse contexto, tanto pode reificar, ao reproduzir hierarquias de poder entre macho e fêmea, quanto pode ser tensionado, ao ponto de permitir a vivência de uma sexualidade distinta da "de origem" de um encarcerado. Neste ponto, a categoria masculinidade emerge do campo como chave para se observar, analisar e compreender a relação gênero, prisão e religião, sobretudo a categoria masculinidade hegemônica, por meio da qual o poder opera nas relações de subordinação, marginalização e cumplicidade dos presos e entre presos.

1.1 Masculinidades hegemônicas: surgimento, desenvolvimento e ampliações da categoria

Do que adianta eu ser durão e o coração ser vulnerável? [...] Diz que homem não chora, ta bom falou. Não vai pra grupo irmão, aí...Jesus chorou!"
(Racionais MC's)

As elaborações teóricas acerca das questões de gênero vêm sendo, por décadas, discutidas, debatidas e criticadas. Esse movimento intelectual é o que permite o avanço e o aprofundamento das categorias analíticas. Com o conceito de masculinidades hegemônicas não foi diferente. Por muito tempo, a categoria foi utilizada apenas em seus aspectos negativos e entendida, sempre, como "já constituindo relações desiguais que legitimam as desigualdades de gênero[11]" (2018, p. 75).

Retomando as principais elaborações teóricas de Raewyn Connell (1995, p.71), a autora nos informa que, a partir das análises das relações de classes de Gramsci, principalmente, sobre a hegemonia para referir-se a "dinâmicas culturais através das quais um grupo reivindica e sustenta uma posição de liderança na vida social [...] diferentes formas de masculinidades podem ser exaltadas em diferentes períodos, no

11 *"Hegemonic masculinities" as those masculinities constructed locally, regionally, and globally that legitimate an unequal relationship between men and women, masculinity and femininity, and among masculinities. The emphasis here is on hegemonic masculinity as always already constituting an unequal relationship that legitimates gender inequality* (2018, p. 75).

mesmo contexto[12]. Além disso, até onde podemos estender o conceito, as masculinidades hegemônicas são um lugar nas relações de gênero, a prática através da qual homens e mulheres comprometem-se com este lugar no gênero e os efeitos destas práticas nas experiências corporificadas, na personalidade e na cultura" (1995, p. 71).

Nessas interações, a hegemonia masculina é estabelecida através de uma correspondência, individual ou coletiva, entre ideais culturais e poder institucional. Ainda segundo Connell (1995, p. 77), a masculinidade hegemônica representa uma estratégia, um projeto hegemônico aceito em determinado momento. Na medida em que condições diferentes na defesa do patriarcado mudam, "as bases da dominação de masculinidades particulares erodem".

Novos grupos podem desafiar antigas soluções e construir nova hegemonia. A dominância de qualquer grupo de homens pode ser desafiada por mulheres. Então, hegemonia é uma relação histórica móvel[13]" (1995, p. 77). Tentativas de definição das masculinidades como um objeto, um tipo natural de caráter fixo, um comportamento regular ou uma norma, devem ser eliminadas. Diante disso, a autora está nos informando que as relações de poder generificadas ocorrem em dinâmicas que promovem reações em cadeia,

12 *The concept of 'hegemony', deriving from Antonio Gramsci's analysis of class relations, refers to the cultural dynamic by which a group claims and sustains a leading position in social life. At any given time, one form of masculinity rather than others is cultur- ally exalted* (1995, p. 77).

13 *I stress that hegemonic masculinity embodies a 'currently accepted' strategy. When conditions for the defence of patriarchy change, the bases for the dominance of a particular masculinity are eroded. New groups may challenge old Solutions and construct a new hegemony. The dominance of any group of men may be challenged by women. Hegemony, then, is a historically mobile relation* (Connel, 1995, p.77).

de formas interacionais entre macro e micro, subjetividade e objetividade.

Logo, flutuam em diferentes tempos e espaços, sempre visando à hegemonia de homens sobre mulheres e sobre outras masculinidades e são construídos socialmente através da interação com outros gêneros. É um processo "feito[14]" através dos recursos históricos, sociais e culturais disponíveis (Connel, 1995, p.68). Na medida em que a característica fundamental desse conceito é a pluralidade das masculinidades e a hierarquia entre elas, Connel sistematiza um modelo das relações que se dão nessa dinâmica.

E propõe que as práticas e mentalidades, que legitimam socialmente um tipo de masculinidade em detrimento de outras, se dão através de relações de poder de subordinação, marginalização e cumplicidade, e, além dessas, existe o que a autora nominou de dividendo patriarcal. Dentre essas categorias que se exercem sempre de forma relacional, as duas últimas serão de especial interesse na elaboração de compreensões possíveis acerca da questão proposta por essa tese e que, portanto, serão retomadas com maior profundidade na última parte do trabalho.

As relações de subordinação entre as masculinidades ocorrem, principalmente, através da opressão e homofobia de homens heterossexuais sobre homens homossexuais, ou, ainda, podem proceder à subordinação de meninos e homens que realizam características, como sensibilidade, cuidado ou falta de interesse por "coisas de homem", como esportes ou exposição da vida sexual ativa, através dos mesmos processos impostos aos homens homossexuais, qual seja, o de feminização, que é equivalente à inferiorização.

14 *Doing gender* (Connel, 1995, p. 68).

As relações de marginalização se dão através da autorização das masculinidades hegemônicas para que outras masculinidades possam ser realizadas. Retomando a informação de que tipos de masculinidades hegemônicas não são realizadas pela maioria dos homens e que, de fato, ocorre o oposto, conforme representa o grupo de sujeitos pesquisados nesta tese, surge o questionamento: o que faz com que os diferentes tipos de masculinidades corroborem e ajudem a consolidar uma hegemonia social de supremacia masculina, mesmo, individualmente, não fazer parte dela?

Noutras palavras, como "bandidos" evangélicos compartilham de discurso cristão pentecostalizado de viés conservador disseminado por Bolsonaro e seu séquito, ainda que sejam excluídos como membros desse grupo tão seleto de "cidadãos de bem"? A resposta é a relação de cumplicidade de todos os homens com o projeto hegemônico que ocorre através de um "dividendo patriarcal[15]" (Connel, 1995, p.79). A cumplicidade e o dividendo patriarcal fornecem, às masculinidades não hegemônicas, ou seja, menos visíveis e menos obrigadas a manter características como poder e autonomia, a liberdade de não participar das tensões e riscos, ocupando a linha de frente dentro do sistema patriarcal.

O dividendo patriarcal pode ser entendido como conjunto de elementos que une os homens em um bloco homogêneo. Em outras palavras, é através do dividendo patriarcal que a maioria dos homens herda vantagens e privilégios, tidos como naturais ao reino masculino, como o direito de subordinar mulheres. Conforme analiso na última seção, é a partir da ideia de um Deus cristão, que é incorpóreo, porém, masculino, europeu, branco, heterossexual e todo-pode-

15 *Patriarchal dividend* (Connel, 1995, p.79).

roso, "a verdade e a vida", que grupos distintos de homens tornam-se cúmplices.

Proponho, a partir do diálogo entre as teorias deste tópico e os dados do campo, que é o marcador raça representado pela branquitude/branquidade que atua como dividendo patriarcal e justifica que homens marginalizados, porém, brancos, compactuem, sejam cúmplices com um projeto hegemônico que nunca os incluíra como membros legítimos.

Seguindo o movimento de revisão e ampliação do conceito de masculinidades hegemônicas a partir da rejeição ou adoção de determinadas críticas, Demetrakis Z. Demetriou (2001) delineia diferenças entre masculinidades hegemônicas e dominantes e identifica duas formas de hegemonia: a interna e a externa. Demetriou (2001) alega que a formulação inicial da categoria masculinidade hegemônica perde certo pragmatismo dialético das múltiplas relações que produzem distintas masculinidades. Entende que a teoria não considera que as masculinidades hegemônicas também são impactadas por outras masculinidades. E, mais do que isso, nubla as estratégias da hegemonia masculina que adota elementos de masculinidades subordinadas sempre que necessário.

O resultado dessa dialética é um "bloco masculino híbrido hegemônico" que abrange múltiplos padrões, cujo hibridismo é a melhor estratégia possível para a hegemonia externa. Esse hibridismo, que produz masculinidades hegemônicas cultural e socialmente legitimadas na construção e na manutenção do patriarcado, não é construído

> em relação de oposição às masculinidades subordinadas. Em vez disso, muitos elementos das masculinidades subordinadas se tornaram partes constituintes de um bloco hegemônico híbrido cuja heterogeneidade é capaz de fazer com que o dividen-

do patriarcal haja de forma invisível, legitimando a dominação patriarcal[16]" (Demetriou, 2001, p. 354).

Dito de outra forma, as masculinidades hegemônicas não são apenas adaptáveis às especificidades dos contextos sociais e históricos. Elas possuem habilidades e competências de se reconfigurar, ressignificar, disfarçar através do hibridismo, a fim de manter a supremacia masculina. As masculinidades dominantes nem sempre têm relação ou associação direta com hegemonia de gênero e, devido à noção de hibridismo como uma problemática nas análises, o autor auxilia esse estudo.

As masculinidades híbridas se referem, local, regional e globalmente, a formas de masculinidades consideradas mais comuns em determinado contexto. O autor faz, ainda, um alerta que as mudanças e adaptações das masculinidades hegemônicas, através do hibridismo, são as principais ações estratégicas de manutenção e constante reprodução da supremacia masculina e, indo além, orienta cautela para que pesquisadores/as não caiam nas armadilhas do hibridismo[17].

Quais sejam: a crença de que o patriarcado e a supremacia masculina foram amenizadas ou eliminadas, apenas porque

16 [...] *hegemonic masculinity, the masculinity that is culturally exalted and capable of reproducing patriarchy, is not constructed in total opposition to gay masculinities. Rather, many elements of the latter have become constitutive parts of a hybrid hegemonic bloc whose heterogeneity is able to render the patriarchal dividend invisible and legitimate patriarchal domination* (Demetriou, 2001, p. 354).

17 Messerschmidt (2018, p.82) *states that "hybrid masculinities reveals another layer to the evidence amplifying the reformulated model that hegemonic masculinities are omnipresent yet hidden in plain sight".* Em tradução livre, declara que as masculinidades híbridas revelam outras camadas na ampliação e reformulação do conceito e refere-se às masculinidades hegemônicas enquanto onipresentes. Esse termo, além das conceitualizações de hibridismo e tipos de feminilidades serão utilizadas nas análises dos próximos capítulos.

homens heterossexuais têm realizado atributos de masculinidades subordinadas ou marginalizadas, como o uso de brincos, cuidados com o corpo, uso de cosméticos, dentre outros. Tristan Bridges (2014, p. 246) define masculinidades híbridas como a "incorporação de elementos identitários tipicamente associados com masculinidades marginalizadas e subordinadas e, às vezes, feminilidades também podem ser inseridas nas performances e identidades de gênero de homens privilegiados"[18].

As masculinidades híbridas promovem desigualdades de formas diferentes, mais sutis, nublando os limites sociais e simbólicos enquanto não provocam nenhuma reação significativa de enfraquecimento dos sistemas patriarcais. Apesar de concordar com a proposta investigativa em busca do "como", antes do "por quê", lançada por Messner (1993), Tristan Bridges (2014) parece deixar entrever que compreende o hibridismo de forma ambígua: indica certa suspeição, porém, parece conceder o benefício da dúvida ao creditar às identidades de gênero híbridas a potencialidade de promover mudanças positivas em relação às desigualdades de gênero.

Ambos os autores, então, convergem no que se refere à necessidade de se debruçar sobre o "como" e "quando" essas mudanças ocorrem, não a nível de atitude ou comportamento, ou, "estilo cultural"[19], de forma a desestabilizar os fundamentos que ancoram a supremacia masculina, identificando, dentro das masculinidades hegemônicas, suas formas plurais. Outra ampliação nos estudos de masculinidades que contribui para essa tese é a ênfase colocada por Messersch-

18 *"Hybrid masculinities" refer to the selective incorporation of elements of identity typically associated with various marginalized and subordinated masculinities and – at times – femininities into privileged men's gender performances and identities* (Bridges, 2014, p. 246).

19 *Cultural style* (Bridges, 2013).

midt (2018) sobre a necessidade de uma compreensão das masculinidades hegemônicas a partir de três níveis: local, regional e global.

O nível local é construído em arenas de interações pessoais de famílias, organizações e comunidades, como as pesquisas etnográficas e de história de vida mostraram. Já o nível regional é construído em nível da cultura, tipicamente encontrado em pesquisas discursivas, políticas e demográficas. O nível global, por sua vez, é construído em arenas transnacionais, como políticas mundiais, negócios transnacionais e mídia, como os estudos emergentes em globalização e masculinidades mostram (2018, p. 52).

Longe de se constituírem em esferas separadas, esses níveis são ligados entre si e podem ser importantes nas políticas de gênero. Masculinidades hegemônicas globais pressionam masculinidades hegemônicas regionais e locais; masculinidades hegemônicas regionais fornecem materiais culturais adotados ou readaptados nas arenas globais, e fornecem modelos de masculinidade que podem ser importantes nas dinâmicas locais de gênero[20] (Messerschmidt, 2018, p. 53, [tradução nossa]).

Assim, alimentam e reforçam os padrões umas das outras, cujos mecanismos e funcionalidades são "culturalmente direcionadas rumo à investida de uma racionalidade para as ações sociais através do consentimento e anuência – masculinidades hegemônicas (local, regional e globalmente) ascendem a uma posição cultural de influência[21]" (Messerschmidt, 2018, p. 76).

20 *Global hegemonic masculinities pressure regional and local hegemonic masculinities; regional hegemonic masculinities provide cultural materials adopted or reworked in global arenas, and provide models of masculinity that may be important in local gender dynamics.*

21 *must be culturally ascendant to advance a rationale for social action*

As múltiplas formas de atuação das masculinidades hegemônicas que se exercem sempre de forma relacional, entre os diferentes níveis, através de diferentes mecanismos, indicam seu estatuto "descentralizado, fluido, situacional, provisório, contudo, onipresente em níveis locais, regionais e globais", impactando estruturas sociais e sendo impactadas por elas (Messerschmidt, 2018, p.141).

Os elementos dessas relações não existem de forma isolada e devem ser compreendidos, sempre, em interação. Da mesma forma, a atualização e reformulação da categoria masculinidades hegemônicas (Messerschmidt, 2018) indicam que se deve partir de uma análise sempre relacional entre os níveis global, regional e local, corroborando com seu estatuto incorpóreo, fluido, dinâmico nas relações entre as esferas. Além disso, Messerschmidt (2018) indica que as tecnologias disciplinares que constituem sua imaterialidade, logo, a eficácia na disseminação de seus padrões normativos, não precisam de exterioridade, materialidade, para conseguir anuência e consentimento social a fim de ocupar e manter posição de influência cultural.

Diretamente relacionada com a proposição acima, também significativa a essa pesquisa, principalmente, no que se refere a estruturas, é a Teoria da Ação Estruturada, mas sempre interacional e realizada a partir, através e em múltiplos contextos variáveis, marcadores de gênero, raça ou classe. Esta permite a "investigação de diferentes formas através das quais homens e mulheres experienciam seus mundos cotidianos a partir de suas posições particulares na sociedade e como elas interagem com outros homens e mulheres" (1997, p. 3). Assim,

through consent and compliance—hegemonic masculinities (locally, regionally, and globally) rise to a cultural position of influence.

> A construção social do gênero, raça e classe envolve uma realização situada e interacional. Em outras palavras, gênero, raça e classe crescem a partir de práticas sociais em configurações específicas e servem para informar tais práticas em relações recíprocas. Então, embora as categorias de sexo, raça e classe definem a identificação social, o fazer gênero, raça e classe sistematicamente corrobora com essa identificação através de interação social. De fato, existe uma pluralidade de formas nas quais gênero, raça e classe são construídas. Nós coordenamos nossas atividades para "fazer" gênero, raça e classe de formas situacionais[22] (Messerschmidt, 1997, p. 4).

O autor indica, ainda, a relevância de compreendermos como as identidades de gênero são realizadas entre elementos fornecidos pelo contexto, pelas estruturas e instituições e, de forma dialógica, com a autorregulação e a reflexividade. Outra noção significativa é a de *accountability*. Esta, em tradução livre, é a responsabilização que indivíduos devem exercer durante os processos de produção das identidades de gênero, raça ou classe de forma a atender o que eles esperam que o outro irá interpretar em determinados contextos e audiências.

22 *The social construction of gender, race, and class involves a situated social and interactional accomplishment. In other words, gender, race, and class grow out of social practices in specific settings and serve to inform such practices in reciprocal relation. So, although sex, race, and class categories define social identification, doing gender, race, and class systematically corroborates that identification through social interaction. In effect, there is a plurality of forms in which gender, race, and class are constructed: We coordinate our activities to "do" gender, race, and class in situational ways* (2018, p.6).

Assim, é a audiência a norteadora das formas através das quais "fazemos" o gênero sempre de forma a atender diferentes tipos de audiências e objetivos. Dessa forma, Messerschmidt (1997, p.3) afirma que o "fazer" crime opera de forma sutil através de uma série complexa de práticas generificadas, de raça/etnia e classe, logo, o crime não é uma atividade isolada.

Para o autor, é essa interação que define as identidades, logo, nossos comportamentos. É por esse motivo que o fazer gênero, raça e classe responsabiliza algumas ações sociais, pois determinadas concepções normativas, atitudes e atividades que são consideradas apropriadas para cada categoria, em situações sociais específicas, interagem com os indivíduos que monitoram sua produção identitária, bem como a dos outros[23].

Ou seja, realizar gênero, raça/etnia e classe significa que nós unificamos práticas autorreguladoras considerando os padrões normativos, atitudes e atividades legitimadas socialmente como apropriadas a uma determinada categoria, homem, mulher, criança. Isso ocorre, de forma situacional, em contextos específicos. Essas práticas são influenciadas pelas restrições ou permissões das estruturas sociais que nós experienciamos. Sujeitos formam estruturas a partir das interações sociais e estruturas formam sujeitos e fornecem as condições para as práticas sociais.

Segundo Messerschmidt (1997, p.56), formas específicas de gênero, raça/etnia e classe são encorajadas, permitidas

23 *Doing gender, race, and class, then, renders social action accountable in terms of normative conceptions, attitudes, and activities appropriate to one's category in the specific social situation in which one acts (West & Fenstermaker, 1995). In other words, people participate in self-regulating conduct whereby they monitor their own and other's social action* (Messerschimdt, 1997, p.56, [tradução nossa]).

e disponibilizada dependendo da posição do sujeito nas relações sociais. O autor questiona, e faço um acréscimo à indagação sobre "o que as pessoas fazem sob as restrições de estruturas sociais específicas [como as prisões?][24]". As premissas do "fazer gênero", ainda que a partir de uma variante unificada de deliberações internas, conforme as ditadas pelo ritmo evangélico, logo, autorreguladas, não ocorrem no vazio de um nada.

Elas são, necessariamente, mediadas e influenciadas por elementos restritivos ou permissivos fornecidos pelas estruturas sociais nas quais estamos inseridos. Messerschmidt (2018, p.117) caracteriza como estruturas sociais práticas e discursos que, recorrentes, formam fenômenos sociais padronizados que tendem a ser compreendidos como transcendentais, assim limitam ou liberam determinados tipos de comportamento.

As estruturas sociais são, ao mesmo tempo, mediadoras e resultantes das ações sociais. Mediadora, pois fornece elementos para as ações sociais, e resultado, pois é através das ações sociais que ela é reproduzida e, constantemente, mantida ou ressignificada. Nesse sentido, a agência sexuada e generificada deve ser compreendida como uma ação estruturada, que é refletida e corporificada (2018, p.117).

O autor elenca dois tipos de estruturas sociais que considera relevantes para a compreensão e melhor conceitualização das masculinidades hegemônicas: estruturas sociais relacionais e discursivas. As primeiras referem-se às restrições ou permissões mencionadas acima, através das quais os indivíduos fazem seus gêneros em relação aos elementos fornecidos.

24 *Accordingly, gender, race, and class must be viewed as structured action—what people do under specific social structural constraints* (Messerschmidt, 2018, p.117).

Já as segundas referem-se a representações, ideias, símbolos, linguagens que produzem significados culturais e sociais.

As estruturas sociais discursivas são exercidas através de práticas sociais voltadas para a verdade, para o que é aceitável como real em situações demarcadas. Ambas têm em comum a capacidade de limitar ou permitir as práticas sociais dos indivíduos. A interseccionalidade das estruturas relacionais e discursivas ocorre em relações de poder-saber, ou seja, produz os conhecimentos através dos quais nós nos empenhamos em práticas particulares. Assim, "ambas as estruturas limitam e permitem práticas sociais atualizando formas específicas de compreensão do que é real, normal, aceitável ou desviante em contextos particulares" (Messerschmidt, 2018, p. 117).

A onipresença das masculinidades hegemônicas é compartilhada pelas práticas generificadas híbridas enquanto elemento que corrobora com as desigualdades de gênero. Entretanto, a questão agora nos parece referir-se às formas através das quais um padrão hegemônico masculino foi consolidado e socialmente legitimado como autoridade e portador do direito de dominar. Nesse sentido, encontramos, na construção do Deus masculino, porém incorpóreo, respostas alternativas.

A partir das formulações acima, proponho relacionar os níveis locais, regionais e globais desenvolvidos por Messerschmidt (2018) com mecanismos do poder nomeados por Michel Foucault (2007). As táticas são as racionalidades locais. As estratégias ocorrem às regionais, que instrumentalizam os aparatos estatais e as instituições democráticas. E, por fim, o que o autor denominou de nível global, proponho pensar em um nível transcendente. Deus – transcendente, masculino, incorpóreo, branco e hegemônico – seria um sistema abrangente, uma forma terminal do poder que fornece material cultural para as demais esferas.

1.2 Um Deus panóptico

Era uma dessas figuras cujos olhos seguem a gente por toda parte. O grande irmão zela por ti [...]
O grande irmão está de olho em você.
(Orwell, 1949)

A analítica do poder de Foucault (2007) é desenvolvida através de uma forma singular de compreender as dinâmicas e o movimento da história social da humanidade. Por suas formulações e problematizações desestabilizadoras de paradigmas estabelecidos por relações de poder-saber que construíram a ciência e "regimes de verdade", o autor legou às produções posteriores significativas contribuições a diferentes áreas do conhecimento.

O poder é compreendido como exercício, relações, deslocamentos que se dão a nível micro e macro e caracteriza-se por ser pluridimensional. Nesse sentido, pode-se identificar duplo condicionamento: se o poder só existe em movimento, em ação e exercício em micro e macro interações, ele é inerente à subjetivação. Segundo, em vez de "quais" mecanismos e modulações se dão no exercício do poder, deve-se perguntar o "como". Como, em determinado período histórico, contexto, situação, ele irá intervir e produzir efeitos.

Interessam-me, aqui, os agenciamentos do poder através dos quais "se cruzam as práticas, os saberes e as instituições, e no qual o tipo de objetivo perseguido não se reduz somente à dominação, pois não pertence a ninguém e varia ele mesmo na história" (Revell, 2005, p.67). Essas assertivas respaldam a análise proposta por esse capítulo, qual seja: investigar como um Deus incorpóreo, porém masculino, foi construído, com quais finalidades, funcionalidades e como tal construção incide diretamente na produção do gênero.

Mais especificamente, como práticas, saberes e instituições religiosas se articulam às práticas, saberes e outras instituições [de controle e disciplinarização], como a penal, com vistas à dominação não apenas delas, mas por e para elas. Para tanto, relacionam-se suas formulações de poder, dispositivos e disciplina em perspectiva da Ciência da Religião em relação à categoria masculinidades hegemônicas em sua versão revisada.

Antes, porém, delineio algumas das principais características fundamentais do poder: 1) o poder é inerente ao contexto em que atua, consiste em sua própria organização, loco, é histórico e localizado. 2) O exercício do poder se dá no campo das forças sociais, o que implica, necessariamente, lutas e resistências que se reforçam ou ressignificam mutuamente. 3) Consequentemente, são efeitos contínuos e permanentes através de reação em cadeia de microrrelações, tornando possível identificar, a partir deles, os mecanismos em ação. 4) A despeito de o poder não ser uma propriedade, algo que um indivíduo, grupo ou instituição possuem, ele pode se apresentar através de uma forma terminal. Ou seja, o Estado pode ser considerado uma forma terminal resultante das relações de poder que o constituem.

Nesse sentido, o que deve interessar é perceber "como as grandes estratégias de poder são enredadas e como elas encontram suas condições nas microrrelações de poder[25]" (Foucault, 2007, p.249). Ou seja, é a partir do exercício dos micropoderes é que somos permitidos a identificar como as grandes estratégias e cristalizações do poder foram cons-

25 [...] *see how the big strategies of power are embedded and how they find its conditions in micro relations power* (Foucault, 2007, p.249).

truídas através do funcionamento de pequenas engrenagens. Portanto, trata-se de uma análise relacional entre o exercício do poder de agentes religiosos com as estruturas que produziram como resultado uma figura divina incorpórea, masculina e incontestável.

Ainda segundo o autor (1990, p. 95),

> as racionalidades do poder são caracterizadas por táticas quase sempre explícitas presentes no nível restrito em que estão inscritas, táticas que, conectando-se umas às outras, atraindo e propagando-se mutuamente [...].

Então, pode-se afirmar que elas existem em relação recíproca e encontram seu ponto de apoio e condição de existência, ou seja, seus recursos, em outro lugar. Dessa forma,

> acabam por formar sistemas abrangentes [...] os quais, frequentemente, ninguém é responsável por suas invenções, e pode-se dizer que poucos os formularam; é uma característica implícita do grande anonimato das estratégias que coordenam a loquacidade, cujos 'inventores' das táticas ou tomadores de decisão são frequentemente realizados sem hipocrisia[26] (Foucault, 1990, p.95).

26 *The rationality of power is characterized by tactics that are often quite explicit at the restricted level where they are inscribed (the local cynicism of power), tactics which, becoming connected to one another, attracting and propagating one another, but finding their base of support and their condition elsewhere, end by forming comprehensive systems: the logic is perfectly clear, the aims decipherable, and yet it is often the case that no one is there to have invented them, and few who can be said to have formulated them: an implicit characteristic of the great anonymous, almost unspoken strategies which coordinate the loqua-*

Analisando os trechos acima, torna-se possível extrair significativas fundamentações teóricas que respaldam a proposta a seguir. Primeiro, as táticas se dão a nível de racionalidades locais e em contínua disseminação. Segundo, os elementos, através dos quais as táticas fazem uso para se realizar, podem ser encontrados nas estratégias anônimas, invisíveis do poder.

As estratégias referem-se a um nível mais amplo de atuação que, em constante interação com as táticas, formam e são formados pelos sistemas abrangentes. Os sistemas abrangentes são cristalizações institucionais de diferentes tipos, formando hegemonias sociais no que se refere à representação das formas terminais de poder socialmente reconhecidas e legitimadas. Os elementos dessas relações não existem de forma isolada e devem ser compreendidos, sempre, em interação. Da mesma forma, a atualização e a reformulação da categoria masculinidades hegemônicas (Messerschmidt, 2018) indicam que deve-se partir de uma análise sempre relacional entre os níveis global, regional e local, corroborando com seu estatuto incorpóreo, fluido e dinâmico nas relações entre as esferas.

Além disso, Messerschmidt (2018) indica que as tecnologias disciplinares que constituem sua imaterialidade, logo, a eficácia na disseminação de seus padrões normativos, não precisam de exterioridade, materialidade, para conseguir anuência e consentimento social a fim de ocupar e manter posição de influência cultural.

O fenômeno religioso, neste capítulo, representado pela figura do Deus masculino hegemônico, porém incorpóreo, procede à mesma busca por ocupar posição privilegiada nas

cious tactics whose "inventors" or decision makers are often without hypocrisy (Foucault, 1990, p.95).

relações de poder através de consentimento e anuência. Isso por que faz séculos que ela tem que se adaptar e renovar seus dispositivos e, conforme fica cada vez mais evidente, gênero e religião são elementos inextrincáveis na construção das sociedades ocidentais cristianizadas desde seu início.

Dessa forma, proponho que o Deus cristão masculino se constitui enquanto um sistema abrangente, tanto de organização, quanto de significação, cuja cristalização das relações de poder generificadas que produzem as masculinidades hegemônicas se apresenta enquanto forma terminal e reconhecível do poder. Associando com os níveis de atuação propostos por Messerschmidt (2018) enquanto sistema abrangente, Deus e sua masculinidade hegemônica não apenas se exercem em arena transnacional, mas transcendental, perpassando níveis locais, regionais e globais, subjetivando e objetivando diferentes tipos de masculinidades.

Entendo que Deus é uma "forma terminal" (Lynch, 2018, p.39) das microrrelações (táticas) e macrrorelações (estratégias) de poder generificadas cuja funcionalidade é normatizar corpos e identidades a partir da hegemonia masculina, respaldada pela religião, em especial, a religião derivada do tronco abraâmico[27]. Através de diferentes dispositivos, a masculinidade hegemônica representada pela divindade cristã

27 Essa ressalva precisa ser feita, tendo em vista que o sistema prisional sob análise aqui está par e passo com uma cultura religiosa cuja matriz, de narrativas míticas, símbolos e práticas, deriva fundamentalmente do cristianismo, primeiro, catolicizado e, em segundo lugar, pentecostalizado. Trata-se, então, de reconhecer que os padrões de masculinidade e feminilidade estabelecidos e das funções a eles atribuídos tradicionalmente derivam do tronco judaico-cristão. Para ser ainda mais específica, são as religiões cristãs pentecostalizadas que estão em maior escala presentes no interior do cárcere, aqui tomado como campo de observação. Isso receberá tratamento mais específico adiante.

estabelece um conjunto de referências que, a partir de um repertório religioso que classifica e ordena os gêneros de modo binário, estrutura e organiza a percepção concreta e simbólica de toda a vida social dos adeptos às religiosidades cristãs.

Dessa forma,

> na medida em que essas referências estabelecem distribuições de poder (um controle ou um acesso diferencial aos recursos materiais e simbólicos), o gênero torna-se implicado na concepção e na construção do próprio poder (Scott, 1995, p.88).

Dito de outra forma, gênero e religião, representados pela figura masculina e hegemônica do Deus cristão, estão intrinsecamente ligados na produção, conformação e disciplinarização dos corpos e identidades.

Isso porque, através da dialética entre ambos, as sexualidades são constantemente acionadas para testemunhar e legitimar relações sociais de poder que podem ou não estar relacionadas com o exercício das sexualidades. Enquanto sistemas de longas e profundas abrangências, a masculinidade hegemônica do Deus cristão é alimentada por estratégias que se dão em nível regional e em interação com racionalidades táticas, em nível local.

Para a plena eficácia no exercício de disseminação dos padrões normativos, o Deus masculino hegemônico faz uso ou ocupa o papel do seu principal dispositivo: o Deus panóptico através da disseminação de discursos homohistéricos. As três principais funcionalidades do dispositivo panóptico coadunam com a associação das relações generificadas de poder que sustentam a supremacia masculina divinamente consentida.

Partindo do sistema abrangente Deus masculino hegemônico, o dispositivo panóptico capilariza o poder disciplinar normativo e torna cada indivíduo capaz de exercer as tecnologias de controle. Assim

> *1.* permite intervir a cada momento e a pressão constante age antes mesmo que as faltas, os erros, os crimes sejam cometidos. Porque, nessas condições, *2.* sua força é nunca intervir, é se exercer espontaneamente e sem ruído, é constituir um mecanismo de efeitos em cadeia. Porque sem outro instrumento físico que uma arquitetura e uma geometria, *3.* ele age diretamente sobre os indivíduos; "dá ao espírito poder sobre o espírito". O esquema panóptico é um intensificador para qualquer aparelho de poder: assegura sua economia (em material, em pessoal, em tempo); assegura sua eficácia por seu caráter preventivo, seu funcionamento contínuo e seus mecanismos automáticos (Foucault, 1999, p. 229).

O trecho acima nos indica as principais características das funcionalidades panópticas:

1. Na medida em que o panoptismo, estrategicamente, criou um vigia em cada sujeito gerando a sensação de constante visibilidade, os indivíduos são impelidos, socialmente, a seguir papéis pré-determinados, socialmente legítimos, equivalente à *onipresença* de Deus.

2. Isso quer dizer que os grupos sociais sabem que estão submetidos a um campo de visibilidade. Essa consciência faz com que o poder funcione espontaneamente sobre o sujeito, inscrevendo nele "a relação de poder na qual ele desempenha simultaneamente os dois papéis; torna-se o princípio de sua própria sujeição" (Foucault, 1999, p.229). Equivalente à *onisciência* divina.

3. Esse poder incorpóreo permite a redução do número das instituições sociais que o exercem e, ao mesmo tempo, multiplica o número dos grupos sobre os quais é aplicado. Dito de outra forma, em nossas sociedades, "há juízes da normalidade em toda parte" (Foucault, 1999ª, p.). Que seria o aspecto de *onipotência*.

Os termos aqui empregados – onipresença, onisciência e onipotência – são considerados atributos de Deus, no âmbito da Teologia cristã. Tais atributos o qualificam e o descrevem, à medida que enfatizam a sua soberania, controle e poder, tanto sobre a humanidade quanto sobre outras divindades. O efeito panóptico de redução do número de pessoas e/ou instituições que exercem um tipo de poder disciplinar também encontra correlação na cosmologia cristã.

A noção de que o Deus pai, todo poderoso, que tudo vê, tudo sabe, logo, tudo pode resulta no enfraquecimento da legitimidade social de fiscalizar as instituições que regulamentam a vida coletiva. Dito de outra forma, a ideia de Deus multiplica o número daqueles sobre os quais seu poder é exercido[28], ou seja, assim como o panóptico, a ideia da existência de um Deus todo-poderoso intensifica a aplicação de tecnologias disciplinares no corpo social.

28 Ilustram essas duas afirmações dados da política brasileira atual. Nas eleições presidenciais de 2018, o candidato posteriormente eleito possuía como slogan a frase "Brasil acima de tudo. Deus acima de todos". A sentença enfatiza a ideia de onipresença, onisciência e onipotência do Deus cristão que se colocaria acima dos aparatos estatais e democráticos que deveriam garantir o bem-estar social. Dessa forma, reduz-se a legitimidade dos aparelhos do Estado em seus poderes reguladores e punitivos.

Dessa forma, as funcionalidades de Deus, enquanto dispositivo panóptico, atuam a nível regional e coletivo, instrumentalizando os aparatos estatais, diretamente no e sobre o indivíduo, de forma objetiva e subjetiva. Isso justifica a criação de um Deus incorpóreo, porém masculino. Consoante com Messerschmidt (2018, p. 53), torna-se possível inferir que há uma relação mais estreita no que se refere às "masculinidades hegemônicas regionais e locais, as masculinidades são representadas simbolicamente através da interação com práticas masculinas locais que possuem relevância regional[29]", tais como as de figuras famosas.

Conforme ilustrado adiante, através do contexto social e político brasileiro recente, o Deus cristão, incorpóreo, porém masculino e hegemônico respaldado através de diferentes mecanismos, com um repertório cristão pentecostalizado de moral conservadora, atua de forma contundente na instrumentalização do Estado, a fim de normatizar ao máximo e reduzir projetos e políticas públicas voltadas para os direitos de minorias.

Daí, então, lanço meu olhar para o nível local das racionalidades táticas acionadas na prisão, através do ritmo evangélico. Primeiramente, pergunto, à luz da citação bíblica: "[...] Rei eterno, imortal, invisível, Deus único, sejam honra e glória pelos séculos dos séculos. Amém!" (Carta a Timóteo 1:12). Se Deus não tem corpo, não tem sexo, logo não tem sexualidade, por que a mentalidade cristalizada sobre sua figura é de um Ele, e não Ela?

29 *Consider specifically the relation between regional and local hegemonic masculinities. At the regional level, hegemonic masculinities are represented symbolically through the interplay of specific local masculine practices that have regional significance, such as those constructed by feature-film actors.*

Com essa pergunta, não pretendo discutir os possíveis elementos femininos atribuíveis ao deus judaico-cristão, mas sim compreender como o imaginário sobre esse Ele é de uma figura masculina. Ademais, interessa-me compreender como essa interpretação constitui um dispositivo panóptico, que dissemina noções e padrões heteronormativos na cultura e na sociedade.

Isso posto, entendo que essa pesquisa responde também à questão sobre o corpo e o gênero de Deus, invertendo a máxima cristã sobre o homem e a mulher terem sido criados à imagem e semelhança de Deus (Gn 1:26-27). Assim, respondo a essa questão a partir da compreensão de que, na prática, o Deus pai, masculino, benevolente, poderoso e controlador é quem foi criado à imagem e semelhança do homem. Ou, como sugerido por Mary Daly: "se Deus é homem, então, o homem é Deus"[30] (1985, p. 19).

Nesse escopo, a teoria de Eilberg-Schwartz (1995) parece encorpar essa hipótese, pois, ao investigar os processos de construção da imagem de um Deus que é masculino, porém, imaterial, o autor investe sobre o desconforto dos homens a respeito da possibilidade de uma relação homoafetiva entre o povo judeu e o Deus judaico-cristão. Isso porque, se essa figura divina possui um pênis, a relação íntima com seus profetas e heróis provavelmente poderia ser caracterizada como homossexual. Daí a necessidade da formulação da mentalidade vigente, até a contemporaneidade, de um Deus desencarnado.

Segundo Eilberg-Schwartz (1995, p.80), a pergunta sobre o sexo de Deus é "um exemplo do que chamou de evitação cultural, um desejo de evitar ou talvez até uma incapacidade de imaginar uma pergunta por causa das dificuldades gera-

30 If God is male, then the male is God".

das pela sua resposta". Dito de outra forma, era impensável imaginar que Deus todo-poderoso possuía um corpo com um pênis, logo, um corpo sexuado.

"Não sou eu aquele que enche os céus e a terra? pergunta o Senhor" (Jeremias 23:24). "Senhor, tu me sondaste, e me conheces; tu sabes o meu assentar e o meu levantar; de longe entendes o meu pensamento" (Salmos 139: 1-2). "Eu sou o Deus Todo-Poderoso, anda em minha presença e sê perfeito" (Gn 17:1). As passagens bíblicas acima nos informam sobre as características atribuídas à divindade monoteísta, quais sejam: a onipresença, a onipotência e a onisciência[31].

A onipresença é entendida como a capacidade divina de estar em todos os lugares ao mesmo tempo e, diante dessa característica, não há como fugir da presença de Deus: ele está aqui, ali, no céu, na terra e até no inferno. Se ele está em todo lugar, é onipresente. Se está em todo o lugar, tudo ele vê, logo, tudo ele sabe, e disto decorre sua sabedoria plena sobre todos os acontecimentos, sendo, então, a fonte de todo e qualquer conhecimento – logo, ele é onisciente.

Se ele a tudo vê e tudo sabe, isso o dota de um poder transcendental, da criação, da recompensa ou da punição e, dessa forma, ele é o todo-poderoso onipotente. De acordo com tal cosmologia cristã, portanto, Deus existe por si mesmo: é total e completamente independente. Ao associar os atributos divinos peculiares a essa cosmologia cristã com as engrenagens panópticas peculiares ao sistema disciplinar prisional, encontro semelhanças significativas. Se o poder disciplinar é incorpóreo, sua aplicação abstrata gera a sensação

31 Os termos não aparecem nas escrituras, apenas seus significados derivados da interpretação das Escrituras. Como indicamos acima, tais termos são considerados, pela doutrina cristã, atributos de Deus (católica, protestante e pentecostal).

de visibilidade constante nos sujeitos, e isso seria equivalente à onipresença.

A onipotência do panóptico seria sua capacidade de intervenção antes do ato falho, na medida em que os sujeitos internalizam seus atributos primeiros: se está em todo lugar e de tudo sabe, não há como escapar, logo, cumprem-se as regras. A função primeira do dispositivo panóptico é:

1. A inversão funcional das disciplinas, ou seja, a elevação das habilidades dos indivíduos em vez de eliminá-las, "acelera os movimentos, multiplica a potência de fogo, alarga as frentes de ataque sem lhes diminuir o vigor, aumenta as capacidades de resistência" (Foucault, 1999, p.234). Em perspectiva religiosa, é possível vislumbrar que a crença em seu Deus exerce exatamente os mesmos procedimentos em sua subjetividade. Isso porque a fé, crença ou religião são não apenas estruturadas, mas estruturantes. Logo, produzem sentido para a vida dos fiéis, dando-lhes combustível para o "vigor e aumento das capacidades de resistência".

2. A instrumentalização dos aparatos estatais e seus mecanismos. Em nível regional, o Deus panóptico, ao dar "ao espírito poder sobre o espírito", conforme mencionado acima, promove uma desinstitucionalização do poder de vigiar.

3. A ramificação dos mecanismos disciplinares. E é por isso que "o esquema panóptico, sem se desfazer nem perder nenhuma de suas propriedades, é destinado a se difundir no corpo social; tem por vocação tornar-se aí uma função generalizada" (Foucault, 1999, p. 231). O Deus panóptico, masculino, porém incorpóreo, realiza sua masculinidade hegemônica através das qualidades infinitesimais, atemporais e transcendentais mencionadas acima. Estas só podem ser exercidas sem que haja um limitador de suas forças. O principal limitador do potencial divino seria o veículo

através do qual os homens existem na terra: a materialidade do corpo.

Segundo Eilberg-Schwartz (1995, p. 79), a associação de sexo/nudez com pudor ou vergonha e sua consequente proibição se deve à necessidade de normativizar o desejo heterossexual. Sugere ainda que a ideia de uma divindade masculina possuiria a dupla função de legitimar a autoridade patriarcal e de divinizar a ideia do que é ser masculino, do ser homem, logo, subalternizando o feminino.

Nesse sentido, se os homens são a representação de Deus na terra, como as masculinidades não serão consideradas normativas? Diante do acima exposto, é possível dizer que o Deus cristão masculino representa um tipo de masculinidade hegemônica no sentido de atuar como um padrão normativo socialmente legitimado que está sempre em relação com outras masculinidades e feminilidades, produzindo-as e sendo produzidas por elas.

1.3 Masculinidades evangélicas

O promotor é só um homem. Deus é o juiz.
(Racionais MC's)

Conforme delineado anteriormente, constatou-se que as masculinidades precisam do elemento feminino para se contrapor. Como pensar, então, na produção de masculinidades a partir de um repertório evangélico, cuja principal figura, o Deus cristão, coloca-as no polo contrário ao feminino? Em busca dessa compreensão, o presente tópico é dedicado à breve revisão de literatura acerca da produção e masculinidades, tendo, como balizador, o fenômeno religioso, assim como representado pelo repertório cristão pentecostalizado.[32]

Owino (2014) empreendeu uma pesquisa etnográfica a fim de compreender como as injunções bíblicas informam os discursos de fé que estabelecem a normalização de gênero, a partir da *Mighty men's conference* (Conferência de homens poderosos. Tradução livre), realizada na África do Sul. Por ocasião desse evento, emergiu o pedido para que os homens retornassem a uma *godly manhood* (espécie de masculinidade divina), cujas características seriam autoridade, dominação e superioridade patriarcal, baseada nas Escrituras, assim como instituídas por Deus.

Os ideais de gênero pregados pelo movimento se apoiavam na ênfase da liderança masculina no âmbito familiar e na igreja e, segundo, na submissão da mulher à autoridade do marido. As modificações nas configurações de gênero no contexto pós-colonial sul-africano podem ter gerado crises nas masculinidades. Isso porque as mulheres passaram a liderar as famílias e atuar nas igrejas, fragilizando as masculinidades cristãs.

Por esse motivo, as tentativas feministas de empoderar as mulheres foram consideradas manobras políticas de empoderamento feminino, antes dito como gênero em desvantagem. Nesse sentido, a liderança do grupo pediu o retorno dos homens à masculinidade natural criada por Deus para suprir a

32 É sempre um risco querer desenhar um repertório religioso, mesmo que balizando-o por uma tradição interpretativa, neste caso, a pentecostal. Reconheço as limitações que esse desenho pode ter, em face da miríade de interpretações internas ao pentecostalismo. Isso para mencionar apenas o campo pentecostal brasileiro. Mas, no decorrer da tese, o desenho parecerá mais claro na medida em que igrejas pentecostais forem sendo mencionadas aqui e ali, dando uma forma mais concreta ao desenho.

> necessidade de re-masculinização: "os homens precisam de tomar o seu devido lugar" foi frequentemente sublinhado. A nossa imagem da masculinidade cristã ideal é, portanto, moldada por conceitos através dos quais as masculinidades cristãs devem ser definidas. Note-se o uso de um "homem real", um "homem poderoso" ou ainda um "homem piedoso" como alguém que é capaz de liderar (tomar a sua posição) ser responsável e cumprir deveres da sua posição (chefiar as suas famílias), e não sucumbir "aos caminhos do mundo[33]". (Owino, 2014, p. 134, [tradução nossa]).

Dito de outra forma, o discurso que embasa o repertório do movimento informa aos homens que as masculinidades cristãs são naturalmente agressivas, divinas, corajosas, assumem riscos e são aventureiros. Entretanto, esses atributos nem sempre possuem suporte para serem realizados. Nesse sentido, o autor conclui que esses discursos de fé sobre uma *godly manhood* (masculinidade abençoada) desempoderam os homens que não alcançam esses padrões desejados para as masculinidades cristãs. Outro desafio para a realização das *godly manhood* é o autocontrole do exercício da sexualidade, devendo o homem ter uma esposa e ser fiel a ela.

Para Machado (2004), a partir de um estudo cujo objetivo era compreender como a conversão às religiosidades evangé-

33 *Need for re-masculinisation: "men need to take their rightful place" was often emphasised. Our image of ideal Christian manhood is therefore shaped by concepts through which Christian masculinities are to be defined. Notice the use of, a 'real man,' a 'mighty man' or still a 'godly man' as one who is able to lead (take their stand) be responsible and discharge duties of his position (head their families), and also not succumb "into the ways of the world."*

licas se dá de formas diferentes para homens e mulheres, há mulheres que ingressam no pentecostalismo em razão de experiências de conflitos familiares ou necessidades materiais. Já os homens se convertem a esse movimento em situações que ameaçam a identidade masculina e o modelo de masculinidade hegemônica, tais como as dificuldades financeiras, o desemprego e os problemas na área da saúde (Machado, 2004, p. 389), o que os impele a realizarem masculinidades subordinadas em relação à hegemonia do ambiente religioso.

Em alguns contextos religiosos, as noções de superioridade masculina e inferioridade feminina ainda eram as características fundantes das identidades generificadas. Entretanto, como demonstrado por Machado (2004), a conversão religiosa dos maridos beneficia as mulheres, ainda que involuntariamente. Isso porque, ao aderirem às religiosidades, os homens são proibidos de ingerir álcool, drogas, devem ser fiéis às suas esposas, comprometidos com a família, dedicados aos filhos e não praticar violência doméstica sob a pena de sofrerem sanções religiosas.

Essa compreensão do lado positivo das masculinidades hegemônicas, em nível local, também se aplica quando observamos a produção de masculinidades evangélicas na prisão. É possível, então, dizer que os encarcerados evangélicos realizam tanto características positivas, quanto negativas. As positivas podem ser ilustradas pelo que eles chamaram de dízimo, que é a doação de itens alimentícios, de higiene pessoal ou roupas para encarcerados que estão sem visita dos familiares por algum motivo.

Maité Maskens (2015) chama a atenção para a cautela necessária nas análises de masculinidades e religião, pois pode-se incorrer no risco de excluir a agência masculina dessa interseccionalidade que produz suas identidades generificadas. Além disso, o campo de estudos críticos em masculinidades e religião não tem como objetivo manter a reprodução da dominação masculina na religião.

Para a autora,

> o trabalho pentecostal da masculinidade como é praticado em Bruxelas (mas também noutras capitais europeias e noutros continentes) caracteriza-se pelo poder polarizado e paradoxal de desafiar e de se adaptar ao mesmo tempo – ser "homens fortes" e "homens de coração", de produzir pausas na continuidade[34].

Ao se converterem às religiosidades pentecostalizadas, os homens passariam por dois processos: domesticação e feminilização. Isso porque passam a se afastar dos ideais hegemônicos e a se dedicar ao ideal de serem bons maridos, pais presentes e cuidadores da casa. A feminilização se dá à medida que o homem se afasta de características hegemônicas e valoreis culturais dominantes e começa a ser incentivado a cultivar emoções e a se conectar espiritualmente com Deus.

É possível perceber que não há como definir, de modo enrijecido, um tipo ideal de masculinidades baseado no repertório simbólico derivado do cristianismo, mesmo se o definirmos como pentecostalizado e na imagem do Deus masculino. A pesquisa desenvolvida sobre o movimento de homens cristãos que surgiu na década de 1990 nos Estados Unidos, *Promise Keepers*[35], desenvolvida por John P. Bart-

34 The Pentecostal work of masculinity such as it is practiced in Brussels (but also in other European capitals and in other continents) is characterized by the polarized and paradoxical power to challenge and to adapt itself at the same time – to be both "strong men" and "men of heart" –, to produce breaks in continuity (2015, p.331).

35 Segundo a descrição do website, o movimento Promise Keepers é

kowski (2000), informa-nos sobre pelo menos dois tipos de discursos diferentes acerca das chamadas *godly manhood*; seriam eles o da masculinidade instrumentalista e o da masculinidade expressiva. O primeiro consiste em um discurso que se baseia

> sobre a noção de diferença de gênero inata, categórica, e largamente imutável (ou seja, essencialismo radical). De acordo com os autores deste discurso essencialista radical, a masculinidade é caracterizada pela agressividade, força e racionalidade - qualidades que são contrapostas à capacidade de resposta "feminina", sensibilidade e emocionalismo. Pensa-se também que a masculinidade se manifesta através da visão de longo alcance e da mente de realização do homem, mais uma vez como justaposta à aparente propensão das mulheres para a alimentação e a compreensão intuitiva da "fine-print" da vida[36] (Bartkowski, 2000, p. 53).

Ou seja, é um discurso que reifica as diferenças sexuais entre homens e mulheres e apregoa um essencialismo no

one of the biggest movements of God in the history of the Church. Focused on helping men live with integrity. Disponível em: https://promisekeepers.org/promise-keepers/about-us-2/. Acesso em: setembro de 2020.

36 *On the notion of innate, categorical, and largely immutable gender difference (i.e., radical essentialism). According to purveyors of this radical essentialist discourse, manhood is characterized by aggression, strength, and rationality – qualities that are counterposed to "feminine" responsiveness, sensitivity, and emotionalism. Masculinity is also thought to be manifested through men's longrange vision and achievement-mindedness, again as juxtaposed to women's apparent penchant for nurturance and intuitive grasp of life's "fine-print."*

que se refere ao gênero. Bartkowski (2000, p.35) cita um dos autores membro do *Promise Keepers* mais proeminente na produção do discurso instrumentalista, Edwin Louis Cole. Cole escreveu obra denominada Maximização da masculinidade: Um guia para a sobrevivência familiar (1982), cujo cerne é baseado na noção de diferença de gênero inata, categórica e largamente imutável[37].

No livro, o autor chega a postular que "mesmo as mulheres promíscuas sentem uma medida de culpa em ter relações sexuais sem amor. Assim, antes de se submeterem a um homem que faz amor, fazem a velha pergunta: "Amas-me?[38]" (Bartkowski *apud* Cole, 1982, p. 82). Ou seja, mesmo a mulher que exerce sua sexualidade de forma livre é acometida por culpa, pois, segundo ele, sexo é diretamente relacionado a amor. O discurso instrumentalista também enxerga a homossexualidade como pecado e a degradação da humanidade.

Em contraste com tal concepção, Bartkowski (2000, p. 37) cita outro nome expoente do movimento que, entretanto, apregoa discurso contrário ao instrumentalista, denominado masculinidade expressiva. Em sua obra *Real men have feelings too* (Homens reais também têm sentimentos,1993), Gary Oliver

> argumenta que as características normalmente associadas a ser masculino (por exemplo, bravura, força, estoicismo, um desejo sexual insaciável, uma preocupação com a realização) não são realmente

37 *Maximized manhood: A guide to family survival (1982), cujo cerne é predicated on the notion of innate, categorical, and largely immutable gender difference.*

38 *Even women who are promiscuous feel a measure of guilt in having sexual relations without any love. So, prior to submitting to a man's love-making, they ask the age-old question, 'Do you love me?'".*

> "masculinas" de todo. Além disso, argumenta que características tipicamente associadas a ser mulher (por exemplo, doçura, compaixão, ternura, mansidão, sensibilidade) não são exatamente um temperamento "feminino" essencial[39] (Oliver, 1993, p.19-20).

Dessa forma, o autor vai de encontro a uma interpretação conservadora e, inclusive, lamenta que "o pecado danificou e distorceu de tal forma a nossa cultura que o que Deus concebeu para caracterizar pessoas saudáveis caracteriza agora apenas as mulheres. Isso é trágico[40]" (Bartkowski *apud* Oliver 1993, p.20). Ou seja, para o autor, as características atribuídas ao reino feminino são, na realidade, características inerentes ao ser humano, independente do gênero.

Alega, ainda, existir "mitos das masculinidades" que produziram uma geração de homens que se definem negativamente, enquanto mulheres podem ser classificadas a partir de características positivas e negativas. E se as "mulheres são emotivas, depois os homens verdadeiros não são. E qualquer tentativa de dizer que poderiam ou deveriam ser é [erroneamente vista] como uma tentativa de 'feminizar' os homens".[41] (Bartkowski *apud* Oliver 1993, p. 37).

39 *Argues that traits commonly associated with being male (e.g., bravery, strength, stoicism, an insatiable sex drive, a preoccupation with achievement) are not really "masculine" at all. In addition, he contends that characteristics typically associated with being a woman (e.g.,gentleness, compassion, tenderness, meekness, sensitivity) are not really the property of an essential "feminine" temperament.*

40 *"Sin has so damaged and distorted our culture that what God designed to characterize healthy people now characterizes only women. That's tragic!".*

41 *One sees greatness in power and control and the right to exercise violence when one is in the right, and is depicted predominantly in male terms. The other sees greatness in love and compassion; it confronts*

Bartkowski (2000, p. 50) conclui que, através da negociação e das relações interpessoais entre os membros do movimento *Promise Keepers*, os homens assimilam ou negam elementos de ambos os discursos para realizar suas masculinidades, sempre a depender do contexto e da audiência. A partir disso, é possível inferir que as masculinidades baseadas em repertório religioso de tradição judaico-cristã pentecostalizada são multifacetadas.

William Loader (2019)[42] também nos informa que há dois tipos de visão cristã sobre as masculinidades. Ambas seriam opostas e refletiriam duas compreensões bem diferentes de Deus. Segundo o autor,

> Vê-se grandeza no poder e no controlo e o direito de exercer violência quando se está no direito, e é retratado predominantemente em termos masculinos. O outro vê a grandeza no amor e na compaixão; confronta a violência e o abuso de poder. O que as pessoas valorizam, no seu Deus, elas valorizam na vida (Loader, 2019).

Dito de outra forma, as maneiras através das quais os homens cristãos irão realizar suas identidades masculinas irão depender da compreensão que possuem acerca de Deus. Se tenderem para uma visão de um Deus poderoso, autoritário e punitivo, provavelmente, tenderão a pensar que possuem o direito de dominar. Se enxergarem a divindade cristã mais como figura paterna, benevolente e bondosa, poderão tender

violence and abuse of power. What people value in their God, they value in life.

42 Disponível em: *God as man, man as God: no wonder many Christian men today are having a masculinity crisis* (theconversation.com). Acesso em: setembro de 2020.

a realizar masculinidades mais flexíveis. Um exemplo de ambas as possibilidades pode ser encontrado em contextos religiosos.

Os processos acima mencionados, de feminização ou domesticação dos homens que se convertem às religiosidades evangélicas e os aparentes benefícios para as mulheres foram denominados por Bernice Martin (2005, p. 55) de *Pentecostal gender paradox* (Paradoxo de gênero pentecostal), que a autora define como

> uma tensão não resolvida entre o sistema de jures da autoridade patriarcal na igreja e no lar e o estabelecimento de fato de um modo de vida que muda decisivamente as prioridades domésticas e religiosas numa direção que beneficia as mulheres e as crianças, ao mesmo tempo que restringe moralmente a autonomia tradicional do homem e o exercício egoísta ou irresponsável do poder masculino. O acordo implícito parece ser que uma mudança substancial no sentido de uma maior igualdade de gênero será tolerada enquanto as mulheres não forem vistas a exercer publicamente a autoridade formal sobre os homens[43] (Martin, 2005, p. 55).

43 *An unresolved tension remains between the de juresystem of patriarchal authority in church and home and the de facto establishment of a way of life which decisively shifts the domestic and religious priorities in a direction that benefits women and children while morally restraining the traditional autonomy of the male and the selfish or irresponsible exercise of masculine power. The implicit deal seems to be that a substantive shift towards greater gender equality will be tolerated so long as women are not seen to be publicly exercising formal authority over men.*

Ou seja, o paradoxo de gênero consolida ainda mais os lugares sociais enrijecidos para homens e mulheres; a vida pública é associada ao homem, a privada, é domínio da mulher. Isso porque, apesar das mudanças positivas e das novas restrições impostas aos homens convertidos, o repertório evangélico a partir do qual homens e mulheres realizam suas identidades continua reforçando padrões normativos, como família nuclear, restrição da sexualidade, associação da mulher com a maternidade, dentre outros.

Dito de outra forma, segundo Martin (2005), essa ordem moral reafirma princípios antigos e possibilita uma experiência de uma identidade de gênero como uma boa mulher ou bom homem. Dessa forma, o pentecostalismo age como um mecanismo de transformação[44]". Adriaan S. van Klinken (2012) empreende pesquisa sobre como os discursos pentecostais no Zâmbia remodelam as masculinidades dos homens convertidos, denominados *born again* (nascido de novo, tradução livre).

A ênfase do discurso é na responsabilidade masculina, o que não significa que as mulheres também não tenham responsabilidade. Entretanto, conforme um de seus entrevistados explica, os homens acreditam que Deus depositou maior expectativa e demanda sobre o desenvolvimento de caráter e responsabilidade no homem do que na mulher. Essa interpretação, segundo Van Klinken (2012, p.226), encontra-se em Gênesis 2 com a criação de Adão antes da mulher e a atribuição divina da responsabilidade de Adão de nomear os animais e manter o jardim.

Isso demonstra, segundo os entrevistados de Van Klinken (2012, p.226), as grandes expectativas que Deus tem,

44 [...] *good woman or good man. In this way Pentecostalism acts as a "transformative" mechanism.*

especificamente, sobre os homens. O autor considera que esse argumento teológico é uma visão que caracteriza a compreensão dos fiéis sobre suas identidades masculinas. Consequentemente, fornece os elementos necessários para que os fiéis resistam às tentações do mundo, do sexo e do pecado. Isso por que ser um homem *born again* é um processo que, pouco a pouco, molda a nova masculinidade, como, por exemplo, práticas espirituais, oração e adoração constantes a fim de evitar cair no pecado do sexo.

O autor conclui que a percepção dos homens pentecostais é de que os discursos cristãos podem remodelar suas masculinidades, mas eles também devem trabalhar sobre essa nova identidade. Ele ressalta, ainda, que sua análise é feita a partir da interseccionalidade entre a religião, a masculinidade e a etnia africana. Porém, na medida em que o discurso pentecostal é um fenômeno global, outras narrativas, em outros contextos, poderão ser similares.

Ademais, o autor afirma que o conceito de paradoxo de gênero pentecostal é claramente manifesto nas masculinidades dos homens *born again*. Isso por que os homens assimilam a noção de liderança, por um lado, e, por outro, enfatizam respeito, parceria e, até mesmo, igualdade nas relações de gênero (Van Klinken, 2012, p.235). Van Klinken (2016), através da análise das pregações de um dos mais proeminentes líderes do segmento pentecostal, desenvolve outro estudo no contexto do Zâmbia.

Segundo o autor, muito se tem falado sobre a domesticação dos homens convertidos e das mudanças na esfera privada e do casamento. Entretanto, concluiu, em seu estudo, que o discurso pentecostal, além de promover uma masculinidade responsável, cujo marco é uma ruptura com o passado imoral e um constante trabalho sobre o eu, também possui uma agenda política. Além disso, criar uma nova geração de homens, denominados *born again*, faz parte de uma estratégia pentecostal de retomada masculina da dominação da esfera pública a partir de uma nova moral cristã.

Segundo van Klinken (2016, p.10), a abdicação da liderança masculina é um fato preponderante na crise das masculinidades no Zâmbia. Nesse sentido, o líder pentecostal é preocupado com a abdicação doméstica, que se configura na falta de envolvimento dos homens com suas famílias e esposas e com a abdicação sociopolítica. Para ele, os homens devem realizar liderança responsável em todos os níveis e, dessa forma, convoca-os a realizar o que chamou de *social fatherhood* (paternidade social).

Em pesquisa desenvolvida sobre o papel da religião na construção social das masculinidades heterossexuais na África do Sul em relação a programas de combate à violência de gênero e a disseminação do HIV, Marian Burchardt (2017) indica alguns apontamentos significativos sobre as contradições entre as masculinidades evangélicas. A autora corrobora com as duas visões de mundo que a cosmologia das religiosidades pentecostalizada fornece: a noção de que os homens devem ser dominantes e opressores das mulheres enquanto enfatizam sua liderança, construindo masculinidades tradicionais.

E, por outro lado, considera versões das masculinidades que são baseadas nos direitos humanos e igualdade de gênero, que são entendidos como liberais (Burchardt, 2017, p.111). A autora parte de duas perspectivas: primeiro, explora as formas através das quais os homens pentecostais fazem uso do repertório das masculinidades liberais e, segundo, busca compreender como eles se alinham e endossam partes da chamada masculinidade tradicional.

Vale ressaltar que essas duas visões propostas pela autora coadunam com as pesquisas acima quando nos informam que a visão de um Deus masculino, autoritário e controlador embasa masculinidades instrumentais (Bartkowski, 200), ou seja, tradicionais e conservadoras que endossam uma hierarquia de gênero conforme Whitehead (2012). Além disso, a noção de masculinidades liberais seria equivalente às masculinidades expressivas (Bartkowski, 2000), ou seja, as masculinidades produzidas a partir de uma compreensão do Deus masculino, porém que realiza características femininas, como afabilidade, proteção e amor.

Nesse sentido, a autora inclui uma terceira perspectiva que irá nortear a análise das masculinidades evangélicas na prisão, proposta no próximo tópico e que envolve a masculinidade hegemônica e híbrida representada pela figura do Deus masculino, qual seja, a de que as religiosidades de tradição judaico-cristã pentecostalizada forjam seu próprio tipo de masculinidade que é construída discursivamente, autorizada, performada e encenada publicamente. Ela propõe que a realização dessas masculinidades são diferenciadas como um *cultural style* (estilo cultural) (Burchardt, 2017, p.112).

Nesse sentido, o repertório religioso que fornece bases para a produção das masculinidades pentecostais atua como recurso para os homens negociarem entre esses diferentes tipos de masculinidades, podendo ser elas resistência ou reformulação das masculinidades hegemônicas. Nesse sentido, a religião permite chegar à compreensão dos efeitos contraditórios da lógica religiosa entre poder e masculinidade (Burchardt, 2017, p. 113). O argumento central de Burchardt (2017, p. 123) que melhor fundamentará a análise sobre masculinidades evangélicas na prisão é que

> O Pentecostalismo tem impactos na masculinidade, mas que estes impactos são fundamentalmente contraditórios. Por um lado, através da sua estrutura

> ritual, o Pentecostalismo produz disposições subjectivas no sentido de uma mudança pessoal radical que pode promover transformações de gênero em linha com a "masculinidade liberal". Por outro lado, o Pentecostalismo opera dentro de um campo de relações de poder, que continua a colocar prêmios nos desempenhos da "masculinidade tradicional". Como consequência, a masculinidade Pentecostal pode, noutros casos, ser transformada numa versão mais cristã da primeira. Enquanto os homens pentecostais insistem na diferença fundamental do seu conceito de masculinidade, tanto da versão liberal como da tradicional, a masculinidade pentecostal permanece assim uma configuração essencialmente instável de práticas, imaginários e performances de gênero[45] (Burchardt, 2017, p. 123).

Dito de outra forma, entendemos as identidades masculinas evangélicas a partir da teorização de Connell e Messerschmidt (2018, p. 47) das masculinidades hegemônicas, enquanto uma "combinação da pluralidade de masculinidades e de uma hierarquia entre a masculinidade hegemônica e a feminilidade enfatizada, bem como as masculinidades

45 *Pentecostalism impacts on masculinity but that these impacts are fundamentally contradictory. On the one hand, through its ritual structure Pentecostalism produces subjective dispositions towards radical personal change that may foster gender transformations in line with 'liberal masculinity'. On the other hand, Pentecostalism operates within a field of power relations, which continues to put premiums on performances of 'traditional masculinity'. As a consequence, Pentecostal masculinity may in other instances be transformed in a more Christian version of the former. While Pentecostal men insist on the fundamental difference of their concept of masculinity from both liberal and traditional versions, Pentecostal masculinity thus remains an essentially unstable configuration of gendered practices, imaginaries and performances.*

não hegemônicas[46]". Ou seja, as masculinidades hegemônicas são fluidas, dinâmicas, contestadas e referem-se à ascensão e dominação social de um grupo de homens sobre outros homens, sobre homossexuais e mulheres. É possível inferir que as masculinidades evangélicas "podem elevar-se para se tornarem uma nova hegemonia em vez de oferecer formas de escapar, ou reproduzir a masculinidade hegemônica[47]", sempre considerando os diferentes contextos (Burchardt, 2017, p. 123).

Masculinidades aprisionadas

Entre o gatilho e a tempestade
Sempre a provar
Que sou homem e não um covarde
(Racionais MC's, 1997).

Ao analisarmos as mudanças dos processos punitivos a partir das formulações teóricas de Foucault (1999), é possível perceber um campo de forças sociais cujos movimentos dos atores são sempre estratégicos. O autor analisa as mudanças nas formas de punição após a transição da Idade Média para a modernidade e aponta para as profundas mudanças que esse novo modo de punir acarreta nas identidades. Durante o medievo, a punição reservada aos criminosos se dava de

46 Combination of the plurality of masculinities and of a hierarchy among hegemonic masculinity and emphasized femininity as well as nonhegemonic masculinities.

47 May rise to become a new hegemony rather than offering ways to escape, or reproducing hegemonic masculinity.

forma teatralizada, um espetáculo que aglomerava espectadores em praça pública.

O sujeito que cometeu a transgressão configurava em uma ameaça ao corpo do próprio soberano e, dessa forma, deveria ser eliminado. O condenado sofria as mais diversas torturas até que se alcançasse a finalidade última dessa forma de punição: a morte. Os principais atores desse espetáculo eram, então, o torturador, que exercia sua masculinidade em forma de poder, força e autoridade, e o condenado, que podia morrer de forma honrada através da dor física, como se fosse purificado através do sacrifício.

A partir do marco da modernidade, ascensão da racionalidade, início das sociedades industriais, surgimento de ideais humanistas e necessidade da disciplinarização dos corpos em prol dos lucros, a punição em forma de tortura pública torna-se inviável. Nesse momento, é o corpo social que precisa ser protegido dos transgressores e, para tanto, era necessário exercer o máximo de controle e vigilância sobre eles.

O dispositivo prisional, então, foi criado e, com ele, várias tecnologias de controle, vigilância, docilização e disciplinarização dos corpos e das subjetividades. Tais tecnologias são exercidas sobre os apenados a todo o momento, sem cessar, através de isolamento da sociedade e extrema proximidade com outros, submissão, falta de autonomia, controle do tempo, agressividade, violência.

Segundo Erwin Goffman (1961, p. 24), o sujeito passa no cotidiano da prisão por processos de humilhação, degradação e mortificação do eu, gerando uma essencialização do crime e, dessa forma, o sujeito criminoso é constantemente produzido através de normas exatamente opostas às que produzem sujeitos de direito.

Esses processos realocam as identidades individuais, pois agora não existe mais um sujeito de direitos e deveres, mas um "ser preso". Isso quer dizer que o dispositivo prisional falhou desde sua origem, na medida em que, em vez de reabilitar, reproduz a delinquência e o delinquente.

Transpondo o enquadramento acima para analisar o contexto prisional, é possível traçar um paralelo. Na prisão, os homens mais próximos de realizar as masculinidades hegemônicas seriam os criminosos no topo da hierarquia do crime, ou seja, traficantes com redes de negócios que rendem altos lucros, assaltantes que praticam roubos que necessitam de grandes planejamentos, matadores de policiais, dentre outros.

Em relação de subordinação, estariam os crimes menores, tais como carreira em assalto à mão armada ou traficante com "bocas" menores. As masculinidades de marginalização e protesto são realizadas em relação de subordinação com as masculinidades hegemônicas, ou seja, "aviões", homens que vendem em bares etc., pois obedecem e respondem às masculinidades hegemônicas. Além disso, parece possível inferir que os estupradores, não aceitos no convívio da massa em geral, estão em relação de subordinação com as masculinidades acima, tanto hegemônicas, quanto as marginalizadas e de protesto.

Em um ambiente em que um enorme contingente de homens vive em proximidade física extrema e, em contrapartida, pouca ou nenhuma proximidade emocional, surgem formas de se realizar as identidades de maneira a evitar que sejam homossexualizados. Essas formas hipermasculinas podem se dar de maneira mais intimidadora, agressiva, violenta ou homofóbica. Diante desse cenário, o corpo pode desempenhar papel fundamental no que se refere à realização das masculinidades no caminho da sobrevivência.

Através de atividades físicas, como a musculação, o sentenciado pode exercer identidade masculina através da imponência do corpo e dos músculos. Dessa forma, sem nenhuma palavra, através do corpo e no corpo, o sujeito transmite de imediato a mensagem de que ele se trata de um homem ameaçador e perigoso. Os processos de aplicação intensa das tecnologias disciplinares durante aprisionamento resultam no que Stiegler (2009) chamou de uma alienante individualização.

A reabilitação humana ou a potencialização produtiva dos sujeitos é obliterada pela produção deidentidades indiferentes, frias, duras, sem energia vital, uma morte pela metade (Stiegler, 2008, p.24 - 32). O cantor e compositor *country* Johnny Cash possuía estreita relação com o universo carcerário e acabou por ficar conhecido como "embaixador dos presos".

O artista lançou um álbum com diversas músicas sobre a prisão e os prisioneiros, tendo, inclusive, gravado um disco em uma prisão norte americana[48]. Num álbum de 2006, o compositor dedica uma fala à população carcerária, que define bem a relação entre prisão e masculinidades. No encarte do CD, o cantor diz: "Todos vocês tiveram as mesmas coisas aniquiladas de suas vidas, tudo que parece fazer de um homem, um homem – mulheres, dinheiro, uma família, um trabalho, a estrada aberta, a cidade, o campo, a ambição, o poder, o sucesso, as falhas – um milhão de coisas" (Cash, 2006)[49].

As características enumeradas por Cash são, de fato, os atributos masculinos considerados legítimos socialmente no que se refere a um padrão legítimo de homem. Ao adentrar na prisão, o homem se transforma em número de identificação

48 Johnny Cash At Folsom Prison, 1968.

49 *"All of you have the same things snuffed out of your lives, everything it seems that makes a man a man – women, money, a family, a job, the open road, the city, the country, ambition, power, success, failure – a million things".*

e passa a ser apenas mais um na famigerada "massa carcerária[50]". Como os recursos acima, considerados legítimos, são inviabilizados na prisão, o repertório do crime – composto majoritariamente por agressividade, dominação do mais fraco, demonstrações de poder – constitui-se como fonte majoritária para a produção das masculinidades exacerbadas (Messerschmidt, 2001, p.68).

Isso acaba por fazer com que essa hipermasculinidade seja exercida a partir de agressividade exagerada, homofobia ou misoginia (Newton, 1994; Jewkes, 2005). Outro marcador relevante nesse processo de produção diz respeito à contraposição ao elemento feminino, que consiste num dos pilares da produção das masculinidades. Na medida em que relacionamentos heterossexuais são exíguos na prisão e que esses homens vivem numa extrema proximidade física, o ambiente do cárcere parece demandar dos homens que realizem suas identidades masculinas de formas ainda mais agressivas e homofóbicas para evitar que sejam associados à homossexualidade.

Entretanto, os homens em privação do prazer extraído da relação sexual com o feminino possuem convenções e negociações que regulam as práticas sexuais entre eles. Segundo Ramalho (1979, p. 46), as relações sexuais entre os homens na cadeia é uma decorrência necessária na dinâmica prisional. Isolando a questão da homossexualidade em si, Ramalho preocupou-se em perceber a relação entre as concepções e regras que se referiam às práticas homossexuais e a condição imposta pela cadeia para sua existência.

50 Na prisão pesquisada, os detentos são identificados pelo seu número de Infopen (Informações penitenciárias).

Existiam diversas categorias dos homens que praticavam sexo entre si: *boy*, travesti, fanchona, homossexual. Um preso explica o que é o *boy*:

> Pra mim, o *boy* aqui na cadeia é aquele cara que... se faz de mulher pra um outro preso, igual aos travestis. (Mas tem diferença entre o *boy* e o travesti?) Tem. O *boy*, ele é feito, ele é criado na marra, forçado. O travesti já é de..., já vem de longo tempo, já vem da rua (Ramalho, 1979, p. 41).

Ao diferenciar o *boy* do travesti, os presos informavam sobre certa forma de imposição das práticas homoafetivas enquanto resultado das condições do aprisionamento. A fala sobre o travesti indica uma compreensão de que todos os travestis se prostituem, logo, na cadeia, ele continuaria exercendo sua função de objeto sexual a fim de dar um "adianto" para as necessidades sexuais dos demais presos.

Uma vez que o preso se encontrasse na condição de *boy*, pesavam sobre ele algumas regras. Ele deveria arrumar um preso fixo para se relacionar, que faria o papel de marido, chamado de fanchona. Segundo Ramalho (1979, p.42), existia disputa por parceiros sexuais, e o preso que assumisse o papel de marido deveria prover para o preso que está na condição de sua mulher, protegê-lo e mantê-lo fiel.

Sendo assim, o *boy* assume o papel sexual feminilizado, na medida em que será penetrado, e o papel social feminino, na medida em que pesam sobre ele regras de fidelidade, por exemplo. Além disso, existia a figura do homossexual passivo sob o qual não pesava nenhuma normatização. A homossexualidade na prisão não é algo restrito a um grupo específico, mas, antes, permeia as interações pessoais no cotidiano da prisão.

O autor da vertente teórica dos papéis sociais, Peter Fry[51] (1982), indica que, em contexto prisional, a ideia é que quem penetra é, de certa forma, o vencedor de quem é penetrado. Então, a relação sexual é uma prática corporal de poder que não interfere no que esses homens entendem por gênero masculino. Essa compreensão também é representada pelas noções de ativo/passivo.

O "ser ativo", o que penetra, é associado com o dominante que possui o controle, assertividade e poder, atributos historicamente associados aos homens e as masculinidades. Já ao passivo, que recebe o pênis em sua representação física e simbólica, são relegadas características historicamente atribuídas às mulheres, como fragilidade e submissão. Então, o homem ativo na relação sexual com outro homem não mancha a legitimidade da sua masculinidade.

O que Ramalho (1979) foi capaz de perceber foram as convenções que regulavam tais práticas sexuais, padrões normativos e representações sociais que eram exercidas nas relações de poder que alocavam diferentes sujeitos em posições desiguais nessas relações. Não se tratava de pensar em motivos para a homossexualidade enquanto realidade contundente na prisão, mas perceber quais eram as representações que se formulavam a esse respeito.

Para Sloan (2011, p. 132), o processo de internalização da punição teve amplas consequências para as identidades generificadas dos homens. Quando a punição era um espetáculo público e possuía alta visibilidade, ela conferia status de masculinidade tanto para o punido, no sentido de

51 Fry é autor da vertente dos papéis sexuais, teoria que entende gênero como representações sociais de homens e mulheres de forma a complementar-se. Sua teoria é utilizada, aqui, apenas na medida em que a mentalidade disseminada na prisão é de acordo com a realização de papéis quando em coletivo.

morrer através do suplício, o que era considerado uma forma honrada, quanto para os que puniam, pois conferia status de autoridade, poder e força.

A autora descreve um processo de feminilização dos homens ao adentrarem a prisão. Um tipo de feminilização que estaria representado através de processos, como: falta de controle sobre o tempo, a imposição de rotinas, falta de trabalho ou atuação em trabalhos domésticos, a sujeição a posições inferiores porque estariam totalmente à mercê de outrem, no caso, dos agentes penitenciários em nome do Estado. Dito de outro modo, esses fatores foram histórica e socialmente construídos e relegados às mulheres na sociedade civil e, nesse sentido, a autora entende que as masculinidades na prisão seriam enquadradas de forma feminilizada.

A partir disso, os presos passariam a desenvolver identidades hipermasculinas como forma de compensar tal processo. Pode-se dizer que a teoria da hipermasculinidade na prisão entende o conceito através de duas perspectivas, a de privação e de importação (Morey; Crewe, 2018, p. 17). A primeira perspectiva compreende, a partir da cultura prisional, que os presos desenvolvem mecanismo de compensação no que se refere aos recursos para a produção de masculinidades legítimas dos quais são privados. Então, a privação de relacionamentos heterossexuais, da autonomia, poder ou visibilidade são compensados por atitudes grosseiras, homofóbicas e extraviolentas (Sykes, 1958; Newton, 1994; Toch, 1998; Jewkes, 2002).

Já a teoria da importação entende que, antes de adentrar na prisão, o fator socioeconômico de miserabilidade dos homens constitui como recurso principal para a produção das masculinidades. E, ao adentrarem o cárcere, as características hipermasculinas realizadas extramuros acabam por ser exageradas por esses homens como forma de sobrevivência na prisão (Irwin; Owen, 2005, p. 104). As teorias de importação e privação não são excludentes, podendo ser encontradas em combinação dentro da cultura prisional. Afirmar a hipermasculinidade em contexto prisional não é o mesmo que dizer que a agressividade ou a violência são características inerentes ao masculino.

Goffman (1956) e Viggiani (2018, p. 107) apontam para a plasticidade da relação entre os sujeitos encarcerados e a instituição. Afirma que, como todo sujeito social, os presos sentem necessidade de aprovação e de se encaixar no contexto em que vivem. Diante disso, passam a encenar, de acordo com cada situação e contexto, suas identidades masculinas em conformidade com a audiência.

Dito de outra forma, a hipermasculinidade pode ser compreendida como uma interpretação de um papel agressivo a fim de esconder as vulnerabilidades. Dependendo da situação social, os sujeitos agem e se associam com outros para seguir o *modus vivendi* delineado pelo contexto. Essa dialética é, segundo de Viggiani (2018, p. 91), em parte ditada por padrões normativos em consonância com o que o sujeito entende ser a cultura dominante. Independentemente dos motivos pelos quais os presos possam realizar identidades hipermasculinas, a questão é, elas se fazem presentes.

Seja como forma de expressão da subjetividade agressiva, seja para a manutenção de papéis sociais que os coloque no topo da hierarquia da criminalidade, Messerschmidt (2001, p. 68), a esse respeito, teorizou que, quando há falta de recursos considerados legítimos para a produção das masculinidades, "tipos específicos de crime podem fornecer um recurso alternativo para a realização do gênero[52]".

52 *"Specific types of crime can provide an alternative resource for accomplishing gender"* (Messerschmidt, 2001, p.68).

Na prisão, crimes de alta periculosidade, ou que demandam grande planejamento e resultam amplos lucros, ou matadores de policiais são os que alocam os sujeitos no topo da hierarquia da criminalidade, ou seja, constituiriam as masculinidades hegemônicas. As masculinidades produzidas em relação de subordinação, marginalização e protesto seriam realizadas através de crimes menores, tais como assaltos, furtos, arrastões, gerentes de bocas de fumo, aviões. Isso porque esses homens devem responder aos criminosos mais renomados na hierarquia do crime.

Há, entretanto, um crime que não é, em nenhuma hipótese, tolerado pela massa carcerária. A cultura prisional brasileira possui como uma das regras fundamentais a não aceitação do crime de estupro. Além da não aceitação, a rejeição requer repúdio público e aplicação de punições mais severas do que o próprio aprisionamento.

Uma das principais regras de convívio da massa carcerária, em geral, é a expressa proibição da presença de estupradores nas celas onde habitam sentenciados por crimes considerados comuns[53]. Nas situações em que os estupradores são alocados no convívio, e essa informação se torna de conhecimento da massa carcerária, o homem passa a ser estuprado pelos outros internos diariamente. É quase uma regra, portanto, que os estupradores passem a ser estuprados durante o cumprimento de suas penas.

53 É usual que a administração prisional não designe as mesmas celas aos sentenciados por estupro, na medida em que estes podem sofrer retaliações, que vão de espancamento à morte, principalmente se o crime foi cometido contra crianças ou idosos. Os acusados por crimes sexuais habitam os chamados "seguro" ou "Jack's", o segundo faz um trocadilho e significa Jack estuprador, em alusão ao personagem do cinema de terror, Jack Estripador.

Esses homens, que ficam às vezes anos sem o contato físico da relação sexual com as mulheres, passam a realizar suas masculinidades ao usarem o corpo do estuprador como um paliativo para o seu próprio prazer sexual. Fry (1985) nos indica que, em ambiente prisional, as identidades generificadas se produzem numa hierarquia através do ato da penetração, pois a ideia é que quem penetra é, de certa forma, o vencedor de quem é penetrado.

É possível dizer que os sentenciados realizam suas masculinidades através de uma visão binária moldada pelo repertório religioso de tradição judaico-cristã, compartilhada amplamente na prisão. Tal análise vai ao encontro dos diversos relatos de presos que desempenham papel "ativo" na prisão, que são considerados machos, "criminosos"; e os "passivos", chamados "mulherzinhas" ou cuja presença causa vergonha (Ramalho, 1979).

A mentalidade que guia essa forma de gerir corpos e práticas compreende o gênero também sob perspectiva binária e excludente. Homens realizam tarefas e características associadas ao masculino, tais como força, autoridade ou agressividade e, de forma complementar, as mulheres realizam fragilidade, submissão e brandura. Sendo esses papéis cumpridos socialmente, as práticas sexuais e particulares passam a atuar como marcador de identidades.

Diante do acima exposto, duas questões fundamentais emergem: primeiro, sobre as masculinidades realizadas por sujeitos privados de liberdade que se declaram evangélicos que, por definição, são subordinadas, frágeis, controladas e submissas diante de uma outra figura masculina, a do Deus cristão. Segundo, o corpo e o marcador de raça/etnia preta parecem ser elementos preponderantes na diferenciação de masculinidades evangélicas no cárcere.

II
CONTRADIÇÕES?
REPERTÓRIO EVANGÉLICO PARTILHADO

Cadáveres no poço, no pátio interno.
Adolf Hitler sorri no inferno!
O Robocop do governo é frio.
Não sente pena.
Só ódio e ri como uma hiena.
(Racionais MC's, 1997)

Em dezembro de 2019, surgiu, na China, um vírus desconhecido que se alastrou rapidamente ultrapassando fronteiras entre diversos países, nomeado, posteriormente, de Covid-19. Em março de 2020, a Organização Mundial de Saúde classificou a doença como pandemia mundial[1], na medida em que não havia formas efetivas de evitar a transmissão, contágio e morte das populações, situação cujo agravo ascendia diariamente. As medidas sanitárias comprovadamente mais eficazes no combate ao vírus eram o isolamento e o distanciamento social.

Nesse sentido, o uso de máscaras fez-se obrigatório à sobrevivência, transformando as sociedades de maneiras irreversíveis e criando um tom de normalidade, tanto em níveis objetivos, quanto subjetivos. No Brasil, o contexto era

1 Disponível em: WHO | World Health Organization. Acesso em: maio de 2021.

caótico, pois a crise sanitária evidenciou as discrepâncias sociais dentre a população e transformou-se, rapidamente, em crise social, política e econômica. Isso porque o presidente eleito em 2018, Jair Messias Bolsonaro, tomou uma sequência de medidas erráticas e letais.

Contudo, o tom conservador e despótico presente no discurso de Bolsonaro não era novidade e havia sido anunciado desde antes de sua campanha eleitoral, quando o sujeito ocupava o cargo de deputado. Bolsonaro se declarava católico[2], entretanto foi batizado pelo Pastor Everaldo, da Assembleia de Deus, no Rio Jordão, em Israel, em 2016. Somado à expressa rejeição de uma parcela da sociedade ao Partido dos Trabalhadores, que gerou intensa polarização entre parcelas progressistas e conservadoras[3], a campanha de Bolsonaro assumiu tom conservador, talvez, principalmente, em relação ao gênero e às sexualidades: misoginia e homofobia. Temas estes que agradavam as parcelas mais conservadoras, tanto dos católicos, quanto dos evangélicos. A eleição de Bolsonaro, compreendida de forma mais ampla, parece fazer parte da ascensão de políticas conservadoras em nível global em reação aos governos de esquerda que promoviam "rupturas com o status quo social, econômico e cultural, por meio de políticas inclusivas e de diversidade. Isso gerou reações regressivas e de distinção social, sobretudo entre as classes médias" (Almeida, 2019, p.187).

Para Joanildo Burity (2016, p. 7), nos anos após 2003, conhecidos pelo lulismo, em referência às políticas do então presidente da esquerda progressista Luiz Inácio Lula da Silva,

2 Disponível em: Presidente Jair Bolsonaro fala com exclusividade à Jovem Pan - YouTube. Acesso em: setembro de 2021.

3 Maiores informações disponíveis em: FPE - Frente Parlamentar Evangélica (fpevangelica.com.br). Acesso em: setembro de 2021.

Partido dos Trabalhadores (PT), cujas políticas foram, pode-se dizer, continuadas pela eleição democrática no primeiro mandato de Dilma Rousseff, em 2011, as demandas sociais passaram a ganhar cada vez mais visibilidade, tais como as pautas feministas, quilombolas, indígenas ou religiosas e a criação de diversas novas políticas públicas e assistenciais, como o Programa Bolsa Família, o Estatuto da Igualdade Racial, a Lei 10.639, a Lei contra a homofobia, Política Nacional de Participação Social e Plano Nacional de Direitos Humanos, bem como programas de saúde e moradia, promoveram significativos avanços para as chamadas minorias. Em 2011, já no mandato da presidenta democraticamente eleita, Dilma Rousseff, o Supremo Tribunal Federal reconhece a união homoafetiva como direito civil equivalente ao casamento heterossexual.

No mesmo ano, aparecem nos noticiários informações distorcidas sobre o programa didático "Escola sem homofobia", cujo objetivo era levar às salas de aula uma educação sobre as sexualidades que promovesse o respeito à diversidade de gênero, a prevenção à gravidez precoce, o *bullying* (assédio) e as doenças venéreas na adolescência. O teor do material foi distorcido por Jair, com apoio da Bancada evangélica, que apelidou o programa de *kit gay*[4].

O parlamentar, posteriormente candidato e eleito para ocupar a posição no cargo do mais alto poder executivo da nação, a presidência, governava/ou com o apoio do que foi denominado de Frente Parlamentar Evangélica (FPE) ou, como é popularmente conhecida, a "Bancada evangélica[5]". Esta é

4 Apesar de decisão favorável ao material emitida pelo Tribunal Superior Eleitoral, a obra foi vetada diante da forte pressão da oposição. Disponível em: escola-sem-homofobia-mec.pdf (nova-escola-producao.s3.amazonaws.com). Acesso em: setembro de 2021.

5 Atualizado pela última vez em 17/04/2019, o site da câmara contabi-

formada por políticos cristãos de diferentes denominações e grandes líderes religiosos, somando duzentos parlamentares simpatizantes com as pautas evangélicas.

Dentre essas pautas, estão a defesa da família tradicional brasileira, entendida como sendo formada por homem, mulher e filhos, o combate aos ideais feministas como o direito ao aborto, e aos direitos civis da população LGBTQI+. Para Ronaldo de Almeida (2017, p.6), a "Bancada Evangélica talvez seja a expressão mais acabada do sentido negativo que o termo 'os evangélicos' adquiriu nas últimas décadas, qual seja: um conjunto de deputados 'moralistas' que ameaçam a laicidade do Estado brasileiro".

A fim de unificar seu eleitorado a partir da convergência de pautas conservadoras em comum, o então candidato proferiu diversas declarações vexatórias no percurso percorrido pré-campanha eleitoral e durante a campanha. Sua comunicação antes, durante e depois, no posterior mandato, se dava através de redes sociais e ampla divulgação de *fake news*[6].

Além das propostas governamentais de políticas retrógradas, excludentes, antidemocráticas e preconceituosas contra a pluralidade de gênero, religiões e etnias brasileiras, o enrijecimento de medidas direcionadas à segurança pública, através de propostas, como a redução da maioridade penal, facilitação da compra e porte de armas para civis, também fazia parte das propostas do candidato.

liza, na Frente Parlamentar Evangélica, dentre os deputados (as), 170 homens e 25 mulheres e, dentre senadores (as), 7 homens e 1 mulher.

6 Expressão em inglês para "notícias falsas", transformadas em jargão político brasileiro.

O sujeito chegou a dizer que "bandido tem que ser recebido com bala na testa [...] ele vai passar a respeitar[7]", cristalizando um bordão que foi um dos motes de sua campanha na captação de eleitores, o jargão "bandido bom é bandido morto". Ainda em junho de 2016, declara à rádio Jovem Pan que "O erro da ditadura foi torturar e não matar", ratificando sua veia ditatorial.

Dessa forma, Bolsonaro e seus apoiadores disseminaram discursos homofóbicos baseados em um binarismo sexo/gênero, respaldado pelo repertório cristianizado e pentecostal no que tem de mais conservador. Deturpando a informação e disseminando a compreensão de que o projeto visava incentivar a homossexualidade, diretamente associada por esses grupos à promiscuidade, nos alunos e nas alunas. Em junho de 2013, uma sequência de protestos foi iniciada através de manifestações contra o aumento da passagem de transporte público em São Paulo, tomando, rapidamente, proporções nacionais. Essas massas que protestavam na rua se identificavam, em uma primeira fase, como apartidárias cujas reivindicações pediam por melhorias no país de forma a contemplar esquerdistas e direitistas.

Contudo, o movimento foi apropriado pela direita e extrema direita, tendo como principal representante a figura de Jair Bolsonaro, apoiado pelas parcelas cristianizadas e conservadoras brasileiras. A despeito do caos instalado em 2014, Dilma Rousseff foi reeleita em disputa acirrada com candidato representante da direita, Aécio Neves (PSDB-MG). Ao lado de outras campanhas que apregoavam a violência, mantendo o tom alarmista e o flerte com a ditadura, Bolsonaro chegou a dizer, neste mesmo ano, durante discussão

7 Disponível em: https://www.youtube.com/watch?v=ZJ-2R4bzkEI. Acesso em: julho de 2020.

com uma Deputada que presidia a Comissão de Direitos Humanos, integrante do partido de oposição (PT) que "[Eu] só não te estupro porque você não merece...vagabunda... vagabunda[8]".

Em 2015, a presidenta sanciona a Lei do feminicídio, intensificando a polarização política e social no país e lançando luz sobre as articulações do golpe que parlamentares conservadores de maioria evangélica dariam na primeira mulher ocupante do mais alto cargo do poder executivo nacional. Em fevereiro de 2016, o parlamentar afirma que não contrataria mulheres, pois elas engravidam. Ao tentar consertar a polêmica, culpando o jornalista, afirma que ele estava se referindo ao livre arbítrio dos empregadores da iniciativa privada e que ele não contrataria mulheres pelo mesmo salário que homens, "apesar de ter muita mulher competente, mais até do que homens[9]".

A face misógina do golpe proferido contra Dilma Rousseff, arquitetado por homens, brancos, heterossexuais e cristãos conservadores que produziam e disseminavam discursos violentos, incentivou a população ao ódio e à intensa violência em diferentes tipos de ataques contra o antipetismo, em especial, ao ex-presidente Lula, acusado de crimes de responsabilidade fiscal durante os oito anos de seu governo que nunca foram provados, e à Dilma.

Tal agressividade e misoginia desmedidas podem ser ilustradas pelo, talvez, mais infame ataque à presidenta. Não se sabe a origem, porém grupos de apoiadores de Bolsonaro, de viés conservador, confeccionaram adesivos para comer-

8 Disponível em: https://www.youtube.com/watch?v=RAuUtFRguxQ. Acesso em: 3 de julho de 2020.

9 Disponível em: https://www.youtube.com/watch?v=lZZisKgrtWY. Acesso em: 3 de julho de 2020.

cialização para vedação do abastecimento de veículos, nos quais a imagem da presidenta é retratada com as pernas abertas e um buraco representando o órgão genital de Dilma no local onde a mangueira era colocada, em nítida alusão a uma extrema violência simbólica contra Rousseff, o estupro.

Um estupro que Bolsonaro e seu séquito considerava ser uma questão de merecimento, conforme sua fala direcionada à deputada mencionada acima e, mais do que isso, pareciam indicar um aspecto disciplinar e de uma funcionalidade do ato de estuprar. A contundente influência de elementos do repertorio cristianizado e conservador e a intrínseca relação entre religião, política e poder também se mostraram presentes na plenária de votação do *impeachment* de Dilma.

Ao votar contra ou a favor, cada parlamentar deveria justificar o seu voto de forma breve. O pesado clima de rivalidade e medo que dominava o país e que polarizou os brasileiros em rígidas posições opostas exalavam um aroma já conhecido em nossa história, a Ditadura Militar. Tal assertiva pode ser ilustrada através de breve análise da ata de votação, que se deu com trezentos e sessenta e sete votos favoráveis ao impedimento e cento e trinta e sete contrários ao golpe.

Fato significativo é que a palavra Deus foi mencionada cinquenta e oito vezes por cinquenta deputados, e a palavra família foi proferida mais de cento e dez vezes. Os deputados agradeciam às famílias, filhos e netos e no fim todos aplaudiam. Um total de sete deputados mencionaram, ou agradeceram, ou disseram que o voto favorável ao impeachment era pelos evangélicos.

A maioria de noventa e dois deputados da Bancada evangélica[10] votou a favor do *impeachment*. Chegada sua

10 Atualizado pela última vez em 17/04/2019, o site da câmara contabiliza, na Frente Parlamentar Evangélica, dentre os deputados (as), 170

vez, Bolsonaro justifica o voto favorável ao impedimento da presidenta de forma, no mínimo, cruel. Declarando, enfaticamente que [a esquerda e os progressistas, chamados por ele de comunismo, compreensão que o parlamentar disseminava convictamente] perdeu

> em 1964, perderam em 2016. *Pela família* [...] *contra o comunismo* [...] pela memória do Coronel Carlos Alberto Brilhante Ustra, o pavor de Dilma Roussef. *Pelas nossas Forças Armadas*. Por um *Brasil acima de tudo e por um Deus acima de todos* [...] (Departamento de Taquigrafia, sessão: 091.2.55.O 17/04/16, p. 232).

O coronel mencionado por Bolsonaro foi o comandante do Destacamento de Operações de Informação – Centro de Operações de Defesa Interna (DOI-Codi). Aparato militar de repressão política que, sob o comando do General Ustra, homenageado por Bolsonaro, torturou e matou incontáveis pessoas, inclusive crianças. O Coronel foi homenageado como sendo "o pavor de Dilma", pois ela foi presa e torturada sob suas ordens, nunca foi processado e faleceu em uma casa luxuosa sem, no entanto, jamais pagar pelos seus crimes.

Jair Messias Bolsonaro cimentou de vez a mentalidade que guiaria suas políticas e evidenciou para quem seria o seu governo, caso fosse eleito, ao declarar, em 2017, em um comício que "O Brasil é um país cristão. Não tem essa historinha de Estado laico não! É Estado cristão, quem for contra que se mude. Vamos fazer um Brasil para as maiorias,

homens e 25 mulheres e, dentre senadores (as), 7 homens e 1 mulher. Disponível em: Frente Parlamentar - Câmara dos Deputados (camara.leg.br). Acesso em: setembro de 2021.

as minorias têm que se curvar. As leis têm que existir para defender as maiorias. As minorias se adequem ou simplesmente desaparecem[11]".

Ainda em declarações que transpareciam sua ignorância e desrespeito pelas comunidades quilombolas e indígenas, o parlamentar faz piada dizendo que embaixo de toda reserva indígena se escondem riquezas e, assim sendo, "Temos que mudar isso daí. Eu fui num quilombola em Eldorado Paulista, olha, o afrodescendente mais leve lá pesava sete arrobas, não fazem nada, eu acho que nem pra procriador ele serve mais[12]".

Mantendo a agenda conservadora e agradando seus apoiadores cristãos, Bolsonaro reafirma sua postura diante de questões de gênero e sexualidades. Em 2018, Jair declara que, em sua juventude, "não existia essa quantidade de homossexuais que nós temos hoje em dia. E que a luta contra a homofobia era, na realidade, reivindicação de privilégios dos homossexuais e não direitos civis e igualitários".

Afirmou que, "Em seu governo, se eleito, os homossexuais e LGBTQIA+, não iriam encontrar sossego, e eu tenho imunidade para falar que sou homofóbico[13], sim, com muito orgulho [...][14]". Em outro discurso, diz ainda que "[...] estamos

11 Disponível em: https://www.youtube.com/watch?v=L3J32Jhwoeo. Acesso em: julho de 2020.

12 Disponível em: https://www.youtube.com/watch?v=lcXJNGhUQy8. Acesso em: 09 de julho de 2020. A mentalidade que embasa a fala do presidente é fundada em pilares colonialistas, europeus, brancos, masculinos, cristãos produtores e detentores das hegemonias sociais e regimes de verdade, nas sociedades ocidentais modernas.

13 Apesar da afirmação contundente sobre ter orgulho de ser homofóbico, Bolsonaro tem defensores entre a população LGBTQI+, como nos informa a reportagem. Disponível em: https://www.bbc.com/portuguese/brasil-36475717. Acesso em: 12 de julho de 2020.

14 Disponível em: https://www.youtube.com/watch?time_continue=2&v=VpqsHeo2uLE&feature=emb_logo. Acesso em: 03 de julho de 2020.

recolhendo assinaturas para uma PEC [Projeto de Emenda Constitucional] que definirá o que é casamento, logicamente entre um homem e uma mulher. [...] proibiremos, com essa PEC, a adoção de crianças por casais que não sejam formados por homem e mulher" (Câmara dos Deputados. Sessão 125.1.54.O. 2011).

Ainda em 2018, no ápice das campanhas pré-eleitorais e no segundo ano de desenvolvimento desta pesquisa, os discursos bolsonaristas, acima descritos, angariaram o apoio de lideranças religiosas, como Edir Macedo, da Igreja Universal do Reino de Deus (Iurd), e Silas Malafaia, da Assembleia de Deus Vitória em Cristo (ADVC). As declarações de Bolsonaro sobre a criminalidade, assim como a eleição de políticos afinados com tal conservadorismo, e o apoio de segmentos evangélicos ao sujeito não passaram despercebidas à população carcerária.

Durante as campanhas eleitorais, o CV do Ceará divulgou um comunicado orientando e proibindo seus afiliados, assim como as comunidades controladas por eles, de fazerem propaganda política e votar em candidatos como Jair Bolsonaro e seus apoiadores, policiais ou ex-policiais. No "ofício" atribuído às facções mencionadas, os líderes das chamadas famílias do crime orientavam comunidades e moradores a não realizarem trabalhos, propagandas e votarem em candidatos apoiadores de Jair Bolsonaro, policiais ou ex-policiais.

Segundo o texto atribuído ao CV, "esses políticos apoiam a ditadura, tortura e tudo que é contra as comunidades carentes. Eles camuflam o que os policiais vêm fazendo nas nossas comunidades"[15].

15 Disponível em: https://www.tercalivre.com.br/comando-vermelho-proibe-propaganda-de-bolsonaro-no-ceara/. Acesso em: 31 de janeiro de 2021.

Somada à veiculação dessa notícia, chegou a meu conhecimento, através de colegas militantes do PT, em Juiz de Fora, significativa informação. Uma das colegas militantes da esquerda acompanhou os grupos do partido em agenda de conscientização nas filas de visitação da Penitenciária Professor Ariosvaldo de Campos Pires (PPACP), local a partir do qual essa pesquisa foi desenvolvida e do Centro de Remanejamento do Sistema Prisional (Ceresp-JF) e do Centro Socioeducativo (CSE-JF).

Durante as conversas estabelecidas com as familiares, esposas e mães de homens encarcerados, uma dessas mulheres conta que a "massa" vetou a presença dos dois pastores representantes da Iurd nos cultos semanais de assistência religiosa na PPACP. A justificativa? O fundador e líder religioso da instituição declarou apoio a Bolsonaro e orientava os adeptos de sua igreja a fazerem o mesmo.

Após pouco mais de um ano desastroso para a população brasileira, a pandemia de Covid-19, surgida no contexto conforme descrito acima, fez ecoar o berro do que, antes, tentava se maquiar com argumentos meritocráticos: o abismo social entre as parcelas da população. O país possui uma população composta por 54% de pretos e pardos, segundo o Instituto Brasileiro de Geografia e Estatística (IBGE). Pretos/as e pardos também estão entre os que mais perderam os empregos, 12% dos desempregados são pretos ou pardos, e 9% brancos/as.

Considerando que a sociedade reflete suas configurações através da cristalização das hierarquias e hegemonias sociais nas instituições, temos que as prisões brasileiras são compostas por uma população encarcerada, a terceira maior do mundo, com 95,06% de homens. Destes, 174.198 (23,29%) estão entre dezoito e vinte e nove anos de idade, somando o total de 438.719 homens pretos e pardos; 494.44 (51,84%), homens encarcerados por crimes contra o patrimônio[16], seguido de 183.077 (19,17%) de homens condenados por tráfico e crimes relacionados a drogas[17].

De forma simplificada, a maioria da população carcerária brasileira é composta por jovens, homens, pretos, periféricos que cometeram crimes, como furtos ou assaltos, e que se relacionam diretamente com o tráfico ao exercer alguma função nas respectivas *bocas*[18] de suas comunidades.

E, bem como aparece na sociedade extramuros, existe certa polarização entre internos/as que se declaram católicos/as ou evangélicos/as, o que não significa dizer que não há a presença de religiões ou religiosidades de matriz africana, como o candomblé ou a umbanda, conforme atestaram os próprios sujeitos a partir dos quais essa pesquisa foi fundamentada. Com o início da pandemia e ascensão de sua letalidade por contágio, as unidades prisionais foram fechadas até que fosse implementada uma nova estrutura para visitação presencial ou online.

Porém, os reflexos da ingerência dos governantes incidiram de forma cruel sobre a população carcerária, familiares e amigos, disseminando desespero na mesma velocidade em que o próprio vírus. Isso porque, como da noite para o dia, as famílias foram abatidas pelo silenciamento de gestores

16 "Título II do Código Penal. Refere-se a qualquer tipo de atentado de bens materiais, ou seja, majoritariamente, furtos, roubo, extorsão e suas variantes" (Código Penal, 2017, p.65-78).

17 Ainda de acordo com as informações do período de Julho a Dezembro de 2019, em âmbito Nacional, ocorreram 989.263 tipos de crime. Dentre eles, 504.108 (50,96%) foram crimes contra o patrimônio, sendo 494.44 (51,84) cometidos por homens e 9.114 (26,52) por mulheres. Seguido por 200.583 (20,28) tráfico e crimes relacionados a drogas, sendo 183.077 (19,17) cometidos por homens e 17.506 (50,94%) por mulheres.

18 Locais onde ocorre a comercialização de drogas.

acerca das condições de saúde de seus entes encarcerados: a subnotificação de contágio ou óbito, a impossibilidade de todo e qualquer contato com seus parentes ou, até mesmo, o envio de itens não fornecidos pelas unidades.

Somado ao caos generalizado, a prestação de serviço de Assistência Religiosa nos presídios foi suspensa durante pandemia, algo que, certamente, intensificou as angústias, medos e hostilidades entre a população carcerária que enxergava, nos cultos e nas pregações, momentos de conforto para amenizar cotidiano de rotinas degradantes. Além disso, os representantes religiosos também podem atuar como portadores de notícias do mundo externo, de familiares, de andamento de processos ou, até mesmo, coibir tortura e abuso de poder por parte dos agentes do Estado sobre os indivíduos privados de liberdade.

Diante desse cenário, diversas organizações civis e de terceiro setor, movimentos sociais e religiosos, passaram a agir em prol de sistematizar dados e cobrar que a integralidade dos sujeitos privados de liberdade fosse preservada, como, por exemplo, o Instituto de Estudos em Religião (Iser), que lançou site que sistematiza, de forma atualizada, todas as informações e dados que surgem a respeito do Covid-19 nas prisões[19].

A Agenda Nacional pelo Desencarceramento, que possui incontáveis organizações de apoio, dentre as mais influentes, a Pastoral Carcerária Católica, são exemplos de órgãos que se movimentaram. A Pastoral Carcerária também contribuiu ao desenvolver pesquisa exclusiva e constatou que o

19 Disponível em: Denúncias de violação de direitos no sistema prisional aumentaram 82% durante a pandemia, segundo Pastoral - Pastoral Carcerária (CNBB) (carceraria.org.br). Acesso em: outubro de 2020.

número de denúncias de tortura aumentou 85% em um ano de pandemia[20].

Alguns relatos informam sobre confinamento de internos com sintomas junto a outros sem sintomas, falta de higiene com mais de trinta encarcerados utilizando a mesma escova de dentes, imunidade baixa diante de alimentação precária, ligações para contato com família que duram menos do que cinco minutos e sem privacidade[21].

Diante da pressão gerada pela cobrança desses movimentos e das Associações de Amigos e familiares de Presos de todo o Brasil, as instâncias reguladoras das políticas penitenciárias tinham como obrigação estabelecer diretrizes a fim de garantir os direitos dos encarcerados/as, bem como manter a transparência da situação dentro das prisões e o contato com as famílias.

Nesse nível, a situação chegou ao ponto de o Departamento de Políticas Penitenciárias, nível nacional (Depen)[22],

20 Em junho de 2021, o Brasil alcançou o assustador número de 500.000 mil mortes por Covid-19, mesmo com o desenvolvimento e disponibilidade de vacinas por instituições internacionais e nacionais.

21 Fora as retaliações às familiares diante de suas cobranças contínuas sobre a obrigatoriedade de transparência sobre o estado de saúde de seus familiares encarcerados. Em informação verbal (fevereiro de 2021, Juiz de Fora), uma mulher de um encarcerado visada por sua militância ativa na cobrança por melhorias no sistema e notícias sobre o marido, teve seu esposo transferido para outra unidade, em outra cidade, sem nenhuma justificativa plausível para o ato. Outra questão, relatada e registrada por um/a informante que vive a dinâmica prisional de Juiz de Fora, foi o registro, em vídeo, ao qual pude ter acesso, de um grupo de agentes penitenciários realizando algum trâmite/tarefa no centro da cidade, no ápice da pandemia, sem utilizar máscaras. Após a divulgação interna desse vídeo, vários/as outros/as sujeitos relataram presenciar a mesma situação, e outros vídeos foram surgindo.

22 Tais órgãos reguladores serão descritos adiante, bem como suas funções.

responsável pela elaboração de diretrizes e regulamentação das políticas penitenciárias norteadoras para a aplicabilidade em cada ente federativo, propor, como medida no combate ao Covid-19 nas prisões brasileiras, que fossem instalados *containers* ou também chamadas de "prisões de lata", a fim de abrigarem suspeitos/as de contágio.

Tal sugestão, de despropósito óbvio, foi duramente criticada[23] e alvo de manifestações de juristas, órgãos de Direitos Humanos, ex-diretores do Conselho Nacional de Política Criminal e Penitenciária (CNPCP), dentre outros[24]. Apesar do estatuto de sugestão e não obrigatoriedade, a medida foi duramente criticada por profissionais de diversas instâncias. Diante da pressão, o Depen emitiu uma justificativa que serviu como um "tiro no pé", na medida em que evidenciou, sem perceber, como a criminalidade e as prisões brasileiras foram um projeto que, na realidade, foi muito bem sucedido.

Afirmam, no documento, que "um dos principais pontos falhos das políticas criminais brasileiras anteriores foi a negligência histórica na geração de vagas [...]". Segue o trecho declarando que "o objetivo fixado com os Estados é [...] gerar

23 O criminalista e presidente do Instituto de Defesa do Direito de Defesa (IDDD), Hugo Leonardo, ressalva que, "no sistema prisional, as pessoas morrem de doenças primárias, como tuberculose e sarna [...] não têm anticorpos suficientes, habitam lugares fétidos e escuros, por isso, padecem. A incidência da covid-19 vai ser uma tragédia em um sistema que pune muito e pune mal". Disponível em: Em contêiner, presos podem morrer sem ar, de calor ou por covid-19 - Notícias - R7 Brasil. Acesso em: outubro de 2020.

24 A experiência já havia sido feita em prisão do Espírito Santo e, diante dos evidentes efeitos nocivos à vida humana, como exposição a calor extremo, falta de circulação de ar, sufocamento, foi rechaçada pela Organizações das Nações Unidade (ONU) e pela Organização dos Estados Americanos (OEA), na medida em que configura-se como um atentado à vida humana. Os *containers* devem guardar coisas, mercadorias, objetos, não seres humanos.

cerca de 100.000 vagas nestes quatro anos de governo. Ano passado houve uma geração recorde de vagas com exatas [...] Para esse ano, a previsão é de mais 25.074 vagas" (Ofício Nº 864/2020/GAB-Depen/Depen/MJ, p.1. Grifo nosso.).

Ao atribuir a defasagem de vagas no sistema prisional a uma "negligência histórica" que deveria ter criado contingente muito maior de vagas para criminosos nas prisões, ignoram a negligência histórica responsável por encarcerar, em massa, um perfil específico de sujeitos. Esse aumento no número de vagas se deve, em parte, à parceria estabelecida com as Associações de Proteção e Assistência aos Condenados (Apac), materializada no Projeto de Fomento à Criação de Unidades com Metodologia Apac (2017), que visa à criação de vagas nas unidades apaqueanas.

A fim de comunicar os resultados do encontro, delinear objetivos, justificativas e demais argumentos favoráveis à parceria, o Depen publicou um "Estudo Preliminar", que cita dados publicados pela revista Veja e pela mídia BBC News acerca do aumento dos números de encarceramento. O documento informa que as projeções anuais apontavam para a "insustentabilidade econômica para investimentos voltados, unicamente, para construção de estabelecimentos penais *ordinários*" (Ministério da Justiça E Segurança Pública. Ouvidoria Nacional De Serviços Penais, 2019, p.2. [grifos nossos]).

Se o "ordinário" não serve mais, se o sistema de encarceramento como é já não cumpre com os objetivos, faz-se necessário algo extraordinário, algo sobrenatural. A partir daí entra a metodologia utilizada pelas Apac. A despeito de não se identificar como instituição religiosa, basta breve análise dos doze elementos da metodologia apaqueana para identificar, no uso de termos genéricos, como espiritualidade, moral, ecumenismo ou valores humanos, a equivalência com sentidos cristianizados com pretensões democráticas, pois são compreendidos como "universais".

Esse recurso discursivo estratégico serve, ainda, para driblar os dispositivos legais cujo espírito da lei escrita atesta a garantia de direitos à liberdade de crença e culto, tolerância e respeito à diversidade religiosa, inclusive, em estabelecimentos de internação coletiva e de execução penal. Ao mencionarem "negligência histórica" na criação de vagas penitenciárias, os aparatos carcerários acabam por, intencionalmente ou não, negligenciar os processos e consequências devastadoras de um período histórico em que a religião, na figura da Igreja Católica, se sobrepunha ao poder da população e dos governantes.

Assim, a despeito das possíveis contribuições da metodologia apaqueana, a gradual ampliação e parcial transferência do poder punitivo para uma instituição religiosa cristianizada parecem acender alertas de ameaça às liberdades, à democracia, à frágil e peculiar laicidade brasileira e ao desenvolvimento social da população. Contudo, a APAC é a ponta do iceberg, é a materialização de movimentos e relações de poder que se dão a nível local, regional e global, do micro ao macro, em direção ao que se pode chamar de "cristianização das prisões".

Dessa forma, o crime transforma-se em pecado, o infrator que, antes, deveria responder perante a lei como sujeito jurídico de direitos e deveres, passa a ser um pecador. Enquanto pecador, ele perde o direito de responder e a autonomia outrora concedida pelo estatuto de cidadão. Logo, se antes as prisões produziam criminosos, a tendência com esses processos parece ser a criação de um rebanho de ovelhas arrependidas.

Bolsonaro declarou em uma *live*, meio de comunicação através do qual (des)governava, que "foi Deus que me colocou na presidência, só Deus me tira". Ele completa afirmando que

"[Deus] obviamente, só me tira [da presidência da República] tirando a minha vida, mas fora isso, o que tá acontecendo no Brasil não vai se concretizar, mas não mesmo[25]". Ignorando, por ora, as inúmeras problemáticas incitadas por essa declaração, foco na informação de que a crença do sujeito é de que Deus concede graças por mérito.

O Deus em quem crê o sujeito acima e seu séquito de fiéis-eleitores é um Deus incorpóreo, porém, masculino, branco e europeu. Esse Deus é colonialista por excelência. É o Deus que embasa que "bandido bom é bandido morto", porém depende do bandido. Bandido é sinônimo de preto, pobre e favelado. Os que cometem crimes, como os cometidos pelo próprio Bolsonaro, têm impunidade garantida e passam incólumes, são "réus" ou "suspeitos", "inocentes até que se prove o contrário".

Esses homens brancos que ocupam posições de poder, seja legislativo, seja executivo ou operacional, como policiais civis, militares e penais, acabam por encarnarem figuras como a de justiceiros ou lutadores que protegem a pátria.

É cultural o perfil da maldade, da vilania, do estuprador e dos crimes mais hediondos, cristalizado no imaginário social, ser caracterizado pela figura de um homem, preto, jovem, periférico e andando sozinho à noite. Para o Deus masculino, colonial e hegemônico, ser preto ou bicha é crime. Porém, existem outras compreensões de Deus cristão que podem ser inclusivas, plurais, fluidas e, não necessariamente, masculinas.

É possível inferir, a partir do acima exposto, que existem interpretações, individuais e coletivas, da figura de um

25 Referindo-se ao "fantasma do comunismo" representado pela esquerda política e minorias. Disponível em: Bolsonaro: "Só deixo a Presidência se Deus tirar a minha vida" - YouTube. Acesso em: agosto de 2021.

Deus cristão, que pode ser colonialista e justificar todas as características opressoras que ratificam a hegemonia branca masculina, ou um Deus que pode ser uma mulher preta de periferia, quem sabe, uma bicha preta presa, uma ou um trans. Logo, subversivo/a, contra-hegemônico/a, inclusivo/a.

Assim, parece-me justo afirmar que Deus é, para indivíduos ou grupos, a resposta para seus anseios, necessidades e a cura para suas dores.

2.1 Homo-histeria

Conforme delineado anteriormente, as estratégias de uma masculinidade hegemônica transcendental funcionam a nível regional através da instrumentalização das instituições sociais e políticas. Menciono, também, que essas relações de poder entre os níveis são dinâmicas – uma alimentada pela outra. Assim, elas atravessam o nível regional através de diferentes estratégias e alcançam as tácticas locais representadas, aqui, pelo estatuto do ritmo evangélico como um dispositivo homo-histérico.

A elaboração teórica de Erik Anderson (2009) sobre a ideia de homo-histeria pode ser entendida como um dispositivo de sexualidade desencadeado pelo repertório conservador cristão para disciplinar e conformar os corpos e identidades de gênero. O autor afirma que houve uma mudança cultural global nas sociedades do Norte que resultou numa perda significativa daquilo a que chamou homo-histeria, ou seja, o medo que os homens heterossexuais têm de serem homossexualizados.

Tal cenário, então, permitiria aos homens construir as suas masculinidades de forma a aceitar a diversidade, desenvolver amizades, abertura emocional e interação afetuosa sem o medo de serem considerados homossexuais. O autor percorre três períodos em que a homo-histeria foi: 1) elevada; 2) em decadência e, finalmente, 3) reduzida. Segundo ele, duas formas de masculinidade dominante emergiram neste processo: a masculinidade conservadora e a inclusiva.

Diante disso, o autor acredita que o uso do conceito de masculinidades hegemônicas já não seria aplicável, uma vez que, segundo ele, a categoria pode ser substituída por uma masculinidade conservadora dominante, que ele chamou ortodoxa.

> Os homens que praticam este tipo de masculinidade continuam a ser homoesteristas e estão táctil e emocionalmente distantes. Em contraste, a masculinidade "inclusiva" emerge e é uma masculinidade dominante concorrente ao lado da masculinidade ortodoxa, enfatizando a proximidade homossocial emocional e física. Nesta fase "decrescente" do desenvolvimento masculino, "homens que valorizam a masculinidade ortodoxa podem usar o discurso homofóbico com intenção específica de demonizar os homossexuais, enquanto homens de acção inclusiva podem usar o discurso homofóbico, mas sem intenção de degradar os homossexuais[26]" (Anderson, 2009, p. 135).

26 *Men who practice this type of masculinity remain homohysterical and are tactilely and emotionally distant. In contrast, "inclusive" masculinity emerges and is a competing dominant masculinity alongside orthodox masculinity, emphasizing emotional and physical homosocial closeness. In this "diminishing" stage of masculine development, "men who value orthodox masculinity might use homophobic discourse with specific intent to demonize homosexuals, while inclusive acting men may use homophobic discourse but without intent to degrade homosexuals.*

Dito de outra forma, em contextos de homo-histeria diminuída ou inexistente, florescem masculinidades inclusivas, e a homofobia intencional é praticada apenas por masculinidades ortodoxas, enquanto que as masculinidades inclusivas podem utilizar um discurso homofóbico, sem a intenção de ofender. De fato, a teoria apresenta alguns problemas e faz fronteira com uma ingenuidade em relação a um discurso homofóbico não intencional.

O autor não considera, por exemplo, que a produção destas masculinidades ocorra também através do discurso, seja ela intencional ou não. Isso significa que um discurso homofóbico, mesmo que não intencional, pode atuar na produção da masculinidade do interlocutor, colocando o alvo do discurso no polo de subordinação ao chamá-lo de *gay*.

Segundo Messerschmidt (2018), enquanto a principal reformulação do conceito é o reconhecimento da existência de masculinidades hegemônicas em três níveis – local, regional e global – a análise de Anderson (2009) só a realizou a nível local. Isso corrobora a formulação original de Connel (1995) quando afirma que a masculinidade hegemônica não é um arquétipo, mas envolve processos sociais de subordinação e estratificação.

Contudo, segundo Messerschmidt (2018, p. 136), Anderson ignora esse entendimento e esconde a masculinidade hegemônica quando adota a masculinidade ortodoxa como um arquétipo de distinto e em categorias de competição. Mike C. Parent, Amber Batura e Kiyra Crooks (2014, p.121) identificam dois problemas principais com a utilização do conceito de homo-histeria por Anderson: primeiro, apontam para o problema de definição na operacionalização da construção central de homo-histeria. Em segundo lugar, afirmam que existe uma fragilidade de lógica na definição de uma sociedade homoestérica. A fim de melhor utilizar as teorias, deve apresentar definições operacionais dos termos e delinear a lógica específica que fundamenta a teoria.

Para os autores, quando Anderson (2009) não problematiza e diferencia de forma adequada o termo homo-histeria da homofobia, relacionando o segundo com outras pesquisas que discutem minorias de orientação sexual, não consegue desenvolver um refinamento de um enquadramento teórico necessário ao campo da investigação do gênero. Consequentemente, segundo os autores, não é possível sustentar o termo homo-histeria, e este se caracteriza como um conceito que não explica a dinâmica de poder entre homofobia, homossociabilidade dos homens e a construção de masculinidades. Rachel O'Neill (2015) produziu um artigo com críticas fortes e relevantes à teoria de Anderson (2009).

A autora afirma que, dessa forma, "a teoria da masculinidade inclusiva não oferece espaço para pensar em permutações de relações patriarcais ou no desenvolvimento de novas formas de gênero e desigualdade sexual" (O'Neill, 2015, p.15), ou seja, para ela, a teoria da masculinidade inclusiva endurece a análise das relações patriarcais, impedindo de ver novas formas ou desigualdade de gênero. Além disso, ela continua, afirmando que não haveria necessidade de campanhas de justiça social por parte das feministas e LGBTQI+. Portanto, a teoria de Anderson (2009) mina o conceito de masculinidades naquela que é a sua contribuição mais importante, que é a preocupação com a análise das relações de poder de gênero (2015, p.16).

Outro ponto levantado pelo autor é que Anderson (2009) afirma que, em sociedades com um elevado nível de homo-histeria, a homofobia é masculinidade. Por conseguinte, ele acaba por negligenciar o aspecto relacionado com o gênero. Elizabeth Nagel (2010, p.2) também critica as conclusões de Anderson (2009) e salienta que o próprio privilégio dos homens por ele estudados torna possível o seu envolvimento em comportamentos homoeróticos sem, por isso, serem estigmatizados.

Mesmo os atletas homossexuais estudados pelo autor são privilegiados em termos de raça, classe e estatuto social que o atletismo lhes confere, de modo que a sua homossexualidade não é motivo de suspeita. Nas perspectivas, epistemologias e métodos feministas, não incluir ou minimizar a nossa própria identidade nas relações de gênero de poder-conhecimento na produção da pesquisa pode comprometer todos os resultados, o que significa que, talvez, Anderson (2009) não tenha feito alguma autorreflexão sobre como a sua abertura sobre a sua própria homossexualidade e a falta de medo da homofobia dos outros afetou e influenciou os seus correspondentes.

Além disso, ao não o fazerem, ignoraram "como as suas associações positivas com ele podem ter realmente diminuído a sua própria homofobia" (NAGEL, 2010, p.2). Em outras palavras, é possível que, conscientes do fato de que Anderson era homossexual, esses homens tenham compreendido a sua masculinidade de uma maneira inclusiva, como uma forma de responder à identidade do investigador.

Não questionar esse fato, portanto, tem implicações para a teoria e torna evidente a importância de considerar o gênero do autor nos processos de investigação, principalmente os etnográficos. Por conseguinte, as elaborações teóricas de Anderson (2009) carecem de plausibilidade em relação às masculinidades inclusivas, especialmente a nível global. A falta de importância dada aos discursos homofóbicos não é justificável, uma vez que, ao afirmar que não pretendem ofender, o autor ignora que, mesmo assim, estão a atuar na produção de masculinidades opressoras.

Além disso, quando o autor afirma que as masculinidades inclusivas são dominantes na competição com as masculinidades ortodoxas, está a fixar apenas dois tipos de masculinidades e a endurecer a análise. A ideia de Anderson de homo-histeria pode ser aplicada na reflexão sobre o contexto particular que estamos analisando, especialmente na construção de masculinidades no contexto prisional, em relação ao processo evangélico.

Isso porque, se associarmos as características do exercício do poder nas perspectivas de Foucault acima mencionadas com o exercício das masculinidades hegemônicas em arenas globais, regionais e locais, como propõe Messerschmidt (2018), podemos fazer uma correspondência. Por conseguinte, o dispositivo homo-histérico representado pelo processo evangélico promove: "[...] 1. A incitação ao discurso, 2. a formação dos saberes, 3. o reforço das formas de controlo e resistência [...]" (Foucault, 2014, p. 115).

Por outras palavras, 1) uma das principais características de se tornar um membro do grupo do processo evangélico é o proselitismo, isto é, reunir fiéis para a salvação através da palavra, entendida como verdade e vida, portanto, incita ao discurso. 2) A partir da leitura diária da Bíblia, dos cultos realizados pela assistência religiosa e dos cultos auto-organizados, os reclusos criam novas interpretações e criam os seus próprios conhecimentos religiosos, caracterizados e adaptados à realidade cotidiana em que vivem. 3) A conversão religiosa e a adesão ao processo evangélico proporcionam aos reclusos um novo repertório composto por línguas, imagens, comportamentos, crenças, sentimento de pertença, esperança etc.

Esses são instrumentos que ajudam os reclusos a fortalecer e reforçar (ou tentar, pelo menos) o controle do corpo e a resistência aos prazeres da sexualidade e da carne. Por isso, a compreensão da homo-histeria como um dispositivo sexual e disciplinar criado e ativado pela religião e pela imagem do Deus masculino consiste num instrumento válido para analisar e discutir a construção da masculinidade de acordo com o ritmo evangélico no contexto prisional.

Quando aplicado como um dispositivo de sexualidade desencadeado pelo discurso religioso evangélico conservador, difundido e mantido na prisão pesquisada, a homo-histeria se mostra como um dispositivo histórico, espacial, cronológico, localizado e que desempenha um papel de funcionalidade estratégica. É por isso que podemos compreender as suas práticas e efeitos de uma forma objetiva e subjetiva, através de uma macro ou microanálise das relações de poder de gênero-religiosas.

2.2 Assistência religiosa nas prisões: panorama de direitos e deveres

As instituições reguladoras mencionadas acima desenvolveram diversos regulamentos e documentos norteadores destinados ao serviço de assistência religiosa a nível federativo, concedendo certa autonomia para os estados e os munícipios, desde que não extrapolem as diretrizes federais. Os pontos centrais são, basicamente, o direito à assistência e a não obrigatoriedade do sujeito a assistir nenhum culto.

Dessa maneira, propõe-se a obrigatoriedade das unidades em fornecer assistência religiosa de acordo com a demanda, ainda que seja demanda de um/a interno/a e, ainda, a proibição do uso da adesão religiosa para fins corretivos e disciplinares, bem como para a concessão de benefícios.

Desses ditames, compreende-se que a adesão religiosa dos sujeitos privados de liberdade deve atender à finalidade individual, da necessidade dos encarcerados de preencher suas subjetividades, encontrar conforto e direcionamento a partir da cosmologia religiosa de sua escolha, não devendo a instituição prisional ou o Estado interferir nessa escolha, apenas mediar e atender as demandas religiosas que lhes são apresentadas, ou seja, cumprir sua obrigação de instituição laica. Essas diretrizes, escritas, parecem ideais. Entretanto, no cotidiano das relações sociais e de poder que se estabelecem entre administração estadual dos presídios, municípios e unidades prisionais, a lei é interpretada e realizada, segundo diferentes atores e de distintos modos, nem sempre condizentes com o "espírito da letra da lei".

Em 2016, foi desenvolvido, pela Seds-MG e a Subsecretaria de Administração Prisional (Suapi-MG), o *Regulamento e Normas de Procedimentos do Sistema Prisional de Minas Gerais* (ReNP). A seção VII é destinada à definição e elucidação da atuação do Núcleo de Assistência Religiosa (NAR), que utiliza o termo "religião" ou espiritualidade de forma indefinida e abrangente, sem se comprometer diretamente, usando o manto da "laicidade", de forma consciente e estratégica ou não.

Parágrafo significativamente relevante e não especificado nos demais dispositivos é sobre a formação do coordenador de assistência religiosa de cada unidade "do NAR [que] poderá ser um profissional com formação superior em Teologia[27] e especialização em Criminologia" (Repn, 2018, p.47). Assim como a não definição dos termos como religião e espiritualidade[28], os regulamentos também são ambíguos, confusos

27 Aqui, entra a minha proposição sobre Ciência da Religião aplicada e a ocupação dos espaços públicos por cientistas da religião. As consequências dessa lacuna serão indicadas nas páginas seguintes.

28 O que corrobora minha proposta de ampliar a discussão em Ciência da Religião Aplicada, a fim de que cientistas da religião atuem em outras áreas. No caso supracitado, um cientista da religião seria responsável não apenas pela elaboração de diretrizes, mas pela implementação de projetos interdisciplinares, plurais e em respeito à diversidade religiosa.

e nublados no que se refere à formação dos representantes que irão prestar a assistência religiosa.

Segundo o Depen, "Como todas as outras assistências, [a religiosa] deve ser encarada como parte do processo de prevenção do crime e orientação ao retorno da pessoa presa à convivência em sociedade [...][29]" (Depen, 2018). Sobre as orientações do Depen-MG, a atuação religiosa na "prevenção do crime" parece-me uma assertiva que requer certa cautela, além de ser contraditória no que se refere à proibição da adesão religiosa como instrumento corretivo.

Como a adesão religiosa atuaria na prevenção do crime se o mesmo órgão dita que a assistência religiosa só deve agir a partir da demanda do/a encarcerado/a? Diante do acima exposto, parece-me que a resposta possível a essa questão transmite uma ideia perigosa. Isso porque indica uma forma de controle social religioso através do temor a um Deus universal, e não a liberdade de exercer crenças individuais.

A orientação de que a assistência religiosa "deve ser encarada como parte do processo" não é incorreta. Afinal, a religião não se constitui enquanto fenômeno social, necessariamente, negativo. Ao contrário. Ela produz sentido, nova visão de mundo, amparo para seus adeptos e um amplo repertório positivo, novamente, quando não imposta, mas escolhida pelo indivíduo.

Isso porque esse "espírito da lei" é um espírito cristão, especificamente, evangélico e masculino[30]. Essa certa auto-

29 Disponível em: https://www.gov.br/depen/pt-br/composicao/dirpp/cgpc/assistencia-social-juridica-e-religiosa. Acesso em: 13 mar. 2022.

30 Nesse sentido, mais do que encontrar, cria brechas interpretativas nas leis escritas a fim de manipular a presença religiosa, exclusivamente, evangélica na prisão, conforme indico através de entrevistas adiante e também, com maiores detalhes, na dissertação (Vilhena, 2017).

nomia poderia ser aproveitada de forma muito mais eficaz, conforme indicado acima, pelo PIR. Contudo, ao analisar regimentos, resoluções, ofícios e regulamentos inúmeros, com o olhar voltado a políticas de assistência religiosa nos presídios, é o contrário que parece dominar.

A antiga Coordenadoria de Assistência Religiosa e Políticas Sobre Drogas do Estado de Minas Gerais foi responsável pela redação da Cartilha intitulada *Assistência religiosa e políticas antidrogas* (2013)[31], que se apresenta enquanto um instrumento que respalda as ações e regulamentação dos serviços de assistência religiosa nas unidades prisionais mineiras, a fim de garantir os direitos dos sujeitos. De acordo com o texto de apresentação, o objetivo é orientar os funcionários do sistema prisional, bem como as instituições que promovem assistência religiosa.

A intenção é nortear os programas "relacionados às políticas públicas de ressocialização, especialmente a espiritual e sobre drogas" (Cartilha, 2013). É relevante mencionar que não há, ao final do documento, nenhuma referência sobre

31 No ano de 2010, Reinaldo já ocupava a posição de coordenador de Assistência Religiosa e Políticas AntiDrogas. Em 27 de dezembro de 2012, o site O tempo veicula alarmante reportagem que informa que a Igreja Batista da Lagoinha estava patrocinando 24 horas diárias de programação evangélica em dois Centros de Remanejamento do Sistema Prisional (Ceresp). A transmissão, segundo a reportagem, era controlada pela sala de direção das prisões e, aos encarcerados/as, era permitido apenas diminuir o som ou o brilho da TV na parte da noite. Completa, ainda, que, para desligar os televisores, os sujeitos deveriam negociar entre si a fim de convencer a administração. À época, o governo do Estado justificou dizendo que também eram transmitidos canais católicos e jurídicos. Alguns funcionários afirmaram que os encarcerados ficaram mais tranquilos. Contudo, diante de pressões, Reinaldo "admitiu" que mudanças deveriam ser feitas a fim de democratizar a oferta. Disponível em: https://www.otempo.com.br/cidades/igreja-patrocina-tvs-e-impoe-programacao-em-presidios-1.378774. Acesso em: janeiro de 2021.

quais bibliografias, autores e livros respaldaram a construção da Cartilha, indicando, apenas, que o conteúdo utilizado foi retirado dos "Arquivos da Coordenadoria de Assistência Religiosa e Políticas Sobre Drogas e legislação vigente" (Cartilha, 2013, p. 6).

No documento, existe uma associação de políticas que se referem à religião com políticas de combate às drogas, o que pode deixar margem para a interpretação de que a religião seria a responsável por sanar o problema do uso de entorpecentes, e não um fator que contribui. O documento, ainda, ressalta que "A Subsecretaria de Administração Prisional não objetiva o proselitismo, ao contrário, considera o direito a fé e a manifestação" (Cartilha, 2013, p. 5). A cartilha é separada em tópicos, como Missão, Visão e Meta. Todos eles enfatizam que a intenção é promover a liberdade de crença, sem proselitismo ou doutrinação. Contudo, não definem o que compreendem por religião, espiritualidade, respeito/tolerância religiosa, laicidade ou proselitismo.

E mais, dentre os pontos, há um tópico denominado "Considerações sobre a verdadeira religião", em que se lê:

> A religião, segundo os livros de instruções religiosas, aceita como pura e imaculada, ou seja, verdadeira, é esta: Cuidar dos órfãos e das viúvas em suas dificuldades e lembrar dos presos como se estivesse preso com eles (Cartilha, 2013, p. 19).

O conteúdo desse texto é uma alusão à passagem bíblica registrada no livro de Hebreus, capítulo 13, verso 3, o qual orienta: "Lembrai-vos dos encarcerados, como se estivésseis aprisionados com eles; e todos aqueles que sofrem maus tratos, como se vós pessoalmente estivésseis sendo maltratados". A estrutura do texto repõe a estrutura do verso bíblico quanto à recomendação que faz. Nesse conteúdo, é possível perceber a presença do cristianismo como uma referência de religião verdadeira.

A menção, mesmo que indireta, ao cristianismo, coloca-o em destaque, em detrimento aos outros modos de crença. Nesse sentido, pode-se afirmar que o texto contradiz a pretensão de promover liberdade religiosa nas prisões. A compreensão que a cartilha demonstra possuir sobre a religião é consonante com os dados do campo, descritos, que informam que a adesão religiosa possibilita

> O conhecimento da práxis (ação e reflexão) sobre as políticas de ressocialização gera no indivíduo a mudança de comportamento, a alegria, a esperança e o bom relacionamento com o próximo, tornando o cumprimento da pena menos traumática e introduzindo, assim, oportunidade de mudança interior e exterior para toda vida (Cartilha, 2013, p. 51).

Apesar de todo o texto da cartilha enfatizar a intenção não proselitista e doutrinária do trabalho de assistência religiosa, é possível inferir, do trecho acima, que esse projeto deposita, na adesão religiosa do detento, a responsabilidade da retomada de um comportamento socialmente aceitável, ou seja, a disciplina promovida pelo discurso religioso, que levaria o interno a uma ressocialização subjetiva e objetiva.

Sobre os requisitos a serem cumpridos pelas instituições religiosas que desejam prestar o serviço, a Cartilha informa que as denominações devem preencher um plano de trabalho, fornecendo o modelo do documento e, caso aprovado, é realizado o cadastramento e são decididos os dias e os horários. Não é mencionado se os representantes devem possuir instrução formal em Teologia, conforme indica o NAR.

Mais ao final, somos informados que "A coordenadoria de Assistência Religiosa e Políticas Anti Drogas ressalta que o projeto deve ter respaldo teológico, pedagógico, cultural, educativo e social, respeitando sempre a pluralidade e tolerância religiosa (Cartilha, 2013, p. 54). Entretanto, não há desenvolvimento sobre outras áreas a não ser a teológica. Analisando a Cartilha Assistência Religiosa e Políticas Anti Drogas (2013), torna-se possível perceber o quanto a assistência religiosa nas prisões é cristianizada.

Uso o termo paternalista[32], pois, enquanto instituição social resolutiva, ou seja, que age de forma a preservar os que estão sob sua responsabilidade, a prisão e seus agentes reproduzem a relação entre um pai superior e o filho inferior, baseando-se na crença de que são eles, os pais, que sabem o que é melhor para o outro (Neto, 2015, p. 116). Essa relação permeia todo o texto, como, por exemplo, "anunciar valores éticos e morais [...] visando a humanização" do sistema penal.

Ora, tal intento é, a meu ver, um tipo de paternalismo. Isso porque os agentes administrativos responsáveis acreditam que os seus próprios valores éticos e morais, baseados nas religiões cristianizadas, certamente, são melhores para a vida dos sujeitos privados de liberdade. Entretanto, ignoram totalmente que o movimento da criminalidade possui seus próprios valores éticos e morais que devem ser cumpridos à risca.

Além disso, a cartilha menciona a "humanização do sistema penal". Ora, como humanizar a partir de procedimentos no melhor estilo de uma inversão do filme clássico *Laranja Mecânica*[33], submetendo os indivíduos a áudio e vídeo ininterruptos

32 Após esses anos de distanciamento do contexto prisional e dos anos dedicados a pesquisas em prisão e religião, pude compreender, através das minhas memórias, que o paternalismo mencionado era realizado, inclusive, por ações pedagógicas da escola e dos docentes.

33 Filme de 1971, dirigido por Stanley Kubrick. A história se passa no

sobre crenças que, talvez, nem sejam suas. A referência ao filme clássico pode, em um primeiro momento, parecer apelativa. Entretanto, recorro a essa alusão, especificamente, para ilustrar como a religião estava sendo utilizada de forma ilegal e abusiva a fim de disciplinar os sujeitos privados de liberdade.

A situação ocorrida em 2010 é, nitidamente, uma violação ao Art. 1°, parágrafo 3°, quando afirma que: "a assistência religiosa não será instrumentalizada para fins de disciplina, correcionais ou para estabelecer qualquer tipo de regalia, benefício ou privilégio [...]" (Resolução n° 8, novembro de 2011. Conselho Nacional de Política Criminal e Penitenciária, p.2).

Nesse sentido, a partir das informações transmitidas pela cartilha analisada, através da situação revelada pela reportagem mencionada em nota, entrevista com funcionários e pela afirmação destacada acima, torna-se possível colocar sob suspeita a garantia integral dos direitos dos sujeitos privados de liberdade no que se refere à liberdade de crença.

Perfil da população carcerária brasileira e organograma das unidades prisionais

> *60% dos jovens de periferia, sem antecedentes criminais, já sofreram violência policial. A cada quatro pessoas mortas pela polícia, três são negras. Nas universidades brasileiras, apenas 2% dos alunos são negros. A cada quatro horas, um jovem negro morre violentamente*
>
> (Racionais MC's, 1997).

Reino Unido e gira em torno do líder de uma gangue que espalha violência e caos pela cidade. Preso e julgado, é submetido, com seu consentimento, a um tratamento que consiste em assistir cenas de violência, sexo, drogas por longos períodos, até gerar mal estar físico.

Segundo o Levantamento de Informações Penitenciárias (Infopen) mais recente de 2019, o total de pessoas privadas de liberdade em todos os tipos de instituições do país soma 748,009, dentre estes, 711.080 correspondem à 95,06% de homens, destes, 174.198 (23,29%) estão entre 18 e 29 anos de idade. Do número total, 36.929, 4,94% são mulheres. Sendo o total de vagas nos estabelecimentos penais a soma de 442.349, 32.990 femininas e 409.359 masculinas, respectivamente, 7,46% e 92,54. O que aponta uma defasagem de vagas para recebimento de sujeitos de quase 300.000 mil, indicando a degradação do sistema[34].

Sobre vagas destinadas a grupos exclusivos categorizados por deficientes 4.822 (39,83%), seguidos por 3.061 LGBT (25,29%), em seguida, 2.442 (20,17%) de idosos, 1.485 (12,27%) de estrangeiros e 295 indígenas (2,44%). Porém, o total vai além. Por exemplo, o total de indígenas encarcerados é de 1.390, sendo 65 (4,68%) mulheres e 1.325 homens (95,32%). As informações sobre raça/etnia segundo o levantamento são de 5.289 amarelos (0,8). 1.389 (0,21) indígenas, 110.528 (16,82%) pretos, 212.227 (32,29%) e 327.775 (49,87%) pardos.

Por fim, soma o total de pretos e pardos o número de 438.719 (66,69%) homens e jovens brasileiros. Ainda de acordo com as informações do período de julho a dezembro de 2019, em âmbito Nacional, ocorreram 989.263 tipos de crime. Dentre eles, 504.108 (50,96%) foram crimes contra o patrimônio, sendo 494.44 (51,84) cometidos por homens e 9.114 (26,52) por mulheres. O total de crimes relacionados a drogas somou o número de 200.583 (20,28), sendo 183.077 (19,17) cometidos por homens e 17.506 (50,94%) por mulheres.

34 Para detalhes sobre o encarceramento feminino, ver mais no site do Depen. Disponível em: copy_of_Infopenmulheresjunho2017.pdf (depen.gov.br). Acesso em: maio de 2021.

Voltando para os registros do Estado de Minas Gerais, o total de encarceramento é de 74.712 pessoas, 71,579 (95,81%) homens, 3. 133 (4,19%) mulheres, em todas as instituições penais do Estado. No geral, são destinadas a grupos exclusivos 603 vagas, sendo 234 (38,31%) para LGBT, 101 (16,75%) para idosos, 7 (1,16%) estrangeiros e 261 (43,28%) para deficientes. No campo específico de análise, na cidade de Juiz de Fora, o total de encarcerados é de 2.452, 2.320 (94,62%) homens e 132 (5,38%) mulheres. Afunilando para o campo específico da análise, na PPACP que abriga apenas homens, os 100% destes somam 986[35] sujeitos privados de liberdade, sendo que a capacidade máxima de vagas é de 401, e não constam registro de raça/etnia.

Sobre a faixa etária foi possível perceber concentração entre 18 e 45 anos, somando 892 homens (90,46%). As maiores concentrações foram entre 25 a 29, com 276 homens, seguidos de 35 a 45 com 547 homens, 200 na faixa etária dos 30 aos 34 e 169 com idades entre 18 e 24, perdendo apenas para os 80 entre 46 e 60 e os 14 acima de 60 anos de idade. Então, dos 25 aos 45, do que se chama jovem adulto para adulto, há grande concentração de sujeitos privados de liberdade na PPACP, demonstrando significativa diferença quantitativa para com os mais jovens, até os 24 anos.

A partir de Foucault, é possível perceber que o sistema de encarceramento e suas ramificações "investiu, recortou, penetrou, organizou, fechou num meio definido e ao qual deu um papel instrumental, em relação às outras ilegalidades" (Foucault, 1999a, p.304). As tecnologias de controle social, dessa forma, "vêm aplicar-se seletivamente a certos indivíduos e sempre aos mesmos, no ponto em que a requalificação

35 639 (64,81%) em regime fechado, 326 (33,06%) provisórios e 21 (2,13%) em semiaberto.

do sujeito de direito pela pena se torna treinamento útil do criminoso" (1999, p. 236).

Os trechos destacados, alinhados ao perfil da população carcerária brasileira anterior, nos informam sobre os processos de criminalização da pobreza no Brasil. O "meio definido" refere-se ao espaço demarcado para a delinquência, qual seja, as periferias. O papel instrumental é tornar determinados tipos de crime toleráveis. E a demarcação desse perfil "delinquente" é feita sempre a partir dos mesmos sujeitos e grupos, pretos, pobres, homens, jovens, periféricos.

Ao falhar em promover o bem-estar social, o Estado desenvolve mecanismos ineficazes e estigmatizantes. Ilustra tal afirmativa a Lei 11.343 de 2006, chamada Lei de Drogas que, na realidade, é uma guerra legitimada social e oficialmente, na medida em que imposta por instituições, contra pobres, pretos, jovens e de periferias. A justificativa de tal guerra é a proteção do copo social, da vida e da família, discurso, inclusive, de viés religioso. Contudo, dando um tiro no pé, essa lei atua exatamente de forma contrária, ela destrói as famílias. Porém, não são as famílias brancas, cristãs e abastadas, mas as silenciadas e marginalizadas.

Nesse sentido, é mais do que urgente que se o objetivo é, de fato, proteger todos/as cidadãos e não demarcar grupos, criminalizar a pobreza, as medidas voltadas às drogas ilícitas deveriam ser compreendidas enquanto assunto de saúde coletiva e não de punição.

Assim, poder punitivo na forma do encarceramento estabelece uma "ilegalidade visível, marcada, irredutível a certo nível e secretamente útil [...] que permite deixar na sombra as que se quer ou se deve tolerar" [...] Em resumo, a penalidade não "reprimiria" pura e simplesmente as ilegalidades; ela as "diferenciaria", faria sua "economia" geral (Foucault, 1999a, p. 300). Exemplos do primeiro passo, a diferenciação: em

2013, o Brasil passou por intensas manifestações populares de cunho político.

Em uma destas, um homem, negro, de 25 anos, catador de recicláveis chamado Rafael Braga Vieira foi condenado por, supostamente, estar portando coquetéis *molotov*[36]. Como Rafael havia antecedentes criminais, foi condenado a 5 anos de prisão, cuja sentença foi baseada na suposição de dois policiais. Segundo o juiz, possuíam imparcialidade e idoneidade para testemunhar. Anos depois, ao conseguir cumprimento de pena em regime semiaberto, Rafael é abordado por um grupo de policiais que o agridem a fim de obter informações sobre o tráfico de drogas em seu bairro.

Cito, ainda, relatório desenvolvido pelo Colégio Nacional de Defensores Públicos Gerais (Condege) e pela Defensoria Pública do Rio de Janeiro (DP-RJ), pelo período de 2012 a 2020. O documento indica que, nesse período, pelo menos 90 prisões injustas, 81% do total, feitas por meio de reconhecimento fotográfico, encarceraram pessoas pretas, sem nenhum tipo de investigação ou demais provas[37]. Em contrapartida, em 2012, o jovem Thor batista, filho do biolionário Eike Batista, atropelou e matou um homem. Foi condenado a pagar R$ 1 milhão de reais e a dois anos de prestação de serviços comunitários.

A despeito de a sentença ter solicitado apuração de evidências criminais no processo de aparente "acordo de compensação" entre Eike e Thor, a um bombeiro que prestou socorro ao acidentado, Thor foi absolvido após um ano de sentença[38]. De delinquente inútil a delinquente útil. Útil,

36 Arma química incendiária de produção caseira.

37 Disponível em: http://condege.org.br/2021/04/19/relatorios-indicam-prisoes-injustas-apos-reconhecimento-fotografico/. Acesso em: maio de 2021.

38 Como diz a máxima, "o fruto não cai muito longe do pé". Em janeiro de 2017, Eike Batista, outrora ocupante do título de homem mais rico

também, por legitimar as instâncias aplicadoras de poder e produtoras de conhecimento. Dessa forma, a gestão diferencial das ilegalidades é uma

> forma de organizar a transgressão das leis numa tática geral de sujeições [...] A penalidade seria então uma maneira de gerir as ilegalidades, de dar terreno a alguns, de fazer pressão sobre outros, de excluir uma parte, de tornar útil a outra, de neutralizar estes, de tirar proveito daqueles. [...] a penalidade não 'reprimiria' pura e simplesmente as ilegalidades; [...] E se podemos falar de uma justiça não é só porque a própria lei ou a maneira de aplicá-la servem aos interesses de uma classe, é porque toda a gestão diferencial das ilegalidades por intermédio da penalidade faz parte desses mecanismos de dominação (Foucault, 1999, p. 300).

Logo, o que interessa ao autor são os "agenciamentos do poder através dos quais se cruzam as práticas, os saberes e as instituições, e no qual o tipo de objetivo perseguido não se reduz somente à dominação, pois não pertence a ninguém e varia ele mesmo na história" (Revell, 2005, p. 67). Antes, infrator, agora, delinquente. Ou, em termos contemporâneos, bandido. E, como afirma a máxima disseminada pelo ocupante do mais alto cargo de chefia de uma nação, no Brasil, "Bandido bom é bandido morto".

A criminalidade no Brasil tem cor, idade, gênero e mora nas periferias, conforme perfil delineado acima. São diversas as instâncias responsáveis pelas corretas aplicações das

do Brasil, foi condenado por corrupção ativa, lavagem de dinheiro e organização criminosa. Foi solto em abril do mesmo ano.

políticas públicas penitenciárias. A nível Nacional, temos o Departamento Penitenciário Nacional (Depen)[39] e, em 2019, foi criado o Depen-MG[40]. Esses órgãos devem garantir a correta aplicação das diretrizes que compõem a Lei de Execução Penal nº 7.210 (11 de julho de 1984), que é o respaldo legal específico aos direitos que devem ser garantidos dos sujeitos privados de liberdade.

Dessa forma, existem diretrizes nacionais padronizadas que concedem a cada ente federativo e municípios as adaptações às especificidades que julgarem necessárias. Considero relevante descrever dois procedimentos adotados na recepção dos sujeitos e duas instâncias reguladoras internas à unidade. As instâncias reguladoras internas às unidades prisionais que considero significativas mencionar são o Conselho disciplinar (CD) e a Comissão Técnica de Classificação (CTC).

O CD é organizado pelo/a Diretor/a Geral da unidade e é responsável pelo tratamento e julgamento de contravenções cometidas pelos/as internos/as, além de decidir quais

39 O Depen acompanha e controla a aplicação de sua Lei instituidora nº 7210/1984, Lei de Execução Penal, bem como as diretrizes da Política Penitenciária Nacional, emanadas, principalmente, pelo Conselho Nacional de Política Criminal e Penitenciária (CNPCP). Atua como norteador de políticas penitenciárias de cada Estado, sendo responsável pelas prisões do Distrito Federal. Disponível em: www.gov.br/depen/pt-br. Acesso em: janeiro de 2021.

40 Essa ramificação é resultado da parceria do Depen, atuação nacional, com a Secretaria de Estado de Justiça e Segurança Pública (Sejusp) atuando em consonância com as políticas estaduais de justiça e segurança pública. A partir da parceria mencionada, foi criada a Secretaria de Defesa Social (Seds), órgão que regula as diretrizes gerais sobre políticas penitenciárias cujas demais secretarias são subordinadas. A principal delas é a Subsecretaria de Administração Prisional (Suapi), responsável pela fiscalização e regulação do sistema penitenciário de Minas Gerais. Somam cento e noventa e quatro unidades prisionais administradas pelo Depen-MG, em 19 Regiões Integradas de Segurança Pública.

sanções deverão ser aplicadas para cada caso. O/a diretor/a também é responsável pela escolha dos/as membros/as, titulares e suplentes que irão compor o CD, que deve conter seis titulares, "capazes e experientes" (Renp, Seds, MG, 2016, p. 59). São eles/as: Diretor/a geral ou representante da direção de outros setores indicados por ele/a; secretário/a, que deve ser algum servidor "qualificado" para o exercício da função no CD e por membro da Defensoria pública, advogado ou Analista executivo/jurídico de Defesa social, resguardadas a legalidade de seu envolvimento.

Além disso, existem os membros votantes na decisão da aplicação das punições; um integrante da equipe de segurança (agente penitenciário que pode ou não pertencer ao GIR), dois/as técnicos/as relacionados/as ao atendimento ao/às encarerados/as a serem julgados/as. Funções: decidir se a falta foi leve, moderada ou grave, sugerindo respectiva sanção, investigar, gerenciar, inquirir o/a acusado/a e demais setores prisionais a fim de obter compreensão ampla dos acontecimentos, garantir o direito de defesa da acusação.

Teoricamente, o CTC deve ser composto por "Diretor Geral; Diretor de Segurança; Assessor de Informação e Inteligência; Analista Técnico Jurídico; Psicólogo; Assistente Social; Enfermeiro ou Técnico/Auxiliar de Enfermagem; Médico-Psiquiatra; Dentista, quando possível; Responsável pelo Núcleo de Ensino e Profissionalização; Gerente de Produção e (ou representante); Gerente de CTC, Representante de obras sociais da comunidade; e Representante do Programa de Inclusão Social de Egressos do Sistema Prisional – PrEsp, quando possível" (Renp, Seds, MG, 2016, p.61-62).

Então, o CTC é um tipo de colegiado multidisciplinar que tem como função elaborar, redigir e acompanhar a evolução do Programa Individualizado de Ressocialização. A intenção do PIR é promover a ressocialização dos sujeitos a partir de suas singularidades, logo, para redigirem os documentos dos encarcerados, adotam procedimentos como: a classificação do "preso" através de observação, entrevista de classificação, atendimentos em saúde, psicologia, serviço social, segurança, jurídico, educação e trabalho, além de "Classificar os presos segundo os seus antecedentes e personalidade para orientar a individualização da execução penal" (Renp, Seds, MG, 2016, p. 61-62).

Enquanto proposta escrita, o PIR mostra-se como um potencial instrumento de execução da pena de forma humanizada. Isso porque uma de suas propostas é o acompanhamento progressivo dos encarcerados, considerando as evoluções de sua "situação jurídica, disciplinar, condições de saúde, perfil psicológico e social, escolaridade, experiência profissional e necessidades futuras, visando à reinserção social" (Renp, Seds, MG, 2016, p.61-62).

Nota-se não haver representação de setor responsável por coordenar ações da assistência religiosa no CTC, logo, na produção do PIR. O que parece-me contraditório, tendo em vista que todos os documentos mencionam o desenvolvimento da espiritualidade, valores, ética e moral produzidos a partir de repertórios religiosos, como fatores contundentes na ressocialização[41]. Contraditório, pois se a intenção é a singularização da execução penal, a "desmassificação", deveria, necessariamente, considerar a crença de cada encarcerado, evitando o abafamento de manifestações de matrizes afro-brasileiras, por exemplo.

Além disso, a meu ver, compreendo essa ausência como uma compreensão por parte administrativa de que a prestação

41 Não saberia afirmar se, em determinadas unidades de outros entes federativos, há a representação de um coordenador de assistência religiosa. Na PPACP, não havia.

de assistência religiosa pode ser feita de qualquer forma e, o que importa, é que a "papelada" não desvie do que ditam regulamentos e regimentos. Noutras palavras, a ausência de um representante da regulação dos serviços de assistência religiosa indica não haver projeção de que a eficácia de humanização da pena seja desenvolvida em perspectiva multidisciplinar.

Multidisciplinar não no sentido de ser composta por integrantes, funcionários/as, de setores distintos. Multidisciplinar que envolva comunidade, familiares, educadores internos, educadores externos que possam desenvolver projetos de temas variados. Na prática, pude presenciar, enquanto professora, posteriormente, como pesquisadora e, ainda, através de informações verbais obtidas com diferentes atores do universo prisional, a dificuldade dos encarcerados ao acesso a atendimento psicológico, jurídico ou de assistência social.

Especificamente, enquanto professora, era rotineira as tentativas dos alunos de entregar bilhetes à agentes, professores ou demais funcionários, solicitando atenção ao seu caso, seja de que ordem fosse. Em entrevista com uma/um assistente social, sou informada que na PPACP, o PIR "é válido por um ano, após um ano faz-se outro para ver se o que foi planejado foi cumprido. Teoricamente, o CTC aconteceria 1 vez por semana, mas, atualmente, não tem ocorrido, a unidade passa por período de tensão devido a superlotação" (Diário de Campo,2016).

Logo, a potencialidade do PIR de promover ressocialização dos sujeitos através de atendimento regular e multidisciplinar, conforme é proposto, mostra-se como mais uma das quimeras que envolvem a transformação da realidade carcerária brasileira. Dito de outra forma, se a proposta é desmassificar e reconhecer os sujeitos enquanto indivíduos, de direitos, deveres e escolhas, a religião pode atuar como poderoso recurso na ressocialização, desde que, por escolha individual. Após a regularização burocrática da admissão do sujeito, a ele será entregue um *kit* básico composto por: uniforme; duas calças; uma bermuda; duas camisas de malha; uma blusa de frio; e um par de chinelos de dedo de qualquer marca, contudo, deverá ser do tipo convencional "havaianas".

Além de objetos pessoais, como um tubo de creme dental; um rolo de papel higiênico; uma barra de sabão; uma escova dental; um copo plástico; uma colher plástica; um lençol; uma toalha de banho; um cobertor; oito preservativos; e absorvente higiênico[42] para mulheres (Renp, Seds, MG, 2016, p. 159). O documento informa, ainda, que "os itens de uso pessoal deverão ser trocados periodicamente[43], mantida a quantidade descrita".

O uso inadequado dos itens que resulta em uma recomposição deste fora do período estipulado (não informado pelo documento, dependerá da autorização do Diretor de Segurança). Ou seja, se um/a interno usa mais pasta de dente,

42 A informação sobre a quantidade de absorventes higiênicos disponibilizado para as mulheres é ambígua. Pode ser interpretada como equivalente ao número de preservativos concedidos aos homens, ou seja, oito, ou, quantidade maior ou menor. A partir de conversas informais durante etnografia e em período atual, durante a realização da pesquisa, obtive, através de informações verbais, que, por vezes, as internas precisam "implorar" para receber maior quantidade de absorventes, obtendo como resposta zombarias das agentes penitenciárias e demora no atendimento de seu pedido. Não existe como padronizar a quantidade de absorvente que cada mulher, singular, única, cujos ciclos menstruais ocorrem de formas infinitas, deve ter acesso. Isso, a meu ver, constitui-se como um tipo de assédio, na medida em que submete a mulher a situações físicas e emocionais extremamente desagradáveis. Comprova tal assertiva a campanha realizada em Juiz de Fora, pelo coletivo MariaMaria, que recolheu doações e entregou absorventes na PPACP.

43 Qual é essa periodicidade? Semanal? Mensal? Semestral?

gasta mais sabonete ou usa mais papel higiênico, ou, ainda, se é alvo de retaliação de outro/a interno/a que usurpa algum item pessoal, a reposição deste dependerá da benevolência do diretor de segurança.

A concessão de oito preservativos, infere-se, masculinos, é significativa quando da análise posterior dos dados etnográficos. Isso porque a entrega desses itens pode indicar uma negociação velada entre encarcerados e administração, ou seja, ambos sabem que práticas sexuais entre os homens são comuns em ambiente prisional. Ou podem referir-se ao uso dos preservativos nas ocasiões de visita íntima.

Um dos ditames que mais chamou-me atenção foi o conteúdo do parágrafo três da seção sobre o *kit* básico, que informa que "O *kit*, a critério do Diretor de Atendimento e Diretor de Segurança, poderá ser acrescido em quantidade, nos casos em que o preso exerça alguma relação de trabalho, seja por parcerias e/ou produção da Unidade Prisional. Compreendo que essa prática é uma dentre as inúmeras formas sutis em que os poderes disciplinares são exercidos. Assim, como um *pet* (animal de estimação), o "preso" é tratado através de recompensas. Ou seja, o sujeito que possui bom comportamento e, consequentemente, tem permissão para realização de trabalhos, ainda é compreendido como "preso, porém, "trabalhador".

Além disso, segundo agentes penitenciários, "o Estado é laico, a prisão não" (Vilhena, 2017, p. 53), deixando explícito que os sujeitos encarcerados evangélicos e os que se convertiam dentro da cadeia tinham privilégios, como o trabalho, que os demais internos não obtinham, ainda que tivessem condições para tal. De inútil a útil, pois, produtivo, dessa forma, "merece" recompensa na forma de itens pessoais extras. Parece-me ser possível dizer que o sistema meritócratico da sociedade também se exerce nas prisões de forma lícita, é a diferenciação dos sujeitos a partir de sua utilidade[44].

O procedimento seguinte à distribuição do "*kit* básico do preso" é o registro no sistema digital do Infopen, de dados pessoais obtidos em entrevista detalhada, que requerem a identificação dos marcadores sociais dos indivíduos e, assim, transformá-los em números. As informações solicitadas são: profissão, estado civil, religião, escolaridade, procedência rural ou urbana, endereço, alcunha no crime, caso possua, outro tipo de identificação, se possuir, documentação pessoal (Renp, Seds, MG, 2016, p. 160).

Nota-se que os marcadores de gênero e etnia/raça não são consideradas informações relevantes. Tal fato justifica-se porque, sobre gênero, a mentalidade que circula na prisão é a do sistema sexo/gênero. Ou seja, o funcionário marca um X a partir do binarismo biologizante. E, sobre questões raciais, quem define a pertença étnica do sujeito são os próprios funcionários responsáveis pelo registro. Em outras palavras, se baseiam em fenótipos, negando aos sujeitos sua identificação e pertença subjetivas até no que se refere à sua ancestralidade.

Seguindo o procedimento, os sujeitos são despidos e submetidos à biometria cuja funcionalidade é "imediato lançamento" de informações como características físicas, medidas corporais, descrição de tatuagens, sinais físicos particulares.

44 É válido ressaltar que, com essa interpretação, não estou anulando a agência do encarcerado, ao contrário. Essas práticas exercidas em relações estratégicas de poder cujo dispositivo disciplinar caracterizado por essa meritocracia é atualizado pelo encarcerado como forma de beneficiar-se. Isso porque, ao ser considerado apto para o trabalho, tem possibilidade de permanecer menos tempo em sua cela, ambiente que, ao retomar em memória por segundos, já causa mal estar. Imagine morar em uma. Adiante, desenvolvo de forma ampliada tais estratégias, resistências e dispositivos internos à população carcerária e acrescento o elemento religioso.

Processos invasivos, subjugadores, embaraçosos, degradantes que tratam o sujeito em um "objeto" a ser identificado a partir de aspecto físico e biológico, transformando o "José" em um número do Infopen (Renp, Seds, MG, 2016, p.160).

Os procedimentos de registro realizados pelo Infopen ilustram que o principal objetivo do dispositivo prisional ultrapassa punição física: ele classifica, segrega, controla e vigia não só o corpo do apenado, mas também suas identidades subjetivas por meio de uma disciplina que produz um "ser preso". Isso significa que o dispositivo prisional longe de ressocializar, apenas reproduz e ressignifica a delinquência e o delinquente num ciclo sem fim.

> Cadeia? Guarda o que o sistema não quis. Esconde o que a novela não diz [...] Cada sentença um motivo, uma história de lágrima, sangue, vidas e glórias, abandono, miséria, ódio, sofrimento, desprezo, desilusão, ação do tempo. Misture bem essa química. Pronto: eis um novo detento" (Racionais Mc's, Diário de um Detento, 1997, álbum Sobrevivendo no inferno).

A estrofe da música citada acima ilustra os processos pelos quais, segundo Goffman (1961, p.24), o sujeito passa no cotidiano da prisão: humilhação, degradação e mortificação do eu. Esses processos realocam as identidades individuais e, pronto, "eis um novo *detento*", não mais um sujeito de direitos e deveres. Podemos dizer que o sujeito sofre uma morte social e passa a se situar em um mundo paralelo. Não está nem dentro, nem fora da prisão, mas vive "dentro da própria mente" (Diário de Campo, 2016), negociando e renegociando sua sobrevivência nas interações e práticas cotidianas.

O crime é essencializado e, dessa forma, o sujeito criminoso é constantemente produzido através de normas exatamente opostas às que produzem os tradicionais "cidadãos de bem". As técnicas correcionais, veladas pela intencionalidade de "humanização das penas", supostamente, fiscalizadas pelas instâncias responsáveis, não buscam recuperar um sujeito de direito, ou seja, indivíduos autônomos. Antes, o objetivo é produzir "sujeito a hábitos, regras, ordens, uma autoridade que se exerce continuamente sobre ele e em torno dele, e que ele deve deixar funcionar automaticamente nele" (1999, p. 148). Segundo Foucault, durante o período e espaço em que as disciplinas exercem seu "controle e fazem funcionar as assimetrias de seu poder, elas efetuam uma suspensão, nunca total, mas também nunca anulada, do direito [...] Por regular e institucional que seja, a disciplina, em seu mecanismo, é um "contradireito" (1999, p. 234).

O poder que aplica as penas ameaça ser tão arbitrário, tão despótico quanto aquele que antigamente as decidia" (1999, p. 149). Ou seja, se antes, no medievo, a punição era tortura e morte, hoje, pode-se pensar que, a despeito do surgimento de várias instâncias reguladores, o que acontece dentre as paredes da prisão, entre agentes penitenciários e internos, pode ser equivalente.

III
RELENDO O DIÁRIO DE CAMPO: OS CULTOS E SEUS ATORES

Será, que Deus ouviu minha oração?
Será, que o juiz aceitou a apelação?

Homem é homem, mulher é mulher. Estuprador é diferente, né? Toma soco toda hora, ajoelha e beija os pés, e sangra até morrer na rua1 dez.
(Racionais MC's, 1997.)

A experiência como profissional da educação acabou sendo terreno fértil para a realização da etnografia na PPACP. Essa etnografia "oficial" ocorreu através de algumas visitas mais burocráticas ao final de 2015, com retorno para observação dos cultos e entrevistas diversas por, aproximadamente, cinco meses de 2016. Conforme mencionado, a prisão é distante do centro da cidade e de difícil e demorado acesso.

E, na medida em que as igrejas credenciadas eram agendadas uma na parte da manhã e a outro apenas quatro horas depois, após o almoço, ter a permissão para aguardar na escola foi produtivo. Produtivo tanto no que se refere à otimização do tempo, quanto da própria etnografia. Na sala dos professores, no banco externo e nos arredores, pude observar a rotina da prisão por outro ângulo.

1 Ruas era como se chamavam as galerias do Carandiru.

Mais significativo ainda foram as oportunidades que tive de estabelecer conversas informais por diversas vezes, com diversos internos evangélicos que trabalhavam em obras nos pátios externos aos pavilhões. Além dos próprios privados de liberdade, algumas conversas informais produtivas foram desenvolvidas com funcionários da administração executiva, com poderes legislativos e executivos dentro da unidade.

Em setembro de 2015[2], ocorreu minha primeira observação participante, antes dos cultos convencionais. Foi o evento Encontro com Deus, promovido pela Ibrem, na figura do pastor Alan, aproximadamente, mais seis pastores e outro pesquisador da Ciência da Religião. O principal representante dessa igreja constituía-se em uma forte liderança religiosa na prisão. Isso porque possuía significativo diferencial: o pastor era um ex-criminoso, traficante conhecido e respeitado na cidade, atuava também com shows de Funk, porém, nunca havia sido detido e converteu-se antes de um possível aprisionamento.

Noutras palavras, esse pastor, antes Alan Caverna, após conversão, Alan de Deus (Vilhena, 2017, p. 13) entendia, com precisão, a linguagem da criminalidade e, ao mesmo tempo, seu novo repertório evangélico. Ele entendia os dois mundos e a transitoriedade entre eles, criminalidade e religião. Logo, suas pregações, possivelmente, eram recebidas com mais abertura, respeito, atenção e, mais do que isso, de fato, produziam algum sentido.

A única pregação comum que me foi vedada acompanhamento, ou seja, realizada com os pastores percorrendo as galerias, atendendo de cela em cela, foi a realizada por

2 Foi a primeira observação participante de culto a convite do coordenador de assistência religiosa, na medida em que, como era fim de ano, eu só conseguiria começar o trabalho de campo em meados do ano seguinte.

pastor Alan[3]. Nas pregações da manhã, os discursos versavam sobre a necessidade de reconhecer o erro, de se arrepender, pois, Deus, assim, os perdoaria. Foram usados caixa de som, microfone, cds, porém, sem muita eficácia. Na pausa para o almoço, seguimos eu, o pesquisador e os pastores. Nenhum, dentre os sete, sentados à mesma mesa, almoçando, dirigiram olhar ou uma palavra qualquer a mim.

Ao retornarmos para as pregações vespertinas, eu estava acompanhando os homens, de forma bem cristã conservadora, atrás deles, seguindo-os. Durante o caminho, fui abordada pelo pesquisador que me informa um pedido feito por pastor Alan, para que eu não entrasse imediatamente com eles, pois, "trataria de questões constrangedoras por ser a única mulher presente" (Informaçao verbal, 2015).

Ao entrar pelo portão do pavilhão, percorre-se poucos passos e, à direita, encontra-se a pequena sala onde os agentes penitenciários cumprem suas demandas e plantões. Mais alguns passos, chegamos a um corredor que possui portões trancos em ambos os lados. A cela onde ocorria o culto, porventura, era localizada à direita deste corredor, quase de frente para a sala dos agentes penitenciários. Evidentemente, não imporia minha presença descumprindo o pedido do pastor.

Entretanto, quando todos os homens retornaram à cela, me vi sozinha no pequeno corredor e trancada, sem acesso

3 Na dissertação, interpretei tal fato a partir da suspeita do pastor sobre a minha presença e meus objetivos na prisão. Isso porque, ao chegar e me ver conversando com um encarcerado fervorosamente evangélico, aproxima-se, pede para falar a sós com o sujeito. Ao retornar à minha presença, sozinho, começou a me dar informações sobre assuntos e termos em que eu, momentos antes, estava conversando com o encarcerado, tais como, "proceder", "ética do crime" ou filiação institucional. Em outras palavras, ele estava sondando a minha presença, outro exemplo da reversibilidade etnográfica (Vilhena, 2017).

ao portão de saída, que só abre por fora e sem nenhum agente penitenciário para me orientar. Nesse sentido, meio perdida, entrei na sala dos agentes e fui gratamente surpreendida. A fina parede da sala possuía aberturas em formato de losango e era próxima à ela onde ocorriam os cultos. Logo, me foi possível observar e ouvir o que seria "constrangedor".

Pastor Alan começa a pregar sobre questões referentes à família, matrimônio e inicia a preleção seguinte falando sobre "a dificuldade de se estar confinado apenas entre homens, o que poderia levá-los ao pecado através aos prazeres da carne". Informa sobre o "pecado da masturbação". Significativa foi a réplica feita por um dos detentos ao dizer que "o médico disse que masturbar-se faz bem", na tréplica do pastor, ele reforça que "masturbação é pecado e, por atitudes como essas, é que as filhas não arrumam um homem direito e ficam com vários".

Seguindo, o pastor pede que os presentes coloquem as mãos por dentro das calças, segurem suas genitálias, pois ele iria "repreender os desejos homossexuais e da carne". Menciona que tais desejos podem se manifestar de várias formas, inclusive, em sonhos. Logo, deve ser combatido a todo custo, pois "Deus sabe das suas intenções" (Diário de Campo, 2015).

Não posso discordar que, de fato, a minha presença durante essa pregação seria constrangedora a todos os presentes. E, tampouco, gostaria de estimular qualquer tipo de reação dentre os homens pelo simples fato de ser mulher, logo, entendida como corpo sexualizado. Esse episódio será analisado junto à outra informação que evidenciou o estatuto do corpo na produção de masculinidades evangélicas, através de informação obtida em entrevista.

Passado algum tempo, o pastor pede que me chamem de volta e eu retorno à cela. A tarde decorreu com pregações que elencavam diversos tipos de pecado que consistiam em porta de entrada para o diabo. Tais como homossexualidade, prostituição, idolatria ou pornografia, dentre incontáveis outros. Quase ao final, pede que todos se levantassem e formassem filas de acordo com seus pecados a fim de que pudessem ser ungidos, renunciando a seus pecados e expulsando seus demônios.

O final do culto foi marcado por alguns depoimentos em áudios de egressos convertidos que estavam bem sucedidos financeiramente, todos os encarcerados aplaudiam e exclamavam expressões como *Amém! Aleluia! Deus vai me salvar!*. Seguiu-se momento em que pastor Alan passa à glossolalia, acompanhado por alguns dos homens que entraram em êxtase, alguns de pé com as mãos para o alto, olhos fechados. Outros ajoelhavam-se, também de olhos fechados, e murmuravam palavras incompreensíveis, outros, exaltavam o tom de voz.

Passado o hiato das festas de final de ano, retorno à PPACP ao final de março de 2016 e passo a frequentar a cadeia quase todos os dias da semana e permanecia da manhã ao cair da tarde. Logo no primeiro mês já havia conseguido entrevistar e conversar com funcionários de praticamente todos os setores internos que regulamentam a rotina da prisão e dos internos. Conforme indicam os resultados da dissertação (2017), foi unanimidade a compreensão de que os internos evangélicos mudam suas condutas.

Entretanto, não foi a maioria que indicou acreditar na legitimidade da adesão religiosa. Termos como "lavagem cerebral", "alienação", expressões que colocavam em cheque a laicidade da prisão enquanto instituição estatal. Citam que, após as "saídinhas[4]" ou solturas, é constante e comum

4 Período de liberdade provisória que dura sete dias concedido a partir de determinados critérios como bom comportamento e tempo de sentença.

encontrarem bíblias jogadas pelo caminho, ou no matagal que cerca a saída da PPACP.

Outras críticas contundentes, principalmente, por parte dos professores, psicólogos e assistentes sociais, referiam-se ao barulho dos cultos e pregações, junto ao coro que os encarcerados faziam, os gritos de louvor[5]. Além disso, foi recorrente a acusação de proselitismo por parte da administração daquele período. Uma das entrevistas mais significativas se deu com um/a funcionário/a da área educacional, declaradamente umbandista e, à época em que atuei como professora, meu/a colega no cotidiano escolar.

Fui informada que o funcionário/a havia solicitado transferência para a Penitenciária Professor José Edson Cavalieri[6] (PJEC). O motivo de sua solicitação, de acordo com ela/e, foi perseguição religiosa exercida por outra/o funcionária/o evangélica/o adepto/a à religiosidades neopentecostais que promovia práticas proselitistas e antipedagógicas. Também colega em meu período como professora, pude presenciar práticas evidentes e outras mais sutis e antipedagógicas, pois, proselitistas.

Como, por exemplo, orientar educadores, inclusive, o/a docente em ensino religioso[7], a trabalhar "valores humanos,

5 De fato, cheguei eu mesma a irritar-me com algumas igrejas em determinados dias de aula e era reclamação recorrente na sala dos professores. Bem como, o comportamento de alunos convertidos lendo bíblia, pregando, promovendo proselitismo – não evangelização – durante as aulas.

6 Instituição responsável por tutelar os apenados em regime semiaberto, localizada logo à direita após o portão de entrada que dá acesso à subida para a PPACP.

7 Não há espaço para problematizar as minhas constatações enquanto professora e registros etnográficos sobre os conteúdos que compunham o componente curricular Ensino Religioso. Contudo, é um tema profícuo para produções que visam analisar religião e prisão,

de bem, mau, certo, errado", fornecendo materiais de viés cristão neopentecostalizado e significativamente conservador, principalmente, no que se referia à família nuclear. A/o ex-colega finaliza a conversa dizendo que existia uma rede de favorecimentos que se dava em uma trama de relações de poder envolvendo jogos de interesses políticos-religiosos de ajuda recíproca.

A conversa descrita a seguir pode ilustrar o que a funcionária umbandista relatou. Ao aguardar a igreja que iria acompanhar à tarde, abordo a/o um dos/as agentes de alto poder executivo, sempre solícita/o em minhas reivindicações tentando atendê-las na medida em que o contexto permitia, pois precisava saber quanto tempo eu teria disponível para a realização das entrevistas. A conversa fluiu de maneira informal e os temas foram todos relacionados à presença religiosa na PPACP.

Continuando, sem ser questionada/o a respeito de nada além do tempo de entrevista, segue em uma longa fala. De forma espontânea, ela/e diz possuir "formação protestante muito forte" e que estava idealizando um projeto que promoveria cursos de capacitação para os representantes que atuavam na capelania prisional. Isso porque, segundo ela, existe "um ecumenismo cristão no sentido de prática, todos os presos assistem todos os cultos, mas as doutrinas são diferentes.

Cada igreja trabalha questões de gênero, de batismo, dentre outras práticas de formas diferentes. Cita, como exemplo, as diferenças entre as formas de batismo, alguns o procedem através da imersão em água, outros podem apenas molhar as cabeças com água contida em diferentes tipos de recipientes

isso porque, a exemplo do que acontece nas escolas regulares, ou seja, fora da prisão, essa disciplina era realizada sem referencial teórico, metodologia ou objetivo, a não ser o de aplicar e ensinar "valores humanos" a fim de promover a ressocialização através da religião.

(Informação verbal, 2016). Sobre outras religiões, informa que havia uma interna atendida por uma mãe de santo e que o kardecismo não é bem aceito e difundido, pois trabalha com a doutrina de reencarnação, obsessores, espíritos ruins como os de homicidas ou estupradores.

A questão é problemática, pois permite a interpretação de que outras doutrinas de outras religiões são difundidas por alguém, ou seja, as pentecostalizadas, o que, aparentemente, acontecia. Christina Vital (2021) parece corroborar com o cenário acima ao afirmar que a assistência religiosa passou de um direito do interno a

> um direito das instituições. As igrejas evangélicas se multiplicam nesses espaços e, dada a vinculação evangélica de vários funcionários e mesmo da direção dos locais [...] há um favorecimento na inscrição regular daqueles que são líderes e missionários de igrejas evangélicas[8] (2021).

O cenário e o período nos quais a etnografia foi desenvolvida ilustram exatamente o trecho acima. À época, toda a direção era composta por evangélicos pentecostais, presbiterianos e, alguns deles, frequentavam as mesmas igrejas. Assim como alguns eram cativos da sede da Ibrem, igreja na qual Pastor Alan parecia possuir passe livre para adentrar os espaços que desejasse e fazer o trabalho da forma como gostaria, sem objeções.

A autora afirma, ainda, que as igrejas evangélicas têm investido na formação de seus pastores, pastoras e repre-

8 http://www.ihu.unisinos.br/159-noticias/entrevistas/606272-a-religiao-como-simbolo-de-dominacao-nas-periferias-entrevista-especial-com-christina-vital.

sentantes em áreas como psicologia, na oferta de cursos cujo pontos altos são a cura e libertação. Essa tendência também já havia chegado na PPACP, ao que indica a fala do/a funcionário/a do executivo sobre cursos de capacitação para lideranças religiosas na capelania prisional.

Das doze igrejas credenciadas, sendo apenas uma representando a Pastoral Católica e as demais todas pentecostais, foi possível acompanhar os cultos de oito igrejas, sendo elas a Igreja Batista Resplandecente Estrela da Manhã (Ibrem), acima mencionada, a Igreja Universal do Reino de Deus (Iurd), Assembleia de Deus Catedral (ADC), Assembleia de Deus Missões (ADM), Igreja Mundial do Poder de Deus (IMPD), Igreja Deus é Amor (IDA) e a Pastoral católica (PC). Apesar de a prisão ser um ambiente altamente institucionalizado, no que se refere à religião, o cenário muda.

A dinâmica própria de funcionamento não propicia terreno fértil para que as igrejas demarquem suas denominações. Os pastores e pastoras parecem compreender isso e desenvolvem seus cultos focando em passagens que versam sobre como Deus pai é bom e ama a todos sem distinção, como julga o pecado e não o pecador e sobre como ele perdoa a quem aceitar sua palavra. Conforme descrição da observação dos cultos desenvolvida na dissertação (Vilhena, 2017, p.59) e a análise dos dados, empreendi o termo ecumenismo para compreender a dinâmica religiosa que se dá na prisão.

Isso porque, percebendo que a segmentação institucional em ambiente de cárcere, certamente, não se dará no modelo em que a assistência era desenvolvida[9], as pregações eram

9 A assistência religiosa é direito dos internos e, conforme a legislação, as unidades prisionais devem garantir condições estruturais e de segurança aos religiosos o que, na prática, é inviável. O mesmo não acontece com a educação no cárcere. As instalações são miseráveis, algumas salas de turmas femininas ficam ao lado da fábrica, tornan-

voltadas à recuperação dos encarcerados através do arrependimento, do "encontro com Jesus", de "aceitar a palavra". Através dos resultados descritos na dissertação e da breve exposição acima, considero que o conceito de ecumenismo[10] auxilia na compreensão do campo.

De forma breve, o termo ecumenismo aqui utilizado refere-se ao diálogo entre igrejas cristãs em seus pontos de convergência. Nesse sentido, no âmbito do cárcere, torna-se possível, então, pensar em um "ecumenismo evangélico", que visa unificar a pluralidade de formas de se crer no Cristo em um rebanho de cristãos aprisionados.

Os/as pastores/as, figuras que representam determinadas instituições, agem de forma a superar divergências na compreensão de como experienciar a crença em Deus na prisão, fazendo mais ou menos o mesmo movimento que levou à unificação do termo evangélico. A partir de pregações cuja centralidade é a reabilitação dos/as encarcerados/as através da aceitação da palavra e a verdade do Deus cristão e os principais dogmas, promovem o ecumenismo.

Durante o acompanhamento das pregações, percorrendo as galerias e parando por alguns momentos em cada cela, questões generificadas aparecem nos pormenores, gestos e olhares dos presos e evidenciam as facilidades e dificuldades

do a comunicação entre professora e alunas, impossível. Além disso, soma-se o desrespeito descarado de alguns profissionais da segurança com as rotinas escolares, algo que não ocorre quando da presença de religiosos.

10 Originalmente, o termo foi definido, a partir do século XX, no concílio do Vaticano II, 1962, como um movimento que surgiu de forma intensa "por moção da graça do Espírito Santo [...] em ordem à restauração da unidade de todos os cristãos. Esse movimento é chamado de ecumênico. Disponível em: http://www.vatican.va/archive/hist_councils/ii_vatican_council/documents/vat-ii_decree_19641121_unitatis-redintegratio_po.html. Acesso em: julho de 2020.

de ser mulher, jovem e pesquisar em ambiente prisional. Dois presos no pátio pediram para que eu os abençoasse, colocando as mãos em suas cabeças.

Ao saberem que a benção era com os demais, afastaram-se da grade e não se dirigiram aos pastores, indicando com o olhar de cobiça e com o posterior afastamento que queriam ser tocados. O senhor idoso que acompanhava os pastores prega dizendo que "Jesus não faz acepção de pessoas, pode ser católico, macumbeiro, qualquer coisa" enquanto uma das pastoras dança em determinados momentos.

A Iurd era representada na prisão por dois pastores idosos que, durante os meses em que lá estive, nunca faltaram nos dias agendados para a assistência. Afirmaram não haver um grupo de detentos de sua denominação e que pregavam a todos, principalmente os não religiosos. Um deles prega de forma calma e serena, falando palavras de conforto, o outro é mais despojado e enérgico. O segundo prega dizendo que Deus não os esqueceu e que quase todos os dias tem homem e mulher de Deus ali falando a palavra para eles.

Continua dizendo que Deus está aguardando que eles se arrependam e se entreguem a ele. Diz: "vocês têm um espelho, se quem encontrou Deus, mas continua usando drogas, é porque não mudou. Como Deus é um Deus que também muda, e o sujeito continua fazendo a mesma coisa?". Dá seu exemplo dizendo que aos 76 anos nasceu de novo, que possuía mulheres, bebia e fumava, mas encontrou a palavra e que hoje não tem mais medo dos detentos.

Prossegue dizendo que "se seu amigo não quer que você vire crente problema é dele. Deus fez o homem tão livre que você tem o poder de decidir sua vida" e continua usando o exemplo de sua conversão tardia. O pastor mais sereno diz para que os presos não percam a esperança. Durante a pregação desses pastores, o pavilhão reservava certo silêncio e era possível entrever os presos de celas opostas se comunicando através de linguagem de sinais, uma espécie de libras.

O pastor de semblante mais sereno prega dizendo que a lei de Deus é perfeita, independentemente do que fazemos, afirma que oraram e vários alvarás de soltura foram obtidos enquanto os presos respondiam que também estavam com alvarás atrasados. O pastor diz que "a bíblia se resume em duas coisas: obediência e prática, através disso, mantendo sua fé, as pessoas conseguem alcançar o reino de Deus". Enquanto isso, o pastor continua: "problema de zika e aquela doença há muito tempo erradicada no Brasil que tão voltando... não é uma coisa bem clara que Jesus está voltando? A salvação você só vai encontrar na obediência". "Você vai honrar a Deus na prática, é falando pro seu amigo a palavra" e continua fazendo propaganda de um programa da rede de rádio Aleluia chamado Momento do Presidiário que ia ao ar todos os dias, às 21 horas. As pregações feitas pelos pastores da Iurd pareciam ter como preocupação central a prática dos ensinamentos bíblicos.

Ou seja, a demonstração cotidiana através da adoção de condutas norteadas pelos ensinamentos bíblicos e, segundo a prática de proselitismo. A Igreja Assembleia de Deus Missões foi representada por quatro pastores e duas pastoras, e as pregações ocorreriam no pavilhão feminino. Um dos pastores pergunta-me se iria acompanhar o culto, e diante da resposta positiva, o homem diz que iriam chegar as duas mulheres e que a pesquisadora poderia acompanhá-las.

Dessa forma, o pastor demarcou seu lugar de poder e superioridade em relação a mim, que deveria, necessariamente, ficar com as minhas "iguais", não seria correto uma mulher dentre os homens. Uma interna me chama e pergunta se na igreja pode usar piercing, pois, na igreja que ela freqüentava, lhe indicaram que queimasse seus brincos. Quando informei-a de que não era cristã e, tampouco, fazia parte da igreja, a mulher passa a ficar nitidamente mais descontraída e diz que é do Candomblé.

A Igreja Mundial do Poder de Deus contava com um pastor de certa idade para percorrer as galerias e fazer as pregações. O homem prega agarrado às grades, abençoa cada preso com as mãos em suas cabeças e diz para "fazer o bem, amar o bem e detestar o mal, para ser bem visto pelas autoridades nós temos que fazer o bem [...] respeitando a lei, respeitamos Deus" (Diário de Campo, 2016).

Continua dizendo que a pessoa pode ter sido perversa a vida inteira, mas que se dobrar o joelho, Jesus perdoa. Após o acompanhamento desse último culto, desci de carona com o pastor e ele conta que um dos homens que ele abençoou era matador, pois, mãe e pai o entregaram, quando bebê, para a macumba e disseram: "ele vai ser matador". Segundo o pastor, após orar pelo sujeito, o preso disse só fazer coisa boa.

Essa situação remete à "herança da maldição", comum em teologias pentecostais, amplamente disseminada por Jorge Linhares no livro *Benção e maldição* (2015). Segundo o pastor batista, a maldição é "a autorização dada ao diabo por alguém que exerce autoridade sobre outrem, para causar dano à vida do amaldiçoado" (2015, p.20). A maldição hereditária pode se dar em uma cadeia espiritual diante do pecado de algum antepassado, que é transmitido como vícios ou doenças.

Assim, faz-se necessário quebrar a maldição repreendendo os espíritos do "homossexualismo, drogas, vícios, adultério, prostituição que tiveram origem no uso inconsequente das palavras" (Linhares, 2015, p. 22). Além da forte noção de que as palavras possuem poder de amaldiçoar ou curar, existe a crença na noção de "depois disso, consequentemente, por causa disso" ou *post hoc ergo propter hoc*.

Se aplicadas à história acima, é possível perceber nuances dessa teologia de maldição hereditária. Primeiro, os pais do sujeito, segundo essa compreensão o amaldiçoaram, pois possuíam poder e autoridade sobre a criança. O poder da palavra na determinação ao dizer "ele vai ser matador" coaduna com a referência que Linhares faz de que um rapaz tornou-se homossexual, porque o pai "violentava a personalidade do filho chamando-o de mulherzinha" em sua infância (Linhares, 2015, p.42).

Por fim, quando os pais do sujeito o levaram, ainda criança, à "macumba", definiram a causa e que o efeito da maldição foi o sujeito ter "virado matador". Entretanto, em perspectiva mais analítica e menos teológica, é possível inferir que o método de Linhares é, na realidade, o que se chama de correlação coincidente. Ou seja, pode se tratar de uma crença de que dois eventos que acontecem em sequência são, necessariamente, produto de uma relação entre causa e efeito.

Ainda por essa perspectiva, é possível pensar que os pais do sujeito talvez fossem adeptos de Umbanda ou Candomblé, e o fato de terem levado a criança em uma Casa de Santo, pouco ou nada tem a ver com a carreira de matador que o filho seguiu. A lógica também é inversamente proporcional, se o sujeito virou "matador" por causa de uma maldição, a adesão religiosa no cárcere ou a chamada "conversão religiosa" comumente se dá a partir de um marco, geralmente, uma "crise" (Scheliga, 2005).

Então, é recorrente encontrar relatos de sujeitos privados de liberdade que encaram o momento de aprisionamento como chegada no fundo do poço e intensa degradação, portanto, "recebem o chamado" ou têm uma experiência religiosa geralmente descrita como encontro com Jesus ou com o Espírito Santo. O que também pode ser compreendido como causa e efeito.

A Igreja Deus é Amor encontrava representação em uma senhora de aproximadamente oitenta e quatro anos, negra e de periferia. Atuava no trabalho de assistência religiosa nos três complexos penitenciários da cidade fazia vinte e cinco anos. Segundo ela, sua vontade era ter parado com o serviço de assistência religiosa fazia muito tempo, entretanto, segundo ela, Jesus não havia a mandado parar até aquele período, então, diz ela: "encontro forças n'Ele pra continuar" (Diário de Campo, 2016).

"Já ouviu falar de Lúcifer, que veio do inferno com moral? Um dia no Carandiru, não ele é só mais um, comendo rango azedo com pneumonia" (Racionais, 1997). Segundo o trecho da consagrada música de rap, a cadeia não é lugar nem para o diabo. Dona Augusta parece concordar, pois, segundo ela, apesar da cadeia ter sido feita para o diabo, "nem ele quer ficar aqui. Ele joga as criaturas de Deus aqui dentro e vai lá fora buscar mais" (Diário de Campo, 2016).

Muito debilitada e com a voz baixa e melodiosa, a senhora inspirava respeito por onde passava e foi possível empreender conversa com ela antes de acompanhá-la nas pregações no pavilhão feminino. A senhora diz que cada pastor é responsável por seu rebanho, contudo, a despeito de cada igreja possuir uma doutrina, "não era pra ser assim, porque a bíblia é uma só, mas é difícil falar numa língua só" e afirma que "candomblé não é de Deus".

Seria possível, pergunto, interpretar a dificuldade em comunicar os valores e dogmas cristãos pentecostalizados conforme dito por Dona Augusta, como algo inerente às diferenças nos marcadores como raça, classe ou gênero? E, mais do que isso, a figura de Dona Augusta, mesmo tendo acompanhado os demais cultos com a presença de mulheres e pastoras, foi a única que indicou a potência da agência e do protagonismo de uma mulher. Uma mulher preta e idosa que, quando chegava, seu protagonismo era tamanho que mobilizava toda a cadeia, de funcionários a internos.

É possível pensar que a autoridade concedida e exercida por Dona Augusta se deva a um recorte geracional e de raça, que assevera ainda mais o lugar de respeito que ocupava. Tal fato pode ser respaldado, possivelmente, por uma memória oriunda de religiosidades populares nas quais a figura de pretas velhas, rezadeiras, benzedeiras e profetizas ocupavam funções de lideranças religiosas formais.

Por vezes, porque os homens não queriam tais lugares, por outras, porque as próprias comunidades e grupos não reconheciam nos homens, nem liderança, nem poderes, tampouco consentimento divino. A mistura cultural e religiosa brasileira se deu em intensos processos de colonização, fazendo mesclar a força, religiões de matriz africana, catolicismo e religiosidades indígenas. A figura das pretas velhas e benzedeiras é a de mesmo semblante que Dona Augusta, serena, calma, exalando sabedoria.

Para ser benzedeira é necessário ter vocação, bondade e fé e, assim como nas religiosidades de matriz africana, os ensinamentos são transmitidos através da oralidade e gestual e, também similar à religiosidades africanas, geralmente, transmitidos à pessoa da mesma família. A descrição dos episódios etnográficos acima narrados e as breves análises que os acompanham não se esgotam neste tópico, tampouco na pesquisa. Antes, os dados selecionados tiveram como critério a presença de elementos, ainda que sutis, de questões generificadas.

3.1 Dançando conforme o ritmo

Minha palavra de honra me protege
Pra viver no país das calças bege.
(Racionais MC's, 1997).

O afastamento dos dados e do campo após realização da etnografia e posterior defesa da dissertação produziram efeitos de novidade quando da releitura do manuscrito original do diário de campo. As orelhas do grosso caderno de dez matérias possuíam anotações valiosas para subsidiar a tese, principalmente no que se refere a gênero, corpo, masculinidades, feminino, sexo na visão de internos evangélicos e não evangélicos.

Dessa forma, esse tópico é dedicado à descrição e breve análise de episódios etnográficos que consistem em substrato para responder as perguntas acerca da masculinidade evangélica enquanto uma forma de aprisionamento. Sobre como os sujeitos evangélicos mobilizam o feminino de forma similar aos discursos bolsonaristas e, por fim, as próximas linhas indicam como se dá a preponderância do marcador raça na realização de masculinidades evangélicas.

Conforme mencionado anteriormente, o pano de fundo da pesquisa, bem como as finas linhas que a costuram são representadas pelo que, à época da dissertação, conceitualizei como "*proceder evangélico*". O conceito, ainda incipiente, foi baseado nas formulações de Adalton Marques (2009) sobre o "proceder", categoria "nativa" do extinto complexo do Carandiru, presídio no qual o autor realizou sua pesquisa. Na PPACP, a categoria "nativa" não é proceder, mas sim, ritmo.

Como, por exemplo, me explicavam o proceder referindo-se a ritmo e os internos entrevistados só usavam o termo a fim de me fazer compreender o que tentavam transmitir. Um dos internos explica um tanto surpreso com o meu uso do termo que "Proceder é mais Sul de Minas, né? São Paulo também... aqui é o ritmo. Ritmo de cadeia" (Diário de Campo, 2016). Na medida em que, conforme indicado na dissertação, os homens evangélicos que seguem um ritmo diferente não podem fazer uso de gírias, nenhum entrevistado mencionou a expressão.

Foram recorrentes falas dizendo que os cristãos evangélicos seguem uma conduta diferente, conduta cristã, "tem que ser correto". Na PPACP, existe o *ritmo da cadeia*, o *ritmo evangélico* e o *ritmo individual.* Os dois últimos possuem certa plasticidade, porém, devem ser subordinados ao ritmo geral da cadeia. O *ritmo de cadeia* fornece material cultural a partir do repertório da criminalidade e da prisão através da gradação do tipo de crime cometido, desempenho e lucros adquiridos no que se propõem a fazer.

A epígrafe deste tópico faz referência ao *proceder* do Carandiru, e à cor do uniforme dos internos. A palavra na dinâmica de funcionamento interno da prisão vale mais do que documento escrito, assim como em algumas religiosidades evangélicas, a palavra na prisão tem o poder, também quase mágico, de deixar viver ou fazer morrer.

Se existem consensos mínimos nas redes de poder que formam o movimento da criminalidade, pode-se dizer que estes se dão das duas principais regras do código de condutas que rege a "massa" carcerária independente do marcador regional e do nome usado para se referir a ele. Primeira regra fundamental é o não "caguetar", gíria oriunda da palavra alcaguetar, ou seja, não delatar contravenções alheias ou não negociar outros internos com a polícia a fim de obter benefícios.

Uma das principais regras do *proceder* também do ritmo geral na PPACP e a mais relevante a essa pesquisa é a expressa rejeição do crime de estupro. A sentença em destaque ilustra o destino de estupradores, principalmente nas prisões de grande porte que abrigam facções rivais, como em São Paulo ou no Ceará.

A expressa rejeição ao crime de estupro e ao estuprador, conforme ilustra o trecho acima, gera retaliações que vão de espancamentos diários, passando pelo estupro do próprio estuprador e podendo chegar à morte. Diante disso, a administração prisional separa quantidade de celas a fim de abrigar internos cujos crimes não são aceitos pelos demais, chamadas de seguro[11].

Os próprios sujeitos podem solicitar a mudança para o seguro e, no caso da admissão de estupradores, a própria administração, comumente, designa o sujeito para o seguro, a fim de evitar contendas burocráticas lidando com as agressões ou a morte. Conforme indiquei anteriormente, pude passar dias inteiros à espera das igrejas credenciadas para realização de cultos. E, portanto, havia um encarcerado evangélico que se tornou um dos meus principais informantes, pois realizava trabalhos externos aos pavilhões.

Relendo o diário, reviso uma das longas conversas com um ex-aluno, chamarei de Jacó[12], vinte oito anos, se declara "*em cima do muro*" no que se refere à sua pertença religiosa ou à sua crença. Jacó informa que todo pavilhão tem um "patrão

11 O seguro enquanto significante espacial abriga, além de estupradores, ex-policiais, devedores, jurados de morte, pedófilos e crimes muito hediondos rejeitados pela massa. O seguro pode designar também o próprio sujeito que habita tais celas.

12 Cumprindo sentença por latrocínio e, à época da entrevista, alocado no "seguro", segundo ele, por estar devendo ao tráfico.

ou xerife[13]". São eles quem ditam o *ritmo* geral e, por sua vez, possuem "*robôs*", que são tipo funcionários subordinados que executam os trabalhos solicitados pelos seus superiores.

Podem ser funções dos robôs, por exemplo, cobrar dívidas, caso o devedor não possa pagar ou o fazem "andar[14]" ou o matam. Ou, ainda, "travar o sol[15]" ou dar início e disseminar o ato de "chutar a capa[16]" nos pavilhões cuja função é chamar a atenção da administração para alguma reivindicação, também pode ser funções dos robôs. Além disso, podem ser responsáveis por identificar a presença de estupradores dentre as celas do convívio e executar as medidas cabíveis.

Outro entrevistado, sem religião, vinte e cinco anos, cumprindo sentença por homicídio, informa: "Na lei do crime, no ritmo geral, não tem leme[17], caguete e estuprador, morre [...] entra no reflexo ou na madeira[18]. Uns AP [Agentes penitenciários] colocaram dois estuprador no P2[19] que

13 Traficantes bem sucedidos cujas negociações e comércio rendem altos lucros, rendendo-lhes maior autoridade.

14 O termo "andar" refere-se à troca do encarcerado de cela, galeria ou pavilhão, geralmente, o sujeito "anda" é para o seguro.

15 Travar o sol é fazer com que ninguém seja retirado das celas para ir ao pátio permanecer por duas horas no chamado "banho de sol". Além de direito dos encarcerados, o banho de sol é obrigação da instituição prisional também.

16 Chutar a capa é chutar as grades de ferro, as portas das celas. Os encarcerados chutam a capa quando têm alguma reivindicação coletiva e precisam chamar atenção da administração prisional.

17 Leme seria equivalente à expressão "colher de chá". Ou seja, não facilitam para estupradores, confirmando que estes podem ser e, provavelmente serão, retaliados de alguma forma.

18 Referem-se, respectivamente, a surras ou morte.

19 Informação que indica questões graves sobre os procedimentos adotados na rotina da prisão e amplamente discutidos, como a tortura. Esse agente penitenciário alocou um estuprador nas celas do convívio, cujo destino já era de seu conhecimento. Indo totalmente de

levaram porrada". Afirma, ainda, que "O estuprador mesmo virando evangélico não é perdoado no convívio" (Diário de Campo, 2016).

Tanto proceder, quanto ritmo aceitam a presença de homossexuais no convívio, desde que, assim como todos, ele siga as regras. O *ritmo* significa as especificidades das regras e as formas através das quais elas são seguidas. O *ritmo*, apesar de permitir certa autonomia individual e/ou de cada cela, é obrigatório no que se refere às regras gerais. Ou seja, devem nortear as condutas individuais sem se desviar de nenhuma norma do *ritmo geral*[20].

Dois entrevistados definiram as práticas do *ritmo* em consonância com o *ritmo geral*, como a posse de bens materiais. O primeiro deles, o Jacó citado acima, afirma que existe um "montão de *Jack*"[21] misturado e, se ele (o *Jack*) tiver dinheiro, ele fica onde quiser, aí a condição dele é que vai fazer (legitimar) seu *ritmo*. "Pela condição financeira, não pelo crime". A permissão da presença de um *Jack* na cela se dá, então, em negociações a partir de benefícios que o *Jack* pode prover à cela.

É seu o poder aquisitivo, equivalente a itens valorizados na prisão, como telefones celulares os quais todos internos da cela possam usar, que autoriza sua estadia no convívio. Entretanto, se o estuprador que está no convívio *vacilar*[22], ele

encontro ao que corresponde à sua obrigação, qual seja, manter a integralidade dos sujeitos privados de liberdade.

20 Vale ressaltar que o ritmo geral, ritmo e ritmo evangélico são categorias nativas apenas dos encarcerados não religiosos. Isso porque os convertidos não podem fazer uso de gírias e vocabulário do universo prisional.

21 Jack estuprador é uma alusão ao personagem de filmes de terror Jack Estripador.

22 Entendo que vacilar seja descumprir alguma regra do ritmo da cela ou, até mesmo, do ritmo enquanto guia de condutas individuais. Porém, o entrevistado não exemplificou que tipo de vacilo poderia

anda mesmo sendo portador de bens que, em um primeiro momento, beneficiaram os demais encarcerados (Diário de Campo, 2016).

Uma ênfase à questão econômica parece ter sido acrescida, na medida em que foi recorrente a percepção de que o *ritmo* pode ser comprado pelas condições financeiras ou bens materiais, desde que acordado por todos os internos da cela. Entretanto, o valor econômico do *ritmo* legítimo não é determinante, isso porque, como os internos disseram, se *vacilar*, a situação não hesita em mudar. O que evidencia o valor da palavra e da honra em detrimento do valor monetário.

Ao final de um dos dias de acompanhamento de cultos, ao sair do segundo grande portão interno da penitenciária e passando pela primeira guarita, esbarro com o ex-aluno cujo cabeçalho da carta feita para mim intitula o prólogo capítulo desta tese. Júlio disse que havia ido assinar alguns papéis de sua liberdade condicional e buscar sua esposa que estava saindo para o período de sete dias da "saidinha". O ex-aluno ofereceu-me carona para o centro da cidade e, tendo aceitado, descemos os três conversando. Ao ser questionada, informei que não estava mais ali como professora, comentando um pouco sobre minha pesquisa e o que estava indo fazer lá.

Ao comentar que acompanhava os cultos de cela em cela, Júlio pergunta: "Agora a senhora acredita no que eu falava, né? Que massacre que é uma cadeia". Confirma as regras dos ritmos e, foi Júlio que me contou que Dênis, o aluno alcoolista que disse-me ter sido criada à maçã raspadinha e bananinha amassada havia largado o crime, o álcool e entrado para a igreja, causando-me imensa alegria.

fazer com que o estuprador aceito apenas por fornecer benefícios materiais aos demais da cela seria retaliado ou colocado pra "andar".

Em um tom de voz que defini como tristonho, que parecia transmitir uma noção de "poderia ser diferente, eu poderia ter tido outra vida, mas não houve saída, escolha". Diz "Sempre disse pra senhora que sou uma boa pessoa. Mas é a vida, quando saí, comecei a trabalhar de gesseiro, mas não dava. Tinha que me sustentar e mais dois parente preso. Por isso minha vida sempre foi no crime, não teve jeito" (Informação verbal, 2016).

Lembrei-me, após essa fala que, quando éramos aluno e professora, Júlio contou-me sobre sua entrada no crime que se deu a partir da vida de sua mãe na criminalidade e suas constantes investidas em protegê-la ou sustentá-la, assim, acabou, ele mesmo, reproduzindo as práticas da mãe. Além dessas diferenças, foi possível compreender, a partir de conversa com a esposa do aluno que estava de saidinha e me deu carona, caso mencionado no tópico anterior, que o proceder no pavilhão feminino era diferente, aliás, inexistente.

A mulher afirma que "No feminino num tem essa de proceder não. Quem manda é o boi mais antigo. Lá nois é obrigada a conviver com mulher que matou filho, abusou de criança, matou pai, matou mãe. Não é organizado que nem nos pavilhão dos homem não!". Essa informação foi confirmada em entrevista com outra interna: "Não tem proceder e proceder evangélico não. Tem que conviver né. Quero ir embora. Só Deus pra julgar[23]" (Diário de Campo, 2016).

Dentro do ritmo evangélico, também existe um ritmo especifico e individual de cada adepto, que não deve desviar-se nem do ritmo geral nem do ritmo evangélico, conforme demonstro a seguir a partir de algumas entrevistas. As entre-

23 Tais diferenças generificadas entre a organização entre os homens e a falta de uma normativa entre as mulheres pode se constituir em profícuo campo de pesquisas.

vistas oficiais[24] ocorreram em três dias, dezoito, dezenove e vinte de julho de 2016. Foram quinze encarcerados escolhidos por indicação de funcionários, através da observação de cultos e relevância na atuação religiosa na prisão[25].

Dentre os escolhidos; havia seis evangélicos, quatro sem religião, dois candomblecistas e três católicos. De acordo com um encarcerado evangélico que diz possuir maior identificação com a Igreja Deus é Amor, trinta e sete anos, cumprindo sentença por tráfico e assalto à mão armada, o ritmo de uma cela específica, por exemplo, pode ter seus próprios horários.

Por exemplo, para "faxina ou, caso haja apenas um fumante na cela, ele deve sempre fumar com o braço para fora da grade, afim de não incomodar os demais, ser higiênicos. No geral, o ritmo é obrigatório senão anda (Diário de Campo, 2016). O entrevistado continua dizendo que em celas cuja maioria é cristã, não existe ritmo obrigatório, mas sim voluntário. "A gente faz pelo grupo, divide os alimentos, não da droga. Aquilo que é bom pra mim eu faço pelo meu colega, tem um colega que fuma e não é cristão, ele fuma na grade. A regra já vem com o residente" (Diário de Campo, 2016).

Jacó, o ex-aluno "em cima do muro" sobre sua crença, afirma: "no ritmo dos evangélicos, as regras se fundem, os evangélicos andam pelos dois [ritmos] e são mais rígidos" [...] aqui dentro pra você ser cristão eles querem que mostre no dia a dia, às vezes se fumar já não é cristão" (Diário de

24 Utilizo o termo oficial, pois foram as entrevistas que requereram a retirada dos encarcerados que escolhi. Logo, foram retirados de suas celas, especificamente, para as entrevistas.

25 Vale mencionar que houve hostilidade, conflito, má vontade e criação de obstáculos por parte de agentes penitenciários em nenhum dos dias. Compreendo que o trânsito das entrevistas aumentava suas demandas, porém, estavam a serviço e acabavam por constranger sobremaneira, sem generalizações.

Campo, 2016). O trecho em destaque indica uma preponderância, ao menos na visão deste entrevistado, com a prática dos cristãos evangélicos. Em uma conversa sobre o, à época, proceder evangélico e homossexualidade, Denílson exclama que "ninguém quer veado na cela, [pois] pega mal".

Tal fala pode indicar como os evangélicos dessa prisão têm interpretação literalista do antigo testamento, que produz uma visão de mundo dividida entre pares de oposição: bem *versus* mal, natural *versus* sobrenatural, puro *versus* impuro e homem *versus* mulher. Em Levítico 20:13, diz-se: "Quando também um homem se deitar com outro homem, como com mulher, ambos fizeram abominação; certamente morrerão; o seu sangue será sobre eles".

Os entremeios, o que não está no corpo sexuado, biológico homem e mulher é, então, gerador de conflitos para quem segue essa interpretação. Tal interpretação pode indicar como essas noções, de alguma maneira, operam dentro de uma lógica evangélica, que aponta o sexo como um artifício que serve a uma finalidade: a procriação. O que define de maneira binária e estritamente biológica, o ser homem e mulher tanto intramuros, quanto extramuros.

Continuando a conversa, questionei Denílson sobre a aparente contradição do grupo de homens evangélicos aceitarem estupradores, mas não homossexuais. Denílson responde prontamente: "— Dona Bia, se a senhora tivesse uma filha, ia preferir ela estuprada e viva ou morta?" (Diário de Campo, 2016). A despeito da violência dessa pergunta, principalmente, sendo mulher cis, tomo-a como ponto de partida para refletir sobre dois pontos: a extrema rejeição à homossexualidade assim como formulada nos termos ocidentais e modernos e, do outro lado, a extrema violência legítima entre homem-mulher, justificada pelo domínio divinamente consentido do primeiro sobre a segunda.

A pergunta sobre a "preferência" entre ter uma filha estuprada e viva ou morta pode perpassar a construção do que é "ser homem" em oposição à mulher. O feminino, então, é propriedade a qual pode ter o seu destino escolhido pela decisão da "preferência" dos homens, nesse caso, respaldados pela religião. As formas pelas quais as masculinidades evangélicas são produzidas perpassarão, necessariamente, pelas relações de poder que se exercem na prática sexual. Ou seja, no corpo e através do corpo, independente se tal prática foi consentida ou não. Se o ato sexual consensual entre dois homens acontece, os evangélicos atribuem a eles características usualmente relegadas a mulheres, principalmente no que se refere à passividade.

Além de os classificarem como abominações, não naturais e aberrações. Dessa forma, reafirmam suas identidades masculinas em contraposição a elas. A relação de poder que se exerce em ato sexual não consensual, aqui, especificamente, entre homem e mulher definidos a partir do órgão reprodutor/sexo biológico/pênis *versus* vagina, ou seja, estupro, parece ser entendido pelas masculinidades evangélicas como demonstração de poder na medida em que há uma binariedade entre forte *versus* fraco.

Além disso, as masculinidades ocidentais foram construídas pautadas numa mentalidade de que o homem só é frágil diante do corpo de uma mulher, ou seja, diante dos prazeres carnais. Isso pode explicar o porquê o homem que cometeu estupro pode ser perdoado pelos adeptos do proceder evangélico: ele teve um momento de fraqueza baseado na incapacidade de controlar seu desejo sexual, sua virilidade, sua heterossexualidade, e se converteu e se arrependeu.

Já o sexo consensual entre dois homens que se declaram heterossexuais no contexto de privação de liberdade sexual pode encontrar na clivagem ativo/masculinidade legitimada versus passivo/masculinidade subordinada uma forma de driblar as fraturas do gênero. Assim, o que parece importar aos internos é a representação do papel social de homem legitimado social e historicamente e não as práticas fisiológicas.

Baseando-me nas disposições acima a partir de análise do diálogo com Denílson, retomo algumas falas de um sujeito chamado de pastor que, inclusive, era considerado um tipo de mentor de Denílson (Vilhena, 2017, p.81-84). As entrevistas desse dia, diferentes das realizadas no primeiro dia, foram feitas em uma cela de um pavilhão, galeria inferior[26], e não na biblioteca. Sentamos, frente a frente, eu e o pastor, e já havíamos nos falado durante o trabalho externo que o sujeito realizava nos pátios.

Aparentando já ter conhecimento sobre o que se trataria nossa conversa, o sujeito, que possui oratória eloquente, persuasiva e de forte apelo às emoções e subjetividades, deu início a praticamente um monólogo e, na medida em que eu apenas conseguia "jogar umas pontas" para conduzir a conversa rumo aos meus questionamentos, anotei por mais de uma hora as histórias do pastor. Transcrevo a seguir, agrupando as principais problemáticas expostas nas falas do pastor acerca do que viria a ser uma conduta evangélica exemplar.

26 As entrevistas do segundo dia foram concedidas em situação de extremo desconforto tanto para os encarcerados, quanto para mim. Isso porque, realizadas na parte da manhã, parecia não haver cela disponível para abrigar-nos. Assim, eu fiquei em uma galeria cercada pela grade que me separava do pátio, o barulho das conversas, gritarias, futebol e, os entrevistados, dispostos em pé, enfileirados, em uma escadaria que liga a galeria superior à inferior. Assim, conforme terminava uma entrevista, chamavam o outro entrevistado, que aguardavam no frio, em pé na escada. O que foi contraproducente, pois não queria deixá-los desconfortáveis nessa situação, logo, as entrevistas foram apressadas.

Evidencia que, enquanto cristãos, os adeptos do *ritmo evangélico,* respaldados pelo repertório evangélico conservador comum não julgam o pecador, mas o pecado. Essa compreensão relaciona-se diretamente com a percepção e expectativas no que se refere ao feminino. O sujeito declara que

> 1) Homossexualidade isso é uma lepra, a pessoa era excluída da sociedade. [...]a homossexualidade é uma doença que o diabo traz. Pessoas como homossexual, estuprador, viciado é doença precisam de um carinho maior porque o homem natural não faz isso.
>
> 2) O cara trabalhador coabita com a menina de 15 anos comete estupro mas é diferente quando a menina quer[27]. Bandido entra na casa pra roubar vê uma mulher e a estupra [...] julgam[os] o pecado não a pessoa. Esses homens sem deus são terríveis.
>
> 3) Se a senhora bonita, casada, tá conversando com os rapazes que não vê mulher eles começam a xavecar. A senhora tem que cuidar. Temos que ser cristãos.

27 Artigo 213, § 1º, do Código Penal que tipifica como estupro presumido a prática sexual com jovens entre 14 e 18 anos. Entretanto, essa tipificação penal é abstrata, não absoluta, dependendo da compreensão do juiz acerca da vulnerabilidade do/a jovem. Logo, os casos são analisados a partir de suas especificidades. São levados em consideração, por exemplo, o conhecimento ou permissão dos pais acerca do relacionamento. Essa ambiguidade legal (chamada de vulnerabilidade absoluta ou vu, a meu ver, é extremamente perigosa. Isso porque, seu próprio estatuto abstrato pode desconsiderar os mesmos processos subjetivos e abstratos da aliciação de uma menina de 15 anos por um homem de 40. Em outras palavras, a adolescente, mesmo desconfortável e contra a prática, pode ser persuadida através de coerções sutis, o que é corroborado pela ambiguidade da lei.

> 4) Se ameaçarem minha filha pra eu voltar pro crime ela morre porque eu não volto, mas Deus não vai deixar (Entrevista, Juiz de Fora, 18 de julho de 2016).

Na primeira fala, o Pastor indica uma compreensão sobre a homossexualidade como doença, como anormalidade, não como pecado. Porém, na segunda fala, aloca em uma mesma categoria figuras discursivas como o homossexual, o estuprador e o viciado, indicando que, de acordo com sua mentalidade, os três possuem o mesmo status pecador e anormal. Em contrapartida, justifica tais pecados afirmando que o homem "natural", ou seja, enquanto criação de Deus, não faz isso.

Porém, parece haver, aí, uma contradição na medida em que aceita e entende que Deus perdoa o estuprador e relega à homossexualidade o estatuto de anormalidade, abominação. Em seguida, corrobora a contradição e relativiza o crime de estupro, deixando implícito que culpabiliza uma menina de quinze anos pelo envolvimento sexual com um "cara trabalhador", na medida em que ela pode ter dado seu consentimento.

Por fim, justifica um crime com outro pior, ao dizer que homens entram em uma casa 'apenas para roubar". Mas, porventura, havia lá uma mulher e eles, então, não resistem e a estupram. Emenda concluindo o raciocínio utilizando-me como exemplo, mais uma vez, culpabilizando e responsabilizando a mulher pelas barbáries masculinas.

Dizendo que eu, única mulher, conversando com vários homens, poderia ser assediada e que eu é quem deveria me cuidar, *ser cristã*. Essa compreensão sobre a mulher cristã "bela, recatada e do lar", assim como as demais assertivas feitas pelo pastor, são respaldadas pelos discursos evangélicos conservadores comum disseminados na prisão. Por fim, parece-me possível inferir que, ao dizer que prefere a filha morta do que retornar ao crime, está indicando que é subordinado apenas à Deus, figura masculina, porém, incorpórea.

Na Antiguidade grega, a problematização moral do sexo se dava por uma preocupação em dar continuidade ao sangue, ou seja, deixar descendentes como herança no mundo, como uma forma de continuar existindo. Nesse sentido, os gregos acreditavam que, para alcançar a funcionalidade de manter sua linhagem, a natureza atrelou à copulação prazeres corpóreos extremamente intensos e extáticos.

Contudo, sob a égide da moral cristã, as modulações da moralização do sexo alocaram os prazeres extraídos do corpo, o orgasmo, no polo do pecado, em contraposição à pureza. A fricção entre os corpos, suas partes sensíveis, as texturas envolvidas, a contraposição das anatomias e o crescente desejo pela consumação do ato que levam ao orgasmo constituem, na visão cristã, uma ameaça (Foucault, 2014).

O orgasmo provoca emoções e sensações tão extremas, intensas e extáticas que, caso o sexo não haja em prol de uma função, a procriação, ele pode ser levado ao excesso, ultrapassando os limites impostos pela natureza. A vivacidade do orgasmo pode ser transformadora para além dos efeitos fisiológicos positivos, mas, também, para as subjetividades.

Alcançar o êxtase promove sensações de um tipo de transcendentalidade, invencibilidade. É revolucionária, pois revigora corpo e mente e, por isso, pode levar à sublevação e questionamentos do status quo, da hierarquia de gênero e, por que não, sobre o gênero do Deus cristão? Os regimes de verdade das sociedades cristianizadas equivalem sexo biológico a gênero, baseados numa ideia de natureza.

O quão surpreendente é saber que essa natureza, na realidade, foi criada pelo Deus masculino e, por isso, inquestionável? A tudo isso, parece-me possível afirmar que o êxtase extraído do orgasmo também é ameaçador na medida em que ele pode guiar os indivíduos ao autoconhecimento de seu próprio corpo e de como extrair prazer dele.

O indivíduo que adquire consciência de si em sua integralidade, compreende o corpo como sua propriedade, casa na qual quem decide as regras é ele/ela mesmo/a, cujo controle não está nas mãos de nenhum outro ser ou força superior e externo a si. "Meu corpo, minhas regras". Resumindo, o êxtase proporcionado pelas práticas sexuais pode provocar uma reação em cadeia, logo, as relações sexuais são relações generificadas-religiosas de poder que se dão no corpo e através do corpo.

Sendo assim, têm o potencial transformador da hierarquização de gênero e hegemonia masculina. Entretanto, nossas identidades, mentalidades, cultura, sociedade foram moldadas a partir da ideia de um Deus pai. Logo, esses processos de tomada de consciência de sua totalidade, mente e corpo, podem ser dolorosos. Isso porque o indivíduo passará, necessariamente, por desafios na realização da tarefa de governar a si mesmo e exercer sua liberdade.

A partir de Foucault (2007, p. 12), entende-se que, para cada organização social existem diferentes processos, mecanismos e instâncias de poder que produzem efeitos de verdade e naturalização de dados históricos, como a ideia de Deus. Nas sociedades ocidentais, as narrativas bíblicas atuaram como um dos principais meios através dos quais se produzia efeitos de verdade, principalmente, sobre sexualidade e, posteriormente, sobre o gênero. Esses elementos normativos encontram sua relevância social na medida em que estabeleceram padrões regulares para as condutas sexuais.

Ao ditar o que é certo e errado, permitido ou proibido aos usos e costumes da população e, dessa forma, o repertório religioso consolida um semblante de ordem para o funcionamento social (Rodrigues, 2019, p. 67). O repertório evangélico disseminado na prisão encontra embasamento nas narrativas bíblicas que fornecem os elementos essenciais na construção do imaginário acerca do Deus cristão. Ao recorrermos à passagem de Gênesis (3:6), parece-nos ser possível afirmar que os escritos deixam margem para um tipo de interpretação conservadora.

Subentende-se que a mulher, ao comer do fruto proibido, caiu em pecado levando junto seu marido. A punição para essa transgressão seria a multiplicação da dor impingida à mulher ao dar à luz aos filhos, além de "o teu [mulher] desejo será para o teu marido, e ele te dominará" (Gênesis 3,16). Ainda de acordo com essa perspectiva conservadora, a Primeira Carta a Timóteo (2:11-15) parece indicar que a mulher deve se sujeitar ao homem, sempre em silêncio e jamais ter autoridade sobre ele. "Primeiro foi formado Adão, e depois, Eva, e Adão não foi enganado, mas sim a mulher, que, tendo sido enganada, tornou-se transgressora".

Resultante disso seria a salvação feminina através da dor decorrente da geração e do parto dos filhos — se elas permanecerem na fé, no amor e na santidade, com bom senso (1 Timóteo 2:11-15)". Essas leituras parecem indicar que 1) mulher é culpabilizada por levar o homem ao pecado, logo, responsável pela entrada do pecado no mundo; 2) diante disso, os homens parecem ser inocentados e munidos de autoridade e poder. Posto isso, parece-nos ser possível afirmar que, sob a figura transgressora feminina, pesou o status de propriedade masculina, sendo seu corpo, em seu aspecto reprodutivo, instrumento funcional e manipulável pelos homens.

Um exemplo da culpabilização do feminino pela caída do homem em pecado se encontra na fala de um dos detentos entrevistados chamado por todos de Pastor. Durante entrevista na qual falava sobre como homens sem Deus tais quais homossexuais, viciados e estupradores precisam de um carinho maior, o Pastor diz "o cara trabalhador coabita com uma menina de quinze anos comete estupro, mas é diferente quando a menina quer" (Diário de Campo, 2016).

Temos, nessa fala, três elementos significativos. Primeiro, o Pastor aloca em uma mesma categoria figuras discursivas como o homossexual, o estuprador e o viciado, indicando que, de acordo com sua mentalidade, os três possuem o mesmo status pecador. Segundo, ao dizer que "quando a menina quer coabitar" com um homem *trabalhador* maior de idade é diferente de estupro, logo, relativiza o crime. Em terceiro, quando o Pastor usa a palavra coabitar, está mobilizando vocabulário bíblico para legitimar sua fala.

Em Gênesis (18, 16), os escritos narram a boa hospitalidade de Abraão para com homens que estavam a se encaminhar para Sodoma, a fim de verificar se as práticas de seus moradores estavam à gosto de Deus. Segundo, as passagens míticas lidas através de lentes tradicionalistas os moradores das cidades praticavam atos inaceitáveis aos olhos de Deus, tais como ganância, ambição exacerbada, falta de compaixão ou maus-tratos aos visitantes e forasteiros.

Interpretações tradicionais compreendem que a homossexualidade foi a causa da destruição e essas passagens construíram e respaldam, até hoje, a associação entre homossexualidade e promiscuidade. Entretanto, conforme Elisa Rodrigues (2019, p. 69) nos informa, o termo utilizado nos escritos que narram a relação dos homens visitantes e Ló e suas filhas é ambíguo e abriga sentidos diversos como fazer, conhecer, revelar e coabitar.

O correlato da palavra coabitar é prática sexual, logo, é o termo elegido por leituras conservadoras para interpretar a passagem. Estava aí, "escrito por Deus", a justificativa para uma percepção da homossexualidade enquanto desvio, abominação e algo a ser punido. Tais repertórios são um reflexo de discursos da sociedade extra-muros e suas parcelas pentecostalizada religiosas, conforme veremos a seguir. As falas de Denilson e do pastor podem ser diretamente associada a duas declarações de Bolsonaro sobre mulheres, a primeira em 2017, sobre sua filha, e a segunda em 2021, sobre sua esposa.

Em uma palestra, enquanto ainda exercia função de deputado, Bolsonaro diz que "Eu tenho 5 filhos. Foram 4 homens, a quinta eu dei uma fraquejada e veio uma mulher[28]" (Revista Fórum, 2017). O trecho em destaque indica como o sujeito possui mentalidade que entender o mundo em pares de oposição e atribui à mulher tudo que se encontra no polo da fragilidade, fraqueza e inferioridade e aloca os homens em polo oposto.

Já em 2021, durante evento no Palácio do Planalto, ao desejar bom dia aos presentes diz, com um sorriso no rosto, que o bom dia era para todos, "menos pra a primeira dama, porque eu já dei um bom dia muito especial pra ela hoje[29]", em uma grotesca e nítida alusão à vida sexual do casal. E, mais do que isso, ao fazer questão de informar ao Brasil, e ao mundo, que havia feito sexo com a mulher poucas horas antes daquele evento, realizou um tipo de masculinidade conservadora que implica em uma compreensão de sexo como relação de poder e dominação do marido sobre a esposa, do forte sobre a fraca.

Os exemplos acima, bem como delineado no prólogo, indicam que o repertório religioso cristão pentecostalizado de

28 Disponível em: https://revistaforum.com.br/noticias/bolsonaro-eu-tenho-5-filhos-foram-4-homens-a-quinta-eu-dei-uma-fraquejada-e-veio-uma-mulher-3/. Acesso em: 13 mar. 2022.

29 https://www.youtube.com/watch?v=_6MMG3qToEI

interpretação conservadora é partilhado por grupos de homens que ocupam posições de poder em polos opostos, oprimidos, representados por mulheres, gays, pretos, pardos, pobres. E opressores, brancos, heterossexuais, de alto poder aquisitivo. A despeito da rigidez implícita no *ritmo evangélico* diante da imposição do abandono de vícios e atividades mundanas, incluindo relações sexuais, o repertório também promove a disseminação práticas de caridade, como o chamado dízimo.

Este é a doação de sabonete, biscoito ou demais itens para encarcerados que não possuem visitas. Porém, em nível de crença subjetiva, as compreensões são diferentes. Logo, a homogeneização de um repertório conservador evangélico disseminado na sociedade reflete sua agenda na prisão. Tanto o ritmo geral quanto o ritmo evangélico atuam como conjuntos normativos que norteiam condutas de seus adeptos. Contudo, o geral se sobrepõe ao evangélico, fazendo com que os religiosos transitem entre dois códigos.

Dessa forma, o ritmo individual, a estes, possui significado ainda mais contundente, na medida em que considero que se dão mais a nível subjetivo. Assim, não se desviam de nenhum dos códigos estabelecidos e homogeneizantes. As três entrevistas que descrevo, a seguir, ilustram o *ritmo* de cunho individual de três encarcerados evangélicos negros que, ao mesmo tempo, não se desviam nem do *ritmo geral*, nem do *ritmo evangélico*.

Lembro-me ter sido uma entrevista muito curta, porém, hoje, compreendo a relevância de seu conteúdo diante da ressignificação do *ritmo*, principalmente no que se refere à preponderância do marcador raça na produção de masculinidades evangélicas e enquanto dispositivo acionado pelo discurso religioso conservador que norteia grupos de homens distintos. O primeiro entrevistado que ilustra como o encarcerado evangélico pode seguir seu ritmo individual foi chamado, na dissertação, de Marcelo. Escolhi Marcelo por três motivos: primeiro, assim como os dois entrevistados seguintes, Marcelo era negro e ocupava todos os marcadores de opressão, exceto de gênero. Segundo, pois foi possível compreender que ele também seguia um ritmo evangélico individualizado caracterizado pela rejeição ao estupro.

Terceiro, pois o sujeito relatou possuir um laço com Dona Augusta, a preta velha mencionada no tópico anterior. Esses dados são essenciais na construção de compreensões acerca da temática proposta.

Marcelo era conhecido na cadeia pelo sobrenome, chamarei de Gigiani e, nas ruas pela alcunha no crime formada por apenas três letras que, aqui, chamarei de Dum. Ao reler a narrativa que Marcelo construiu a respeito de sua própria trajetória antes e depois de sua conversão, pareceu-me que ele estava se reconstruindo nas intersecções entre o crime, a religião e sua cor.

E, diante do cotidiano que vivia e da perspectiva que possuía, encontrou, na religião, o seu refúgio. Durante toda a conversa, apenas hoje percebo que Marcelo realizou diferentes tipos de identidade. De homem, de negro, de religioso e de conhecedor do crime em contraposição a mim, mulher, branca, não religiosa e, nas palavras do ex-aluno, "criada à maçã raspadinha" (Informação verbal, 2012). Houve uma sintonia empática entre nós desde o início e, assim, consigo lembrar das modulações que ocorreram na produção de identidades, por vezes, galanteadoras através de tentativas de estabelecer vínculos e coisas em comum.

Outras, demonstrava o lado religioso com intensidade e, ainda, demonstração de um lado "mauzão[30]", "criminoso" e, pelo repertório do crime, "sujeito homem". Essa última faceta,

30 Como disse o agente penitenciário cuja fala intitulou a dissertação.

Dum demonstrou ao descrever os lucros que obtinha e as maldades que já havia feito e que, antes da conversão religiosa, não produziam arrependimentos ou remorso. Todas, contudo, em contraposição a mim, o extremo oposto e com a finalidade de se afirmar como um sujeito que existe no mundo.

Um/a professor/a descreveu Gigiani como um "crente fervoroso, chato e que só atrapalha as aulas. Fica recitando coisa bíblica como se tivesse jogando RPG, um jogo que gosto[31]" (Diário de Campo, 2016). Conclui dizendo que nenhum dos outros alunos gostava de Marcelo. Sua fama nas ruas, em um bairro específico em uma das periferias de juiz de fora, conhecido por ser um *shopping* das drogas, pois, oferece variedade de tipos e preços[32], também era extensa. A entrevista com Dum aconteceu na biblioteca e eu estava curiosa e apreensiva, porque todas as pessoas com quem eu falava e sondava nomes para entrevistas, sem exceção, aconselhavam que eu solicitasse por Marcelo. Talvez isso se deva, pois, as histórias de agressividade e a trajetória de Dum no movimento da criminalidade era famosa na cidade. De repente, Dum se aproxima do portão de entrada da biblioteca e, por um fio, não fica agarrado entre as grades.

O homem media, aproximadamente, dois metros de altura, porte físico chamado de mesomorfo, nome dado a biotipos físicos os quais a musculatura, quando trabalhada, cresce sobremaneira. Só não me senti mais intimidada, porque, eu

31 *Role player game* (Jogo de interpretação de papéis).

32 Esse bairro, apesar de possuir mais de um território, ou seja, diversas bocas com mais de um dono, não era violento com mortes entre rivais, por vezes, violentas conforme os bairros ao redor, como quando deceparam as mãos de um adolescente que arrumou conflito com traficante. Esse bairro é um drive-thru, carros de luxo e até carros contratados passam no local, pegam a droga e vão embora, sem alardes. Às tardes, crianças brincam nas ruas, sempre sem conflitos.

mesma, sou de alta estatura e, assim, em segundos, retomei o prumo e passei a exibir um front de segurança misturada com certa informalidade. Sorri, apresentei-me, disse para chamar-me de Bia, dei a mão em saudação e, neste momento, a feição truncada se desfez em um sorriso.

A partir dos primeiros diálogos, pude entender o porquê da maciça indicação por parte de funcionários para que eu chamasse Dum para entrevista. O homem virou um menino quando recebeu um sorriso, demonstrou vulnerabilidade quando contou de sua catarse pré-adesão religiosa e timidez com um sorriso encabulado quando arriscava algum galanteio gentil.

A mudança promovida pela adesão religiosa pela qual Marcelo passou parecia não combinar com aquele corpo. Considero que os funcionários o indicaram, justamente, por parecer um pouco contraditório um homem daquele tamanho passar a agir de forma comedida após se converter. Dum informou, no início da entrevista, que se identificava com a Igreja Deus é Amor, representada por Dona Augusta, a preta velha mencionada no tópico anterior. Uma das primeiras frases que ele me disse após se apresentar foi:

> Dum. Aquelas três letras era tudo, esse apelido fazia eu impor minhas regras em qualquer lugar. Me chamavam de mutante, porque era muito agressivo". Eu não tive a oportunidade que você teve, mas tive de ser uma pessoa normal, fui amado. Nunca passei fome, mas roubava aos 8 anos e aos 11 comecei a usar droga. Sonhava em ser o maior traficante de Juiz de Fora, ser respeitado (Diário de Campo, julho, 2016).

Essa narrativa era acompanhada por postura altiva, mas não arrogante, e inferi que o sujeito queria demonstrar que sua trajetória não foi o que fez com que ele se tornasse quem foi durante anos. Após meses de término do campo e defesa da dissertação, coincidentemente, tive contato com a história de Marcelo a partir de outra perspectiva. Relacionava-me com uma pessoa que morava no mesmo bairro que Dum passou a infância e adolescência até se firmar como "criminoso mauzão". A história é sobre a trajetória de parcelas contundentes da sociedade brasileira.

Um menino negro, situação social extremamente precarizada, cresceu em um casebre cujas portas eram de papelão com finas lâminas de ferro, a mãe trabalhava o dia todo e, ainda assim, os vizinhos, por vezes, ajudavam com comida ou agasalhos. Consigo visualizar Dum no trecho da canção "Negro drama", na parte em que se refere às agruras da negritude marginalizada no Brasil: "Negro drama. Eu sei quem trama e quem tá comigo. O trauma que eu carrego pra não ser mais um preto fodido. O drama da cadeia e favela Túmulo, sangue, sirene, choros e velas" (Racionais MC's, 1997).

Considero, diante das informações posteriores, que Dum exibia postura altiva e realizava identidades masculinas em um esforço "pra não ser mais um preto fodido". Gigiani sabia que transitava entre muitos ritmos e que não podia vacilar. Porém, ele precisava sobreviver em sua caminhada pela prisão e suas dinâmicas próprias. Para ele, o que parecia mais relevante era a "educação da mente a partir de aceitar Jesus e aprender que tem que obedecer a lei dos homens" (Diário de Campo, 2016).

Sobre o fato de aceitarem estupradores dentro do ritmo evangélico, Dum[33] afirma o mesmo que os demais internos

33 Ao final de 2019, encontrava-me em Lisboa por ocasião de meu Doutorado Sanduíche, contudo, apesar da distância, uma triste notícia me alcançou. O mesmo amigo que havia me levado para conhecer o local em que Dum cresceu procurou-me e informou que, após ter

religiosos brancos, que Deus julga o pecado e não o pecador. Porém, com significativa diferença: parece ter feito questão de me dizer que, a despeito de possuir uma longa lista de crimes, o estupro não estava dentre eles, atribuindo o fato de nunca ter cometido tal crime como um marcador que o diferenciava dentre os demais "criminosos", religiosos ou não.

Outro entrevistado negro e evangélico indicou, de forma ainda mais explícita, como enxergava o crime de estupro a partir de seu ritmo individual, ainda que norteado pelo ritmo evangélico. Lucas havia sido preso por não pagar a pensão, nos quarenta e cinco dias de aprisionamento já prevendo não conseguir somar o montante do débito para quitar a dívida, e acabou por aceitar ofertas para trabalhar no tráfico, entregando as encomendas.

Em dado momento, ele diz que tem um sonho e ele mesmo faz a pergunta por mim. "O sonho?", ele diz. É resgatar a juventude através do funk e emenda com uma palinha de sua composição. "Mas eu não era ninguém, porque eu não tinha luz, tudo melhorou quando encontrei Jesus". Conduzindo a conversa para o, à época, proceder, Lucas levanta-se em um rompante, dizendo: "proceder? Vou te mostrar meu proceder [como se dissesse que iria me provar que ele era honrado, era homem de verdade]".

Retirou do bolso seu atestado de pena[34], fazendo questão que eu me aproximasse para ler junto com ele que o que

sido transferido para o regime semiaberto, Dum começou a realizar trabalho de capina em grandes avenidas da cidade. Em um dos dias de trabalho externo à prisão, um homem em uma moto fez vários disparos alvejando Dum até a morte.

34 Atestado de pena é documento oficial de posse dos internos no qual se informa sobre o montante da pena, o regime prisional, data provável de início e de fim do cumprimento da sentença e, ainda, data provável em que o interno poderá postular progressão de regime e liberdade condicional.

constava, ou melhor, o que não constava no atestado oficial que informava por qual erro o sujeito estava se redimindo com a sociedade. Lucas lê, com certa euforia, o documento que parecia ser um comprovante oficial de sua honra masculina, atestando que "eu não sou estuprador, nem caguete", observa ao final da leitura (Diário de Campo, 2016).

O fato de, para Lucas, ter honra e orgulho ser equivalente ao fato de não ser um estuprador, nunca ter estuprado demonstra a forma singular e subjetiva de seguir seu próprio *ritmo* dentro do *ritmo evangélico*. Isso porque adere às demais regras, como, leitura diária da bíblia, não usa gírias, não comete contravenções, porém, rejeita a norma sobre a aceitação de estupradores através de uma classificação dentro do próprio ritmo evangélico.

Chamarei o terceiro entrevistado de Wadson, 29 anos, negro, também cumprindo sentença por tráfico e assalto à mão armada. Semelhante a Lucas, Wadson recorre ao ofício referente às suas informações penitenciárias e, menos enfaticamente que Lucas, em um tom que interpretei ser desconfiado, diz que nunca cometeu o crime de estupro e afirma que "os pavilhão não perdoa estuprador não, Dona [*sic*]" (Diário de Campo, 2016).

Três homens distintos que partilhavam entre si a cor da pele, a trajetória permeada por precarização, a adesão à religiosidade evangélica dentro do cárcere e, em destaque, tinham em comum a compreensão de estupro como falta de honra, de moral. Um tipo de crime que atua como um marcador negativo na produção das identidades na criminalidade e na prisão, consequentemente, na produção das masculinidades. Diferenciando-se, assim, de uma compreensão indicada pelos evangélicos brancos de que os estupradores deveriam ser acolhidos, independentemente de seu crime.

A partir dessa diferença indicada nos discursos de internos evangélicos brancos e pretos é que pergunto sobre como o fenômeno religioso representado pelo repertório discursivo cristão pentecostalizado disseminado na sociedade e absorvido pela dinâmica da prisão é assimilado e trabalhado na subjetividade dos internos pretos que faz com que sentissem necessidade de demarcar uma diferença em relação aos internos evangélicos e brancos. Diante disso, o próximo tópico é dedicado ao desenvolvimento da hipótese proposta.

3.2 A branquitude é como Deus

Conforme descrito acima, durante a releitura do diário de campo, pude perceber uma significativa diferença entre a percepção de homens privados de liberdade que se declararam evangélicos, pretos e brancos a respeito do crime de estupro. Pode-se questionar que tal dado emergiu a partir de apenas três homens pretos entrevistados. Quanto a isso, justifico: à época da etnografia para a produção da dissertação, não fiz o recorte interseccional de gênero e raça, por causa do foco da pesquisa que não reconhecia, naquele momento, a centralidade desse tema.

No entanto, a percepção de que esse tema teria fundamental importância para a compreensão do eixo religião, prisão e sociedade veio posteriormente com a análise dos discursos acima, os quais foram disseminados durante o golpe político sofrido pela presidenta Dilma Rousseff, em 2016. Em conjunto com a análise dos discursos dos sujeitos evangélicos brancos privados de liberdade, percebi que havia convergência no que se referia ao recorte de gênero, em especial, no tocante à misoginia, à homofobia e à compreensão da mulher como propriedade do homem.

De acordo com o entendimento segundo o qual a mulher é propriedade do homem, ele teria autoridade para tomar o que seria seu por direito. Daí que a evidência empírica pareceu-me possível de ser compreendida à luz da teoria sobre masculinidades de Badinter (1992), visto que serviu à ilustração e confirmação de um interessante paradigma teórico, que descrevo abaixo. A autora afirma que uma das principais características da masculinidade é a heterossexualidade.

O ser homem e a identidade masculina estaria diretamente ligada ao fato de possuir, tomar, penetrar, dominar e se afirmar, se necessário, pela força (Badinter, 1992, p.99). Dito de outra forma, a virilidade do homem considerada uma qualidade fundamental enquanto uma forma de produzir a identidade masculina se torna frágil apenas diante de um objeto de desejo sexual, no caso, sexual e feminino.

Na medida em que o controle também constitui uma das bases do que comumente se entende por "ser homem", o sujeito pode querer realizar essa masculinidade na forma do estupro para reaver seu controle, poder, autoridade e, logo, sua honra. A segunda justificativa e, talvez, a mais relevante, é que justamente pelo não recorte racial e de gênero à época da produção da dissertação, a despeito da maioria da população carcerária brasileira ser composta por homens pretos, as entrevistas feitas contemplaram quinze homens, dentre estes, oito eram brancos.

O dado importante, que à época não recebeu atenção, é que desse conjunto de entrevistados, quatro eram pardos e apenas três eram negros. Porém, os três entrevistados pretos evangélicos apresentaram uma percepção recorrente: de que estuprar é equivalente a não ter honra. Os desenvolvimentos da pesquisa levaram-me, posteriormente, a pensar a respeito dos processos que subjazem à compreensão demonstrada pelos homens pretos evangélicos sobre o crime de estupro, bem como me levaram a perguntar pelos motivos sobre os quais se fundaria essa percepção distinta da compreensão daquela expressa pelos homens brancos evangélicos encarcerados.

A partir dessas novas preocupações, retomei algumas perguntas que emergiram ao longo da escrita dessa tese, sobre: como e o porquê um repertório religioso de leitura cristã, pentecostalizado e conservador, é partilhado por homens brancos religiosos, conforme ilustrado pela análise dos discursos bolsonaristas e homens brancos encarcerados? Seriam as masculinidades evangélicas novas formas de socialização para homens encarcerados ou seriam elas sistemas de ideias e crenças que, de forma estratégica, repõem padrões de condutas aprazíveis para uma sociedade ainda de moral cristianizada e conservadora?

O "como" esse repertório repercute no interior da cadeia tem relação com os meios de disseminação das ideias e crenças religiosas pentecostalizadas e conservadoras, que envolvem desde cultos, até orações e estudos bíblicos. O "porquê" tais processos são recebidos com concordância por parte dos presos, sobretudo, homens brancos, é que instiga certa formulação de hipótese baseada na análise comparativa entre os discursos bolsonaristas e os discursos de internos evangélicos brancos, em contraposição ao discurso de internos negros.

De pronto, parece-me viável pensar que as masculinidades evangélicas, segundo um repertório de imagens bíblicas que se referem ao homem como aquele que possui tanto bens materiais, quanto as mulheres (Cf. Dt 4:1; 8:1; 1 Cr 28:8; Gn 38:2; 2 Sm 11:2-4), podem constituir um dispositivo que serve à manutenção da hegemonia masculina e branca. Isso porque esse imaginário religioso também funda-se numa divisão social, dada entre homens escolhidos (os judeus) e não escolhidos (os pagãos), esses últimos, feitos escravos e possuídos como espólios de guerra sempre que Israel pleiteava salvaguardar a religião, os costumes e a identidade de seu povo.

Contemporaneamente, essas ideias acionadas por meio da recepção pentecostal parecem reificar tanto a hegemonia de um sexo sobre outro, quanto de uma etnia sobre a outra. E, assim, emergem de um lado a invisibilização do homem preto e, do outro, a branquitude (justificada biblicamente) como um dividendo patriarcal que privilegia homens brancos, independentemente do marcador de classe. Assim, parece-me viável ainda outra observação. O material imagético e cultural para alimentar e manter o privilégio e a dominação de homens brancos é fornecido pela figura de um Deus cristão incorpóreo, porém, masculino, branco, europeu e colonial, cujos benefícios e privilégios não abrangem homens pretos.

Conforme mencionado anteriormente, a hipótese mais central das questões propostas por este trabalho gira justamente em torno da figura de um Deus cristão que embora não tenha corpo, é comumente representado segundo uma figura masculina, branca, europeia, colonial e hegemônica. Disso resulta que esse Deus, enquanto uma forma terminal e reconhecível de poder, constituído por relações generificadas de poder-saber, produz efeitos de verdade sobre gênero e, também, raça.

O que me provocou ao ponto de buscar instrumentos nas perspectivas pós-coloniais e decoloniais, para elaborações que se referem aos domínios que constituiriam um tipo de Matriz Colonial do Poder (MCP). Assim, vale notar que as teorias pós-coloniais e decoloniais convergem na crítica à modernidade e à tradição epistemológica ocidental eurocentrada, na medida em que configuravam-se ou ainda configuram-se como perspectiva universal de conhecimento, marginalizando todas as outras formas de existência e apreensão do mundo. A crítica ao eurocentrismo epistemológico encontrou campo fértil no grupo Modernidade/Colonialidade, formado em 1998.

Os pensadores dessa vertente ancoravam-se nas sistematizações teóricas de Derrida e Michel Foucault e dividiam-se entre os que entendiam a subalternidade como um *continuum* dessas perspectivas e aqueles que reivindicavam uma ruptura com a tradição epistemológica ocidental. Diante dessa fragmentação, o grupo se desfez e, a partir disso, emerge o projeto da decolonialidade, arquitetado a partir da interação entre produções intelectuais de vários países da América Latina, cuja convergência é a formulação de alternativas epistemológicas, fundamentando-se na premissa de que colonialismo difere-se de colonialidade.

Após as sistematizações empreendidas pelos pensadores pós-coloniais, Aníbal Quijano (2005) definiu o colonialismo como algo que teve um fim através de diversos processos históricos, tendo como marco a independência de países colonizados. Em contrapartida, a colonialidade refere-se à permanência de estruturas de poder colonial mesmo na modernidade, tendo como base a racialização dos sujeitos, das relações de produção, trabalho e conhecimento.

O autor denomina esses processos que se ancoram no colonialismo como Matriz Colonial de Poder (MCP). Essa matriz pode ser caracterizada pela interação entre quatro domínios que a sustentam e são sustentados por ela. São eles: controle da economia e autoridade, do gênero e da sexualidade, da produção e disseminação do conhecimento e da subjetividade. O que subjaz a essa matriz é o argumento racial e patriarcal historicamente construídos, a fim de normativizar o homem branco, europeu e cristão como sujeito universal em contraposição aos não brancos, não europeus e não cristãos.

Um dos principais pilares da colonialidade é a racialização das relações de produção, ou seja, refere-se a relações econômicas e políticas herdadas do poder colonial e ressignificadas através dos recursos capitalistas, colonialidade do poder (Quijano, 2005). O Eurocentrismo, como referencial e produtor de conhecimento legítimo, refere-se à dominação epistêmica europeia que reproduz padrões de pensamento coloniais, que resultaria na colonialidade do saber (Quijano, 2005).

Por fim, o controle das subjetividades e das experiências vividas pela colonização na construção das identidades e subjetividades, colonialidade do ser (Mignolo, 2003, 2010; Maldonado-Torres, 2007). A herança desse Eurocentrismo epistemológico tem permeado as produções acadêmicas por muito tempo. Exemplo disso é o fato de que até recentemente, quando se mencionava estudos em relações raciais, era o negro o objeto de estudo, não os brancos. Essa pretensa invisibilidade do sujeito branco e sua incapacidade de reconhecer-se um sujeito racial é um tipo de colonialidade que proponho ser uma colonialidade religiosa.

Alguns pesquisadores expoentes do pós-colonialismo[35] de atualidade resguardada, como Franz Fanon (1968), ao lado de Albert Memmi (1973) e Aimé Césaire (1978) foram pioneiros nos estudos sobre o fato colonial e seus impactos nas subjetividades negras e na consolidação de desigualdades sociais baseadas em determinada compreensão de raça.

Para os autores, os processos da colonização consolidaram uma dialética entre colonizador e colonizado, transformando o primeiro em colonialista convencido de sua superioridade

35 As pesquisas pós-coloniais de estudos literários e culturais foram marcadas pela crítica da modernidade eurocentrada e os impactos da colonização para a construção discursiva de identidades de colonizadores e colonizados no período após as independências a partir do olhar do colonizador/europeu.

e direito de dominar que alimentou, no segundo, uma identidade subalternizada como "natural".

Os processos de criação e consolidação dessas identidades podem ser pensados a partir de movimentos de diferença, valor e diferenciação. A diferença é entendida como um conjunto de características que se distinguem de algum padrão normativo que pode, inclusive, ser representado por fenótipos. Ou seja, uma pessoa com o fenótipo europeu, de pele, olhos e cabelos claros é diferente de uma pessoa com o fenótipo africano, de pele, olhos, cabelos negros. Já o valor é uma "atribuição de importância simbólica a duas totalidades postas em comparação". Ou seja, o valor a um ou outro indivíduo é maior ou menor designado tendo o que é normativo como padrão.

Então, ao padrão eurocêntrico branco é designado maior valor que, por sua vez, encontra a contraposição aos não brancos, não normativos, logo, de menor valor. Os processos de atribuir valor e diferença gera a diferenciação, que se dá quando realiza-se a valoração positiva e negativa entre dois diferentes, qualificando ou desqualificando as diferenças. Então, as diferenças fenotípicas acabam por ser valoradas, provocando uma diferenciação entre pretos e brancos, sendo os primeiros inferiores aos segundos. Logo, diferenciar é o ato de hierarquizar relações, discriminar e promover desigualdades diversas (Assis; Souza, 2019, p. 162).

A diferenciação bem como a atribuição de determinados valores às diferenças ou traços é que possibilita não apenas o racismo, mas as desigualdades de gênero e classe. Esses processos estão presentes nas micro e macrorelações de poder atravessadas pelo repertório religioso cristianizado e conservador. A instituição Igreja Católica respaldou os processos colonizadores tanto a nível estrutural, quanto capilar. E como isso teria ocorrido?

No período das dominações, o repertório católico respaldava a mentalidade dos colonizadores brancos acerca da inferioridade dos povos não brancos e seu primitivismo, em relação ao repertório de suas crenças não cristãs. Dessa forma, a igreja incentivou a colonização da subjetividade dos colonizados, tanto no nível da crença, quanto no nível dos recortes de raça e de gênero. A diferença entre brancos europeus e negros africanos se explicava pelo fenótipo e pela crença. Atribuía-se valor positivo aos primeiros, e negativo aos segundos.

A diferenciação produziu, então, a qualificação de homens brancos europeus e a desqualificação, desumanização de negros africanos. Essa qualificação dos sujeitos brancos, cristãos e europeus como universais alimentou a incapacidade dos brancos se entenderem como sujeitos racializados. A ausência dessa percepção perpetuou um tipo de invisibilidade estratégica da racialidade branca e, consequentemente, a manutenção dos privilégios brancos, de forma consciente, ou não.

Enquanto os europeus brancos, mesmo os imigrantes considerados da "ralé", são comedidos e têm o corpo e as pulsões sexuais disciplinadas pela doutrina cristã, os pretos têm uma potência sexual alucinante. É este o termo: é preciso que essa potência seja alucinante. Alucinante, pois os brancos precisavam se contrapor ao caos representado pelos negros e sua corporeidade, associada a uma espécie de animalidade, cuja finalidade seria corroborar com sua branquitude estrategicamente invisível como referencial de humanidade e masculinidade hegemônica universal.

Fanon (2008) também desenvolveu análise sobre o medo branco diante dos negros, compreendendo que era o medo da sexualidade o elemento preponderante na produção das identidades brancas e, consequentemente, negras, aqui, especificamente, identidades masculinas. Segundo o autor, diferente dos judeus que carregam um suposto potencial intelectual junto a uma capacidade de apropriação de espaços entendidos como de direito das elites, o

> preto é o genital. Toda a história resume-se a isto? Infelizmente não. O preto é outra coisa. Aqui ainda reencontramos o judeu. O sexo nos separa, mas temos um ponto em comum: ambos representamos o Mal. O negro mais ainda, pela boa razão de ser negro. [...] O negro é o símbolo do Mal e o do Feio. Cotidianamente, o branco coloca em ação esta lógica (2008, p. 154).

A citação acima é objetiva: a desumanização dos povos negros se deu através da hiperssexualização que reduzia seus corpos ao biológico, à animalidade, ao instinto, logo, à ausência de alma, afeto, emoções, senão as produzidas no corpo e através do corpo. Assim, ainda de acordo com Fanon (2008, p.143), ter medo do preto é ter medo do biológico, das pulsões do corpo e dotam a figura dos negros como portadora, exclusivamente, de potencial sexual e reprodutivo. Assim, "o Governo e a Administração assediados pelos judeus. Nossas mulheres, pelos negros" (2008, p. 143).

Fanon propôs um padrão: "para a maioria dos brancos, o negro representa o instituto sexual (não educado). O preto encarna a potência genital acima da moral e das interdições" (2008, p. 143). O trecho em destaque é significativo à medida em que indica a criminalização das sexualidades negras que, de acordo com a mentalidade branca, deveria ser, necessariamente, "alucinante".

Essa criminalização foi, mais tarde, continuada e corroborada no início do surgimento das ciências criminológicas, por exemplo, com os estudos propostos por Césare Lombroso, destacadamente, a obra O homem delinquente (1909), que afirmava, a partir de suposta cientificidade, que homens negros possuíam tendências biológicas à criminalidade. Assim, a criminalização da cor e da sexualidade negras construíram um imaginário de que o preto é "senhor e especialista da questão: quem diz estupro, está dizendo preto" (Fanon, 2008, p. 143).

A construção desse imaginário acerca do homem negro como uma potência sexual alucinante implicou em dois movimentos: o da hipervirilidade negra e o da ameaça e violência, sempre a depender das necessidades das masculinidades brancas hegemônicas.

Do lado dos homens brancos, os corpos negros foram estigmatizados, demonizados e estereotipados como uma ameaça que encontra maior representação no falo negro. Contudo, existe uma ambivalência: o corpo negro masculino pode ser objeto de prazer ou arma que ameaça.

Do lado dos homens negros, houve um movimento de apropriação e ressignificação das noções patriarcais de masculinidades hegemônicas como centrada, principalmente, no desejo sexual masculino. Assim, os homens negros transformaram a hiperssexualização de seus corpos em erotismo, sensualidade e capacidade de dar e receber prazer (Hooks, 2003, p. 66). Ainda segundo Bell Hooks (2003, p. 66), ao fazer esse movimento, os homens negros percebidos como ameaçadores, sejam ameaças simbólicas, sejam concretas, podem ser difundidos na sociedade através de processos de fetichização de seus corpos de forma semelhante à objetificação feminina intrínseca ao patriarcado.

Com base nos processos descritos acima, pode-se compreender como a construção das masculinidades negras é indissociável da violação e da violência, nos níveis estrutural, racial, subjetivo e das identidades generificadas. Aos homens negros impôs-se a fixação compulsória de duas identidades:

a de objeto ou a de estuprador. Além da hipersexualização e peso do falo negro, que molda e aprisiona homens negros a uma forma de corporeidade, gerando fraturas identitárias nas relações afetivas, o corpo do homem negro foi constituído e continua sendo determinado pelo Estado, na medida em que é alvo de certos aparatos institucionais, como: polícia, cadeia, medicina, psiquiatria e psicologia.

Tais aparatos produzem efeitos objetivos e subjetivos nos corpos, que se podem observar nas relações, por exemplo, entre homens – dominantes – sobre as mulheres. Os efeitos dessas relações podem ser percebidas objetivamente, como dito, no posicionamento desses corpos, mas também nas subjetividades dos homens quanto às exigências das masculinidades. Daí que se pode afirmar que as masculinidades têm sido construídas em contextos de violência histórica, estrutural e cotidiana.

Diante disso, os únicos beneficiários dos ideais de masculinidades na modernidade foram aqueles criados à imagem e semelhança de Deus: homens, brancos, europeizados, colonialistas. As representações mentais, estruturas e instituições sociais de origem colonialista têm sido ressignificadas através dos séculos, porém, mantendo o objetivo primeiro: sustentar o sistema-mundo moderno e colonial.

Transpondo o enquadramento acima para o contexto da construção social e histórica da nossa sociedade, encontramos algumas especificidades que balizam as relações raciais que constituíram as identidades dos brancos brasileiros. A autora Maria Aparecida Silva Bento (2002, p. 28) propôs, a partir de anos de pesquisas com pessoas brancas em diferentes contextos e instituições, que os entrelaçamentos das dimensões subjetivas e concretas das relações raciais que formam a branquidade e potencializam o racismo se exercem através de alguns elementos em comum.

Dentre esses, destaco os mais significativos à presente análise, quais sejam, o medo branco e os pactos narcísicos da branquitude/branquidade, sendo o primeiro o propulsor dos segundos e, ambos, indissociáveis. O medo foi um dos sentimentos mais intensos e mais largamente disseminados no período colonial, no Brasil e no mundo. Na obra produzida por Celia Maria Marinho de Azevedo, "Onda negra, Medo branco" (1987), é possível encontrar um acurado trabalho de resgate histórico da presença do medo que permeou a construção do Brasil.

O medo de ter a hegemonia demográfica, social, política e econômica brancas solapada pelo grande contingente de negros africanos no Brasil resultou em políticas eugenistas, de miscigenação e, posteriormente, de imigração. Lançando as bases para a compreensão dos efeitos da racialização branca no Brasil, Azevedo (1987, p.18) afirma que, devido ao medo, todos os brancos, fossem pertencentes à elite econômica ou intelectual, fossem integrantes dos grupos miseráveis e subalternizados durante o século XIX, "realmente temeram acabar sendo tragados pelos negros mal-nascidos e mal-pensantes [...]" (Azevedo, 1987, p. 18).

Conforme desenvolvido em tópico anterior, a autora Raewyn Connell (2005) informa sobre relações de poder intrínsecas à produção de masculinidades, dentre as quais interessa a esse tópico a relação de marginalização e cumplicidade, cujo resultado se dá na branquituide como dividendo patriarcal. Isso porque, conforme também descrito, o gênero é mais uma forma de estruturar práticas sociais em geral, logo, é inevitavelmente envolvido com as demais estruturas, como a raça e a classe.

Segundo Connell (2005, p. 80), em um contexto de supremacia branca, as masculinidades negras desempenham papel simbólico na construção das masculinidades brancas, através dos processos acima descritos. Para se construir e se manter como masculinidade legítima, os brancos precisam se contrapor ao imaginário das masculinidades negras e, dessa forma, também controlá-las. Assim como Fanon (2008), Connell (2005, p. 80) desenvolve a noção de marginalização a partir do exemplo da figura dos atletas negros americanos e bem-sucedidos.

As estrelas negras do esporte que alcançam fama, dinheiro e sucesso podem representar o poder masculino de forma geral. A relação de marginalização entre as masculinidades brancas e negras sempre se dá a partir da autorização das primeiras sobre as segundas. Dito de outra forma, os exemplos do poder masculino representado pelos atletas negros é totalmente oposto do imaginário acerca do homem negro comum. Este não herda a autoridade social concedida aos atletas e, em vez disso, enfrenta o estigma do negro como o descrito por Fanon (2008): ser homem negro é ser potencialmente um estuprador.

Simultaneamente aos processos de construção do imaginário acerca do homem negro, foi-se consolidando, também, a racialidade branca. De acordo com o autor Lourenço Cardoso (2010), o pioneiro nos estudos sobre as problemáticas da racialidade branca foi o pesquisador pan-africanista W. E. B. Du Bois (1935). Em seguida, surge as elaborações de Frantz Fanon, em 1952, cuja proposição foi analisar as relações entre o branco e o negro, como um enxergava o outro, sobre a internalização de padrões normativos de identidade e os efeitos das especificidades desse olhar recíproco. No início da década de 1960, podemos mencionar, ainda, os trabalhos do ativista negro Steve Biko, que também propôs problematizar as identidades brancas.

Ainda de acordo com Cardoso (2010, p. 616), ao trazer a discussão para o Brasil, é possível considerar que o pioneiro nos estudos sobre a racialidade branca foi o autor Guerreiro Ramos, em sua obra *Patologia social do "branco" brasileiro* (1957) com a utilização do termo brancura. Ainda segundo Cardoso (2010, p. 616), o termo brancura pode ser entendido em duas frentes: pode ser equivalente ao que, hoje, entendemos por branquitude, porém, pode ser utilizado apenas como descritor do fenótipo de pessoas brancas. A brancura, ou seja, a pele clara, cor dos cabelos, formato dos olhos e da boca é um dos traços da branquitude.

Em 1962, em sua obra *Casa Grande & Senzala*, Gilberto Freyre utiliza, pela primeira vez, o termo branquitude. O autor faz contraposição à noção de negritude condenando ambos os termos, na medida em que defendia a perspectiva de uma democracia racial brasileira. Freyre considerava ambas as noções como um tipo de sectarismo nocivo às boas práticas democráticas da miscigenação. Dessa forma, tal dualidade, branquitude *versus* negritude, não ocorria sem "certas vantagens"", a tal dualidade não era "de todo prejudicial".

Nesse sentido, segundo Freyre (2003, p.132), as diferenças não se davam em termos de relações de poder entre oprimidos e opressores, antes, eram elementos que enriqueciam a formação cultural brasileira, pois havia o contato da "espontaneidade, do frescor de imaginação e emoção" de ameríndios e africanos com "a ciência, com a técnica e com o pensamento adiantado da Europa", através das elites.

Mais recentemente, nas décadas de 1990 e 2000, o campo de pesquisas norte-americano evidenciou-se como o centro das abordagens sobre a racialização e identidade brancas, denominado *critical whiteness studies* (Estudos críticos da branquitude). A autora brasileira Edith Piza (2005) compartilhou, inicialmente, as premissas anteriormente elaboradas pela socióloga Ruth Frankenberg (2004), cujo cerne argumentativo girava em torno da incapacidade do branco de se enxergar como ser racializado, invisibilizando a identidade branca, seu papel e seus efeitos, à medida em que não é demarcada.

Piza (2002) desenvolveu uma analogia para explicar essa invisibilidade: a branquitude seria como uma porta de vidro. A autora continua e afirma que a descoberta do branco de sua identidade racializada pode ser ilustrada pelo impacto que sofremos ao batermos contra uma porta de vidro. A primeira reação é o susto e, possivelmente, dor pelo impacto; seguido de choque e surpresa por não termos percebido que, diante de nosso nariz, havia uma porta de vidro.

Conflito interno por termos ignorado os contornos do vidro, as bases metálicas que sustentam a porta, a funcionalidade da transparência, os ruídos emitidos por quem transita em volta e entre as direções mediadas pela porta. A partir dessa analogia, da "porta de vidro como entrada para a branquitude" (2016, p.64), torna-se possível perceber que o branco é representante de si mesmo, sujeito e indivíduo pleno de sua existência.

Em contraposição a essa invisibilidade de cor e raça na constituição da individualidade branca, o negro, por sua vez, carrega um bloco homogêneo representado por uma coletividade racializada que fixa que a cor e a raça são eles mesmos e vice e versa. Entretanto, após o avanço dos estudos, ambas as autoras reelaboraram a premissa da invisibilidade branca, enfatizando que essa invisibilização apenas ocorre em determinadas situações em que a branquitude esconde-se atrás de um referencial normativo, ou seja, é estratégica, histórica e localmente situada.

A partir de reelaborações em que as diferenças entre as nomenclaturas branquitude *versus* branquidade se davam apenas em termos de tradução, Piza (2005) desenvolveu outra proposta que objetivou localizar historicamente os processos de construção da racialidade branca. O termo negritude, atribuído como elaboração pioneira do poeta pós-colonial Aimée Césaire (1938), posteriormente ampliado pelo movimento negro estudantil, chegou ao contexto brasileiro apenas em meados da década de 1970.

A definição do termo é plural e alberga diversas definições, conforme atesta Kabengele Munanga (2015). A negritude é, para os descendentes de africanos brasileiros e de outros países, uma "revalorização e aceitação da sua herança africana [que] faz parte do processo do resgate de sua identidade coletiva" (Munanga, 1986, p.16). Ela faz parte da luta de reconstrução positiva das identidades negras e faz o movimento de reparação dos valores culturais e individuais negros.

Já o termo negridade foi utilizado pela primeira vez por Arlindo Veiga, fundador da Frente Negra Brasileira, nas décadas de 1920 e 1930, cujos discursos de viés monarquista evidenciavam a necessidade de integração do negro na sociedade brasileira, porém, através de parâmetros e referenciais brancos. Segundo Piza (2005), negridade implica em uma existência baseada em "parecer-se" branco, a fim de obter a aceitação entre brancos. Então, dentre as identidades negras, temos uma atitude positiva e outra negativa e, a partir dessa dinâmica, Piza (2005) propõe que os brancos realizem os mesmos movimentos.

Nesse sentido, a autora sugere que pensemos a branquitude como uma atitude negativa dos brancos em direção à supremacia branca identificada como expressão plena da humanidade. A branquitude "é um movimento de reflexão a partir e para fora de nossa própria experiência enquanto brancos" (Piza, 2005, p. 07). Na contramão dos consensos estabelecidos até o presente acerca dos sentidos da branquitude, Piza (2005) propõe que esta seja pensada como uma fase, uma etapa de superação de seu oposto, a branquidade.

Se a branquitude refere-se à atitude questionadora, de contestação e negação de indivíduos brancos acerca das vantagens estruturais advindas de sua racialidade, a branquidade, por sua vez, é o oposto. Piza (2005) alerta que suas definições de branquitude e branquidade necessitam de maior ampliação e aprofundamento e ressalta que não existe simetria nos processos de construção da racialidade branca e negra sendo a primeira alocada, necessariamente, em eixo opressor e a segunda em polo oprimido.

Além disso, é impossível dizer que a branquitude vem sendo construída a partir de noções de resgate de identidades culturais baseadas em memória, orgulho e ancestralidade, ou seja, não requereu organização política fundamentada na etnicidade. A maior contribuição de Piza (2005), na diferenciação conceitual proposta, é superar a ideia de invisibilidade branca, localizando social e historicamente a branquidade como um construto social, fruto de relações de poder que visavam estratégias específicas.

Frankenberg (2004) descreve oito aspectos do que Piza (2005) propõe definir por branquidade, quais sejam: 1) ela é um lugar de vantagem estrutural nas nossas sociedades, 2) é um ponto de vista, um lugar a partir do qual nós, brancos, enxergamos a nós mesmos e os outros, 3) a branquidade é *locus* de elaboração de práticas e identidades culturais não marcadas, não denominadas e não especificamente raciais; 4) ela é deslocada dentro de denominações étnicas e de classe.

Em seguida, informa que 5) incluir-se na categoria branco pode ser controverso e, a depender das especificidades de diferentes períodos e contextos, alguns tipos de branquidade marcam as fronteiras da própria categoria. Enquanto um marcador social de raça, 6) a branquidade não é fixa ou absoluta, mas atravessada por inúmeros outros eixos e posições de poder; 7) ela é, fundamentalmente, elemento interseccional e, sendo assim, não possui sentido intrínseco, mas apenas significações históricas e socialmente construídas e atribuídas.

E, por fim, 8) somando todas as características acima, é preciso destacar que, enquanto categoria mental construída através de relações de poder-saber cuja finalidade era a hierarquização e consequente dominação dos grupos sociais não europeus, a raça é uma ficção, é irreal. Porém, assim como a fixação de uma identidade negra possui efeitos concretos, discursivos e materiais cotidianos como discriminação, preconceito e racismo, a racialização invisível das identidades brancas também resultaram em determinados efeitos que se dão, principalmente, na forma de benefícios e privilégios (Frankenberg, 2004, p. 312-313).

Neste ponto, retomo a questão: o que faz com que homens brancos evangélicos em situação de cárcere, que ocupam o polo oprimido do marcador de classe, compartilhem um discurso conservador cristão pentecostalizado com homens brancos que ocupam polo oposto, do opressor? Respondo a esse questionamento a partir da teorização proposta por Connell (2005) acerca da noção de cumplicidade e de dividendo patriarcal. A autora afirma que, apesar de não realizarem características da hegemonia, os homens brancos herdam benefícios e privilégios fornecidos pela hegemonia das masculinidades.

Esses benefícios se dão mais a nível simbólico do que material ou econômico. É o *status* de "ser branco", de pertencer a um grupo social considerado legítimo que une homens brancos de classes distintas com o objetivo comum de manter a supremacia. A essa cumplicidade masculina soma-se o que Maria Aparecida Bento (2002) denominou de pacto narcísico da branquitude. Baseando-se nos estudos acerca das identidades de grupos, realizado por René Kaes (1997), Bento (2002, p.51) informa que os brancos possuem acordos inconscientes que ordenam que "não se dará atenção a um certo número de coisas: elas devem ser recalcadas, rejeitadas, abolidas, depositadas ou apagadas".

Esse apagamento ou cegueira a determinadas dimensões da realidade que põem em risco os interesses do grupo, no caso, branco e masculino, refere-se, também, ao medo da perda de poder e privilégios para o outro, aqui, especificamente, o outro negro. Diante desse enquadramento teórico, proponho que o Deus cristão masculino se constitui enquanto um sistema abrangente, de organização e de significação, cuja cristalização das relações de poder generificadas que produzem as masculinidades hegemônicas se apresenta enquanto forma terminal e reconhecível do poder.

Associando com os níveis de atuação propostos por Messerschmidt (2018) enquanto sistema abrangente, Deus e sua masculinidade hegemônica não apenas se exercem em arena transnacional, mas transcendental, perpassando níveis locais, regionais e globais, subjetivando e objetivando diferentes tipos de masculinidades. Enquanto produziam as identidades negras afixando-as à corporeidade, ao biológico e à sexualidade, as identidades brancas se constituíam de forma sutil, quase que invisível, incorpóreas.

O que torna possível pensar que a criação do homem "à imagem e semelhança de Deus" refere-se à constituição dos homens brancos a partir do compartilhamento dos marcadores constitutivos da divindade: ele é um homem, branco e onipotente. Assim, ser homem branco é ser um pouco Deus. A divindade não possui uma classe social específica, logo, nublar esse marcador a fim de manter a supremacia masculina e branca, configura-se como mais uma estratégia de dominação.

Isso significa que a branquidade, conforme descrita acima, atua como um dividendo patriarcal que nubla o marcador classe, gerando a cumplicidade entre "bandidos" e "cidadãos de bem", cujo balizador comum é representado pelo discurso religioso compartilhado. E é, também por isso, que os homens negros evangélicos sentiram necessidade de demarcar a diferença em relação aos internos evangélicos brancos: os homens negros não herdam a branquidade como um dividendo patriarcal que os beneficia.

3.3 Políticas penais de assistência religiosa: perspectivas a partir da Ciência da Religião

Em março de 2021, o Departamento Penitenciário Nacional (Depen) produziu o 1º Levantamento sobre Prestação de Assistência Religiosa no sistema penitenciário do país[36]. A pesquisa teve como objetivo produzir indicadores para melhorias na oferta de serviço de Assistência Religiosa nas unidades prisionais brasileiras, bem como realizar diagnóstico de "desafios e boas práticas", a fim de fomentar políticas públicas a nível nacional em uma agenda específica dentro da pasta de políticas penais.

O público-alvo do levantamento foi os gestores e representantes religiosos do serviço dessa assistência que responderam onze questionamentos. A pesquisa, segundo o documento, fez uso de metodologia quali-quantitativa, aplicação de formulário online através de questões dicotô-

36 O Departamento Penitenciário Nacional (Depen) é o órgão executivo que acompanha e controla a aplicação da Lei de Execução Penal e das diretrizes da Política Penitenciária Nacional, emanadas, principalmente, pelo Conselho Nacional de Política Criminal e Penitenciária (CNPCP). Além disso, o Departamento é o gestor do Fundo Penitenciário Nacional (Funpen), criado pela Lei Complementar nº 79, de 07 de janeiro de 1994 e regulamentado pelo Decreto nº 1.093, de 23 de março de 1994. Disponível em: https://www.gov.br/depen/pt-br/acesso-a-informacao/institucional. Acesso em: 13 mar. 2022.

micas. Entretanto, ao final, os entrevistados puderam dispor de espaço para dissertar sobre o tema, descrever desafios ou experiências. Embasaram o diagnóstico mil trezentos e cinquenta e seis respostas.

O documento indica seu teor, antes de apresentar resultados e gráficos, confrontando sociólogos como Karl Marx, Max Weber e Émile Durkheim no que tange às teorizações sobre o aspecto de controle social conferido às religiões. Assim, pautam a justificativa em registros históricos que apontam que "em todas civilizações há registro sobre a existência de contato com o transcendente, com o sagrado" (2021, p. 1), contudo, não indicam referências que respaldem a assertiva.

Afirmam, ainda, que o campo de pesquisas com "fundamentação e análise científica sobre o cenário nacional, no sentido de compreender a assistência religiosa como parte do ciclo de políticas públicas", são incipientes e, dessa forma, justifica-se a iniciativa. Para corroborar essa compreensão, fazem uso de duas pesquisas realizadas por médicos acerca do benefício de se praticar espiritualidade para a saúde dos indivíduos (Penna; Avezum, 2007).

Além desses, fazem referência à dissertação de Marleide Freitas (2019), na área de Ciências da Religião, que versa sobre a contribuição das religiões para a ressocialização de sujeitos privados de liberdade. A autora afirma, em artigo, que é necessário lembrar que a "religião cristã possui traços dominante na ressocialização dos encarcerados, pois ela procura formar novos paradigmas na mentalidade dos presos". Isso porque o que a autora chama de consciência religiosa tem "comprovadamente, a capacidade de colaborar para o reequilibro das personalidades desajustadas, auxiliando na recuperação de vícios, depressões [...]". Em seguida, passa-se para os resultados obtidos pelo levantamento cujo recorte temporal foi o tempo presente, período de pandemia. Um dado significativo é que não há, quando do recebimento dos sujeitos, um registro sobre a confissão religiosa do interno na grande maioria das unidades prisionais.

No eixo um, questionário respondido pelos gestores, no espaço circunscrito para que dissertassem sobre desafios e boas práticas de assistência religiosa, a falta de espaço adequado específico foi o mais recorrente. Sobre as boas práticas, apareceram referências a bloco ou cela específica para evangélicos, estudo da bíblia, formação de corais, dentre outros. Na medida em que o tempo pandêmico exigiu adaptações, o uso de tecnologias audiovisuais, televisores e assistência remota por parte das igrejas foram bastante citados como experiência positiva.

A pergunta sobre a frequência da assistência religiosa nos presídios obteve a resposta de "nunca ocorreu" para a Umbanda, Candomblé e Mórmons em mais de seiscentas unidades. O questionário qualitativo do eixo dois foi destinado às lideranças religiosas que prestam assistência. A fim de obter participação, o órgão enviou ofícios para as denominações religiosas mais atuantes no Brasil, convidando-as para o preenchimento.

Foram cento e trinta e duas respostas obtidas, tendo a maioria das lideranças religiosas se declarado de confissão evangélica, em seguida católicos e, por último, doutrina espírita. As perguntas versaram sobre estrutura, formação do representante que presta assistência, dificuldades na oferta do serviço nas unidades e experiências exitosas. Dentre as dificuldades, foram recorrentes a falta de espaço adequado, falta de preparo de agentes de segurança, falta de acesso ao livro religioso, dentre outros.

Como experiências positivas, citaram programa de correspondência via cartas, o que não exige que se movimente a logística da unidade, programas de leituras religiosas e rádios e televisores com programação ecumênica. De posse dos resultados, a Coare elaborou uma ação intitulada Rádio Ecumênica que faz parte da nova política de fortalecimento. O projeto foi disponibilizado para consulta pública que permitia, inclusive, comentar os tópicos do documento.

O texto do documento é iniciado com uma definição de assistência religiosa como algo significativo para a reabilitação de encarcerados, a despeito de ser algo que "primeiro momento diz respeito à liberdade de crença e religião e ao direito da pessoa privada de liberdade de praticá-la" (Depen, 2021). De forma vaga, o projeto é descrito como uma ação que tem potencial de ampliar as alternativas de acesso à assistência religiosa que consiste em um direito do interno.

Alega-se que a implantação da rádio representa a democratização do acesso e a melhor integração entre as políticas de assistência, favorecendo a constância no contato dos encarcerados com a religião, algo que facilitaria a ressocialização. Os dois principais objetivos são a humanização da pena e a reintegração social dos sujeitos privados de liberdade ou egressos.

Justifica-se afirmando que o homem é um ser moral que possui necessidades espirituais e, dessa forma, o Estado deve criar formas de atendê-lo e assegurar a diversidade e a livre escolha de crença. A rádio também seria utilizada para comunicar notícias da unidade, conteúdos educacionais e culturais. Além disso, o Depen afirma que irá editar uma cartilha para uso adequado da tecnologia a ser implementada antes de qualquer iniciativa.

Os equívocos que permeiam os documentos e ações acima descritos são inúmeros e vão desde o método para realização do levantamento, perpassando a falta de fundamentação teórica a partir de pesquisas bem fundamentadas sem viés cristianizado até a proposta da ação na implementação da rádio. Segundo o levantamento, o objetivo da pesquisa era mapear a situação da assistência religiosa nas unidades prisionais, a fim de criar indicadores de qualidade na implementação de novas políticas. Contudo, o recorte temporal delimitado foi o do tempo presente, em meio a uma pandemia em que a assistência não está sendo plenamente realizada por motivos de segurança.

Logo, faz sentido que tenha havido entusiasmo por parte de gestores e lideranças religiosas ao exaltar o uso de audiovisuais. Tal fato pode ser interpretado como uma tentativa de direcionar a implementação da Rádio Ecumênica. Ainda mais curioso é o fato de que foram ouvidos gestores e religiosos majoritariamente evangélicos e os maiores interessados, ou seja, os internos, não tiveram participação. A validade desse levantamento, nesse sentido, pode ser questionada pelo método e pelo referencial teórico. A justificativa para o levantamento informa que é incipiente o campo de pesquisas empíricas e metodologicamente científicas no que se refere a políticas penais de assistência religiosa. Ora, desde 2005, com a publicação da Revista de Comunicações do Iser Religiões e Prisões, o tema vem sendo tratado. Além de publicações não compiladas e, ainda, as diversas publicações de pesquisas realizadas pela Pastoral Carcerária que reúne pesquisadores de várias áreas.

A despeito desse campo profícuo em subsídios para tais políticas, o documento menciona pesquisas enviesadas, como a da autora que afirma que a religião cristã possui doutrina mais adequada para a ressocialização de sujeitos em conflito com a lei. Ao justificar os motivos pelos quais a doutrina cristã é mais qualificada, afirma que ela busca transformar as mentalidades. Continua a exposição ratificando estigmas sociais referentes à saúde mental e coletiva, dizendo que é a consciência religiosa a única capaz de curar personalidades desajustadas, vícios e depressão.

Os resultados obtidos com o questionário qualitativo destinado às lideranças religiosas também perde em validação. Isso porque foram enviados ofícios para as "maiores denominações religiosas do Brasil". Ora, as maiores denominações religiosas atualmente são as cristãs, pentecostalizadas e católica. Daí, quando se pergunta sobre a ausência de outras religiões alegam que, além de haver número reduzido de adeptos de religiões de matriz africana, há uma desinformação sobre os processos de credenciamento para assistência e falta de sensibilização dessas representações religiosas.

Se não há registro da confissão religiosa dos sujeitos quando da admissão dos internos e se eles não foram ouvidos para a produção do levantamento, como afirmar que o número de adeptos de religiões não cristãs é assim tão reduzido? Não há. A desinformação é sintoma e não a causa da ausência de outros segmentos religiosos. Por fim, indicam que há falta de busca ativa desses e outros segmentos, logo, esta busca deverá servir como solução.

Contudo, ignoram que todo o sistema promove o silenciamento e abafamento de religiões, notadamente, de matriz africana em todos os níveis. Seja no incentivo de gestores e funcionários das unidades, seja nas próprias políticas de assistência. Os documentos fazem uso de recurso discursivo estratégica na redação dos regulamentos fazendo uso de termos genéricos como moral, valores humanos, espiritualidade ou ecumênico.

Esses termos possuem pretensão de universalizar sentidos e significantes que são cristianizados e, dessa forma, corroboram o que parece ser a modulação de novo tipo de controle, um tipo de disciplinarização mais sutil e estratégica a fim de se adequar a modernidade à noção de laicidade. O texto do projeto da rádio diz que praticar religião é uma forma de o indivíduo se religar consigo mesmo e de se projetar no futuro como cidadão. Ignoram, assim, que a cidadania é de todos para todos, independentemente de cor, credo, classe social, região, formação ou situação jurídica.

As estratégias acima descritas são acionadas em todos os níveis, do micro ao macro, através de múltiplas interações. Conforme aprofundo ao longo da tese, as Associações de Proteção e Assistência a Condenados (Apac) possuem métodos similares aos descritos e fazem parte dessas redes de poder movimentadas pelas religiosidades cristãs. A despeito de não se apresentarem como instituição religiosa, fazem uso dos mesmos dispositivos discursivos e têm ganhado cada vez mais espaço na gestão da execução de pena. Tudo acima exposto delineia um caminho que pode se constituir em ameaça às liberdades de crença, culto e respeito à diversidade.

Retomando o exemplo da ação representada pela Rádio Ecumênica e sua também vaga descrição, relembro, aqui, a grave violação aos direitos de sujeitos privados de liberdade. Em 27 de dezembro de 2010, o site *O tempo*[37] veiculou alarmante reportagem que informa que a Igreja Batista da Lagoinha estava patrocinando vinte e quatro horas diárias de programação evangélica em dois Centros de Remanejamento do Sistema Prisional (Ceresp).

Segundo a reportagem, o governo do Estado confirmou a parceria com a igreja evangélica, porém, afirmou que a programação também contemplava canais como o "Rede Vida, Canção Nova, a estatal Rede Minas e a TV Justiça, com notícias do Poder Judiciário". A transmissão, segundo a reportagem, era controlada pela sala de direção das prisões e, "aos detentos é reservada apenas a liberdade de diminuir o

37 Disponível em: https://www.otempo.com.br/cidades/igreja-patrocina-tvs-e-impoe-programacao-em-presidios-1.378774. Acesso em: jan. de 2021.

som e o brilho da TV, à noite. Apertar o botão "off" só depois de muita negociação e acordo entre os colegas da mesma cela".

A "humanização da pena" é objetivo e justificativa recorrente para a presença de religiosidades cristãs pentecostalizadas nos presídios. Ora, como humanizar a partir de procedimentos no melhor estilo de uma inversão do filme clássico Laranja Mecânica[38], submetendo os indivíduos a áudio e vídeo ininterruptos sobre crenças que, talvez, nem sejam suas. A referência ao filme clássico pode, em um primeiro momento, parecer apelativa.

Entretanto, recorro a essa alusão, especificamente, para ilustrar como a religião estava sendo utilizada de forma ilegal e abusiva a fim de disciplinar os sujeitos privados de liberdade e como a proposta da Rádio ecumênica é, na realidade, uma grave violação às liberdades religiosas. Isso porque ambas as rádios possuem a mesma justificativa: afirmam que o conteúdo a ser transmitido é ecumênico e jurídico, de cunho educacional, cultural e informativo.

Diante do acima exposto, parece-me possível afirmar que o aspecto político dessa pesquisa se dá não apenas em metodologia e redação acadêmicas contra as hegemonias epistemológicas. Isso porque é a partir das vivências experienciadas com as realidades locais e cotidianas da prisão pesquisada que torna-se possível, com esse estudo, contribuir para a elaboração de indicadores de qualidade para a assistência religiosa nas prisões de maneira democraticamente eficaz.

38 A Clockwork Orange é um filme de 1971, dirigido por Stanley Kubrick. A história se passa no Reino Unido e gira em torno do líder de uma gangue que espalha violência e caos pela cidade. Preso e julgado, o líder da gangue é submetido, com seu consentimento, a um tratamento que consiste em assistir cenas de violência, sexo, drogas por longos períodos, até gerar mal estar físico.

Embora o foco deste trabalho não tenha sido as erráticas políticas públicas de assistência religiosa no cárcere, as questões que permearam esta tese ressaltaram a necessidade da disseminação da discussão sobre a aplicabilidade dos aportes teóricos da Ciência da Religião. Através da instrumentalização dos aparatos estatais por meio da agência de indivíduos ou grupos que ocupam funções no legislativo e executivo penal, o que se segue mostra-se alarmante para a democracia e respeito à liberdade de culto e de crença, bem como a obrigatoriedade de que gestores criem possibilidades de atendimento a crenças não cristãs.

De acordo com Clemens Cavallin (2021), para uma aplicabilidade eficaz da Ciência da Religião, faz-se necessário compreender valores e fundamentos políticos e culturais que respaldam a área. Assim, o autor desenvolve proposta de quatro tipos ideais de possíveis aplicabilidades, quais sejam, o modernista/iluminista, o pós-moderno, o utilitário e o baseado nos Direitos naturais e humanos.

De forma crítica, o que o autor indica é a necessidade de que cientistas da religião se atentem a valores e julgamentos implícitos às práticas de forma a não comprometerem-se, inconscientemente, na defesa de algo que possa ser injusto para alguma parte envolvida, seja do público a ser atendido, seja dos contratantes. O primeiro modelo serviria ao propósito de apoiar os Estados a elaborar e manter a laicidade, como o próprio nome indica, esse modelo baseia-se em fundamentos da razão.

No segundo tipo, o autor mescla noções multiculturais, feministas e de direitos das ditas minorias. Esse modelo seria aplicado por cientistas e intelectuais que deveriam ocupar o espaço público em busca de proteger possíveis violações dos direitos de minorias, inclusive, violações em nome de uma fé ou sagrado universal. O penúltimo tipo, o utilitarista, é fundamentado pelos impactos da globalização e massificação das universidades, tecnologias e informações.

Nessa lógica, o modelo utilitário se presta a auxiliar as nações a abordarem questões sociais urgentes em cada tempo e contexto. Assim como os dois modelos anteriores a esse, o problema básico consiste em uma separação radical moderna entre fato e valor (Cavallin, 2021, p. 181). Este, ainda, contenta-se com o que parece funcional e com a preferência das partes envolvidas, sem colocar "quaisquer restrições moralistas sobre as próprias práticas".

O modelo referente aos Direitos Humanos como base de valores na qual a ciência da religião irá se ancorar é, desse modo, "buscar um consenso sem argumentar que esses valores e normas são naturais, no sentido de serem objetivos, ou seja, válidos independentemente da visão humana" (Cavallin, 2021, p.182). Nenhum dos quatro modelos está imune a críticas do próprio autor que informa, dentre os inconvenientes de cada modelo, que o primeiro poderia ser desagradável para religiosos gerando resistência.

O segundo pode incorrer no risco de perder o objetivo central, o terceiro não seria plausível dentro da área na medida em que o pragmatismo nele implícito dificultaria o campo de saber e, por fim, o quarto modelo pode compreender os direitos humanos como universais, como direito natural ou teológico e não como produtos social e historicamente construídos.

Compreendo, porém, que cada modelo deve e pode ser utilizado de formas dialógicas e sempre a depender dos objetivos do tempo e do contexto em que serão aplicados. Assim, ao cientista da religião, caberia fazer tais manobras entre estudar as realidades e adequar modelos de práticas para cada necessidade distinta. Isso porque a área de Ciência da Religião aplicada ou prática, segundo Udo Tworuschka

(2013, p. 579), quando desenvolvida de forma adequada, está "interessada em desenvolver normas, modelos, tarefas organizacionais para ação".

Gerando, assim, conhecimentos praticamente úteis e utilizáveis. Aliado a esses modelos, o cientista da religião que se ocupa de função pública legislativa deve se atentar, ainda, para o método específico da área de Ciência da Religião a ser empregado. Principalmente, na elaboração de regimentos que visem regulamentar e democratizar a prestação de assistência religiosa no cárcere. O agnosticismo metodológico pode ser entendido como "um pressuposto de distanciamento que recusa a afirmar ou negar questões propriamente religiosas, resguardando o cientista da religião somente a análises do que é empiricamente observável" (Stern, 2021, p.157).

Assim, fazendo uso do que os modelos podem fornecer que seja compatível com as necessidades de cada contexto e grupo, aliado ao agnosticismo metodológico, a redação desses regimentos e elaboração de iniciativas voltadas para políticas públicas de assistência religiosa pode ser eficazmente democrática. Conforme indica a análise acima, tais regimentos e iniciativas não se ancoram em pilares sólidos, antes, nos aspectos subjetivos compreendidos como universais a todos os seres humanos.

CONSIDERAÇÕES FINAIS

Ao longo deste trabalho escrito que representa a culminação de toda uma trajetória de pesquisas e lutas por justiça social e pelo desencarceramento, tendo o fenômeno religioso como balizador, busquei desenvolver as análises tendo sempre como ponto de partida os dados e situações que emergiram diretamente do campo. Ou seja, através da escuta ativa dos relatos dos homens entrevistados para, em seguida, lançar mão de teorias que pudessem fornecer uma compreensão mais aproximada da realidade que me propus teorizar.

Essa tese, conforme indiquei em sua introdução, é um trabalho em aberto, longe de encontrar seu fim. A proposta foi mais levantar questionamentos e hipóteses do que buscar por respostas concisas acerca dos dados analisados tendo em vista a compreensão do gênero que compartilho com os autores e as autoras utilizadas, qual seja, a de que os marcadores sociais aqui trabalhados, masculinidades, raça, religião e classe são elementos imbricados que foram constituídos e constituíram nossas estruturas de pensamento e instituições.

A partir da releitura do diário de campo na qual, inicialmente, buscava indícios de especificidades na produção das masculinidades de homens evangélicos no cárcere, pude perceber uma significativa diferença entre a percepção de homens privados de liberdade, pretos e brancos, que se declararam evangélicos, a respeito do crime de estupro. Tal percepção se deu através da transcrição de entrevistas com três internos negros e evangélicos, na qual os sujeitos tentaram, de formas mais ou menos acentuadas, fazer uma demarcação de si em contraposição ao homem que cometeu estupro, deixando entrever que a compreensão que possuíam do crime é a de um ato que marca o indivíduo com a desonra.

Conforme também demonstrei nas análises das entrevistas com internos evangélicos brancos, percebi o movimento contrário: aos entrevistados brancos, o estupro e o estuprador são passíveis de perdão, ao contrário da homossexualidade. Esse repertório religioso que fornece elementos para a produção das identidades masculinas na prisão pesquisada albergam intensas semelhanças com os disseminados durante o golpe político sofrido pela presidenta Dilma Rousseff, em 2016, principalmente no que se refere ao gênero. Sendo preponderante a misoginia, a homofobia e uma compreensão da mulher como propriedade do homem. Consequentemente, sendo o homem o dono da mulher, ele tem autoridade para tomar o que é seu por direito.

A partir desses dados, as perguntas norteadoras dessa tese emergiram: como, porque e a partir de quais processos um repertório religioso de leitura cristã pentecostalizada e conservadora é partilhado por uma legião de homens brancos religiosos, conforme ilustrado pela análise dos discursos bolsonaristas e homens brancos encarcerados. Ou seja, dois grupos de homens que ocupam posição oposta no eixo interseccional de classe?

Seriam as masculinidades evangélicas novas formas de socialização para homens encarcerados ou seriam elas sistemas de ideias e crenças que, de forma estratégica, repõem padrões de condutas aprazíveis para uma sociedade ainda de moral cristianizada e conservadora? A sistematização teórica foi mobilizada a fim de testar as hipóteses de que as masculinidades evangélicas são uma estratégia de manutenção da hegemonia masculina e branca que se exerce na invisibilização do marcador social de classe, desenhando a branquitude/branquidade como um dividendo patriarcal que privilegia homens brancos, independentemente do marcador de classe.

Assim, propus a compreensão de que o material cultural para alimentar e manter o privilégio e a dominação de homens brancos é fornecido pela figura do Deus cristão incorpóreo, porém, masculino, branco, europeu e colonial cujos benefícios e privilégios não abrangem homens pretos. Dito de outra forma, esse Deus, enquanto uma forma terminal e reconhecível de poder, constituído por relações generificadas de poder-saber produz efeitos de verdade sobre gênero e, também, raça. Diante dessa estrutura, a tese foi dividida em três partes, precedida pelo prólogo e introdução geral e finalizada com um breve epílogo após as presentes considerações finais.

O prólogo foi desenvolvido a partir de uma contextualização do campo pesquisado, com a descrição literária das minhas experiências pessoais como docente na Penitenciária Professor Ariosvaldo de Campos Pires. A opção por iniciar este trabalho com uma narrativa pessoal foi, se não provocar uma imersão, ao menos, uma aproximação de quem me lê com o universo de uma prisão. A escrita desse prólogo foi, talvez, a parte mais prazerosa da confecção deste trabalho e contém impresso, em cada linha e entrelinha, as expressões mais genuínas das minhas próprias memórias do cárcere.

Impressos nessa proposta de tese estão minhas mais nobres qualidades, minhas mais doloridas fragilidades e fragmentos da história mais significativa da minha vida, profissional e pessoal. Pretendi e espero ter alcançado, em alguma medida, sensibilizar e provocar leitores e leitoras acerca do imaginário construído sobre os sujeitos que habitam prisões e as identidades a eles fixadas, por vezes, de uma forma muito mais cruel do que seus próprios crimes.

A Introdução Geral é composta por dois subtópicos complementares. No primeiro, busquei evidenciar alguns dos principais desafios que as pesquisas em contexto prisional podem suscitar. Desafios metodológicos, sim, mas também desafios e conflitos subjetivos de quem pesquisa com o meio e consigo próprio e do "ser pesquisador (a) de prisão" com a própria instituição. Para ilustrar tais desafios, delineei o método denominado autoetnografia, suas possibilidades e limites e mobilizei experiências de outros pesquisadores e pesquisadoras de criminalidade, cárcere e "facções criminosas".

Em seguida, desenvolvi subtópicos mais sucintos, delineando de forma objetiva o contexto, as perguntas norteadoras da pesquisa, hipóteses e demarcação didática do trabalho em três partes, a fim de alcançar uma escrita e leitura fluidas. A primeira parte da tese é composta por seis tópicos teóricos, sendo o primeiro desenvolvido a partir da delimitação das perspectivas decoloniais acerca do gênero, da religião e da raça, que permeiam e embasam a pesquisa, O segundo subtópico consiste em uma revisão de literatura acerca das masculinidades hegemônicas através do diálogo com os (as) principais autores (as). Finalizei esse tópico delineando a proposta de realizar o diálogo das elaborações sobre as masculinidades hegemônicas realizada por James Messerschmidt (2018) com as perspectivas foucaultianas sobre o poder e seus exercícios.

Assim, introduzi o tópico subsequente em que propus uma analogia das funcionalidades panópticas do poder com as características atribuídas ao Deus cristão, incorpóreo, porém, masculino, branco, europeizado e colonial. Dessa forma, proponho que o Deus cristão masculino se constitui enquanto um sistema abrangente [de organização e de significação], cuja cristalização das relações de poder generificadas que produzem as masculinidades hegemônicas se apresenta enquanto forma terminal e reconhecível do poder.

Associando com os níveis de atuação propostos por Messerschmidt (2018) enquanto sistema abrangente, Deus e sua masculinidade hegemônica não apenas se exercem em arena transnacional, mas transcendental, perpassando níveis locais, regionais e globais, subjetivando e objetivando diferentes tipos de masculinidades. Os dois últimos tópicos foram dedicados, também, a uma breve revisão de literatura acerca da produção das masculinidades evangélicas e aprisionadas, respectivamente.

A parte dois foi dividida em cinco tópicos que versaram sobre o repertório religioso cristão pentecostalizado de interpretação conservadora que atua, dentro e fora da prisão, como dispositivo de controle e disciplinarização dos corpos e sexualidades e como tais discursos instrumentalizaram o Estado e seus aparatos, particularmente, os que se referem à segurança e ao encarceramento. Para tanto, no primeiro tópico, analisei os discursos de políticos e seus apoiadores religiosos cristãos. A função deste tópico é fazer, na parte três, a contraposição analítica dos discursos dos homens ditos "bandidos" pelos autoproclamados "cidadãos de bem".

No tópico seguinte, propus que o conceito de homohisteria, utilizado em perspectiva da Ciência da Religião, configura-se em dispositivo de sexualidade que se exerce através de racionalidades táticas locais, representadas pelo ritmo evangélico. Os dois tópicos seguintes foram dedicados à descrição analítica da instrumentalização dos aparatos estatais, regulamentos e instituição de execução penal na figura das Associações de Proteção e Assistência aos Condenados (Apac). Demonstrei que as Apac buscam revestir seus discursos e práticas, fundamentalmente, cristãos, sob o manto de uma pretensa laicidade que entende o sagrado a partir da universalização de crenças cristãs.

Finalizo a parte dois com uma breve exposição e análise de dados atualizados sobre um tipo de perfil da população carcerária brasileira. Nesse tópico, descrevi alguns dos principais procedimentos operacionais padrão da rotina prisional e principais instâncias internas na regulação do cotidiano na prisão, a fim de endossar, no tópico seguinte, o papel do fenômeno religioso no contexto degradante do cárcere. A parte três é iniciada com a descrição e análise de dados suscitados pela releitura do diário de campo, sob as lentes decoloniais de gênero, raça e religião.

A terceira e última parte da pesquisa é composta por quatro tópicos e iniciada com a análise descritiva de entrevistas e dados que emergiram da releitura do diário de campo, algumas já mencionadas na dissertação de mestrado, porém, lidas a partir de outra perspectiva, outras, lidas e percebidas como significativas ao propósito em tela pela primeira vez. Nessas páginas, procurei evidenciar as convergências nos discursos de internos brancos e evangélicos com o repertório religioso analisado na parte dois.

Nessa análise, nota-se que há a preponderância no compartilhamento de elementos conservadores e excludentes, principalmente no que se refere à compreensão sobre gênero, sobre as mulheres e homossexuais. No tópico seguinte, afunilo ainda mais o recorte e desenvolvo a reelaboração do proceder evangélico, proposto na dissertação em um código de condutas ético e moral que se desdobra em três frentes: coletivo e que abrange, necessariamente, toda a população carcerária, independentemente de cor, credo ou classe, chamado de ritmo geral.

O ritmo evangélico, código norteador de condutas específico aos internos que se convertem às religiosidades evangélicas durante aprisionamento. E, por fim, o ritmo código de condutas individual e particular, ou seja, dentro do ritmo geral ou evangélico, cada interno transita e experiencia o gênero, a raça, a classe e a religião de formas específicas, e a preponderância de um ou de outro na produção dessas masculinidades dependerá de suas trajetórias e vivências pessoais.

Entretanto, a demarcação da diferença entre si e o outro estuprador foi característica apenas aos internos negros e evangélicos, sendo os internos brancos adeptos de um discurso religioso de interpretação conservadora que os prefere mortos, conforme analisado. A partir das reelaborações dos ritmos e da descrição das especificidades demonstradas por internos evangélicos brancos e negros, retomei as perguntas norteadoras a fim de respondê-las no penúltimo tópico. Nessas páginas, descrevo os processos de racialização dos sujeitos negros cujas dimensões, objetivas e subjetivas, perpetuam até a atualidade.

A partir de Franz Fanon (2008) e a associação com elaborações teóricas acerca das masculinidades, descrevo como a figura do homem negro foi construída de forma a afixar identidades naturalmente sexuais, perigosas, ameaçadoras. Nas impactantes palavras de Fanon (2008, p.), "quem fala negro, diz estupro", o homem negro é considerado estuprador nato, ou ao menos, em potencial. Ainda que essa categorização seja inventada e irreal, assim como o próprio conceito de raça, ela possui efeitos objetivos e subjetivos sentidos de forma concreta por homens negros e que possuem implicações diversas na produção das masculinidades e no exercício de suas relações sociais e pessoais. Os homens negros que conseguem alcançar certa autorização social são grandes executivos ou, conforme exemplifiquei, grandes estrelas do esporte.

Contudo, tal poder e prestígio não são suficientes para abalar as estruturas raciais criadas e mantidas pela supremacia masculina branca, logo, o imaginário acerca dos homens negros comuns continua sendo o de agressividade, perigo e violência que precisam ser controlados, disciplinados e enjaulados, tais quais os animais que nasceram para ser. Simultaneamente a esses processos de construção do homem negro como estuprador e bestial, ocorre o processo de criação e constante manutenção das masculinidades brancas e hegemônicas.

A partir desse enquadramento, busco responder à questão sobre motivos e processos que levam os "bandidos" brancos a compartilharem repertório religioso com os "cidadãos de bem" brancos. Proponho que, nas malhas da cumplicidade na relação entre as masculinidades, a branquidade/branquitude atua como um dividendo patriarcal que beneficia e privilegia homens brancos, evidenciando, estrategicamente, o marcador raça em detrimento do eixo de classe. E é a figura do Deus cristão, incorpóreo, porém, masculino, branco e hegemônico que dita os padrões normativos de gênero e raça, mais do que de classe.

De todos os inúmeros apontamentos acerca da temática masculinidades, prisão e religião, entendo que esses esforços resultaram em uma proposta, um produto ou, ao menos, uma direção democrática que aponte para a democracia, a pluralidade e o direito da população carcerária ao pleno exercício da liberdade de crença. Nesse sentido, no último tópico, desenvolvi análise e crítica às mais recentes iniciativas e projetos propostos por políticas penais de assistência religiosa.

Nesse tópico, enfatizei o caráter proselitista presente nos regimentos e projetos, a falta de metodologia adequada para levantamento de informações penitenciárias acerca das religiosidades presentes e seus adeptos. Proponho, a partir disso, a ampliação desse debate em perspectiva da Ciência da Religião aplicada que, em movimento dialógico com os debates sobre encarceramento, podem alcançar, de fato, potencial transformador.

REFERÊNCIAS

ADORNO, T.W. & HORKHEIMER, M.

Dialética do esclarecimento: fragmentos filosóficos. Rio de Janeiro: Jorge Zahar, 1985.

AGOZINO, B.

Counter - Colonial Criminology: A critique of Imperialist Reason, Pluto Press, 2003.

AGUIRRE, C.

Cárceres e Sociedade na América Latina, 1800-1940, *In*. Maia, C. N.; Neto, F. S.; Costa, M.; Bretas, M. L. *História das Prisões no Brasil - volume I*, 1ª ed. Rio de Janeiro: Anfiteatro, 2017.

ALMEIDA, R.

A expansão pentecostal: Circulação e flexibilidade. In.: Teixeira, F.; Menezes, R. *As Religiões no Brasil: Continuidades erupturas*. Petrópolis, RJ: Vozes, 2006.

ALMEIDA, S. L.

O que é racismo estrutural? Belo Horizonte (MG): Letramento, 2019.

ALTHAUS-REID, M.; ISHERWOOD, L.

Thinking theology and queer theory. *Feminist Theology*, v. 15, n. 3, p. 302-14, 2007.

ALVES, L.

Significados de ser branco – a brancura no corpo e para além dele. São Paulo, Universidade de São Paulo. 2010. Dissertação (mestrado) - Faculdade de Educação. Universidade de São Paulo, São Paulo, 2010.

AMARAL, M.G.T.

O espectro de narciso na modernidade: de Freud a Adorno. São Paulo: Estação Liberdade, 1997.

AMERICAN CIVIL LIBERTIES UNION

Religious Freedom in Prison, 2021. Disponível em: https://www.aclu.org/issues/prisoners-rights/civil-liberties-prison/religious-freedom-prison. Acesso em: 08 jul. 2021.

ANDERSON, E.

Inclusive masculinity: The changing nature of masculinities. London: ROUTLEDGE, 2009.

ANDRADE COSTA, J. F.

Quem é o "cidadão de bem"? *Revista Psicologia USP.* São Paulo, v.32, p.1-10, 2021. Disponível em: https://doi.org/10.1590/0103-6564e190106. Acesso em: 20 jan. 2022.

ANDRADE, V. R. P.

Do paradigma etiológico ao paradigma da reação social: mudança e permanência de paradigmas criminológicos na ciência e no senso comum. *Revista Brasileira de Ciências Criminais,* São Paulo, n. 14, p. 276-287, abr./jun. 1996.

Criminologia e feminismo: da mulher como vítima à mulher como sujeito de construção da cidade. *Sequência*, Florianópolis, v. 35, p.42-49, p. 1997.

ANDRADE, M. F. F; REIS, M. N.

O pensamento decolonial: análise, desafios e perspectivas. v. 17 n. 202 (2018): *Revista Espaço Acadêmico*, n. 202, março de 2018.

ANGOTTI, B.

Entre as Leis da Ciência, do Estado e de Deus: o surgimento dos presídios femininos no Brasil. 1ª ed. São Paulo: IBCCRIM, 2012.

ARAUJO, C. E. M.

Entre dois cativeiros: escravidão urbana e Sistema Prisional no Rio de Janeiro 1790-1821. In.: *História das Prisões no Bra-*

sil- volume I, Maia, C. N.; Neto, F. S.; Costa, M.; Bretas, M. L. Rio de Janeiro: Anfiteatro, 2017.

ARIAS, J.; EDUARDO R.

Historizando raza: propuestasconceptuales y metodológicas. *Crítica y Emancipación*, 3: 45-64, enero-julio, 2010.

ARRUDA, R. F.

Geografia do cárcere: territorialidades na vida cotidiana carcerária no sistema prisional de Pernambuco, São Paulo, 2015, Tese (Dourotado) – curso de Geografia Humana, Universidade de São Paulo, São Paulo, 2016. Disponível em: http://www.teses.usp.br/teses/disponiveis/8/8136/tde-16062015-125328/pt-br.php, Acesso em: 20 jan. 2019.

ASAD, T.

Formations of the secular: Christianity, Islam, modernity. Stanford: Stanford University Press, 2003.

Genealogies of religion: discipline and reasons of power in Christianity and Islam. Baltimore: Johns Hopkins University Press, 1993.

AZEVEDO, C.M.M.

Onda negra medo branco: o negro do imaginário das elites do século xix. Rio de Janeiro: Paz e Terra, 1987.

BADINTER, E.

XY: sobre a identidade masculina. Rio de Janeiro: Nova Fronteira, 1993.

BALLESTRIN, L.

América Latina e o giro decolonial. *Revista Brasileira de Ciência Política*. Brasília, n. 11, p. 89-117, maio/ago. 2013.

Para transcender a colonialidade. *IHU Online*. Edição 431, 4 nov. 2013.

BARATTA, A.

Criminologia crítica e crítica do direito penal: introdução à sociologia do direito penal. Rio de Janeiro: Revan, 2011.

BARRETO, A. C. J.
O lugar dos negros pobres na cidade: estudo na área de risco do bairro Dom Bosco. 2010. 136 p. Dissertação (Mestrado) – Faculdade de Serviço Social. Universidade Federal de Juiz de Fora, Juiz de Fora, 2010.

BARTKOWSKI, J.
Godly Masculinities: Gender Discourse among the Promise Keepers. *Social Thought & Research*, vol. 24, No. 1/2, The Politics of Gender, 200, p. 53-87.

BECCARIA, C.
Dos delitos e das penas. São Paulo: Martin Claret, 2009.

BECKER, H.
Outsiders: estudos de sociologia do desvio. 1. ed. Rio de Janeiro: Jorge Zahar, 2008. p. 9-231.

BENTHAM, J.; TADEU, T.
O panóptico. 2. ed. [S.l.]: Grupo Autêntica, 2019.

BENTO, M. A. S.
Pactos narcísicos no racismo: Branquitude e poder nas organizações empresariais e no poder público. 2002. Tese (doutorado) - Instituto de Psicologia. Universidade de São Paulo, São Paulo, 2002a.

Branqueamento e branquitude no Brasil. *In*: Carone, i. e bento, m. a. s. (org.) *Psicologia social do racismo*: estudos sobre branquitude e branqueamento no Brasil. pp. 25-57. 2002b.

Branquitude: o lado oculto do discurso sobre o negro. *In*: Carone, I. & Bento, M. A. S. *Psicologia social do racismo*: estudos sobre branquitude e branqueamento no Brasil. (org.), 2002c. pp. 147-162.

BERNARDINO-COSTA, J.; GROSFOGUEL, R.
Decolonialidade e perspectiva negra. *Sociedade e Estado*, Brasília. v. 31. 2016. p. 15-24.

BÍBLIA

Carta aos Gálatas. São Paulo: Sociedade Bíblica do Brasil, 1993.

BIKO, S.

Escrevo o que eu quero. Série Temas, vol. 21. *Sociedade e Política*. Trad. Grupo Solidário São Domingos. São Paulo: Ática, 1990.

BIONDI, K. BARBOSA, A. RENOLDI, B.

Os crimes da etnografia. Considerações sobre método e experienciação nas práticas de pesquisa antropológica sobre violência e criminalidade. *CuestionesCriminales*, 2021, p.410-459.

BONILLA-SILVA, E. ZUBERI, T.

Toward a Definition of White Logic and White Methods. In: *White Logic, White Methods:* Racism and Methodology. Eduardo Bonilla-Silva and Tukufu Zuberi (orgs.), 2008, p.3-31.

BORDA, F.

Una sociologíasentipensante para América Latina. Biblioteca UniversitariaCiencias Sociales y Humanidades ColecciónPensamiento Crítico Latinoamericano, 2009.

BURITY, J.

A onda conservadora na política brasileira traz o fundamentalismo ao poder? *In*: Almeida, R. Toniol, R. (org.), *Conservadorismos, fascismos e fundamentalismos: análises conjunturais*. EditoraUnicamp, 2018, 28p.

BURCHARDT, M.

Saved from Hegemonic Masculinity? Charismatic Christianity and Men's Responsibilization in South Africa. *Current-Sociology*, v. 66, n°. 1, p.110–27, 2017.

BRASIL

Constituição (1988). *Constituição da República Federativa do Brasil*. Brasília, DF: Senado Federal: Centro Gráfico, 1988.

Disponível em: https://legislacao.presidencia.gov.br/atos/?-tipo=CON&numero=&ano=1988&ato=b79QTWE1EeFpW-Tb1a. Acesso em: 13 mar. 2021.

Lei nº 7.210, de 11 de julho de 1984. Lei de Execução Penal. Disponível em: http://www.planalto.gov.br/ccivil_03/leis/l7210.htm. Acesso em: 13 mar. 2021.

Ministério da Justiça. Conselho Nacional de Política Criminal e Penitenciária.Ouvidoria do Sistema Penitenciário/Depen. *Relatório de Inspeção em Estabelecimentos Penais de MinasGerais 1 2 3*. Brasília, DF: Ministério da Justiça, 2013.74p.

Ministério da Justiça. Conselho Nacional de Política Criminal e Penitenciária. Conselho Nacional de Política Criminal e Penitenciária – CNPCP. *Relatório de Inspeção em Estabelecimentos Penais do Estado de Minas Gerais 1 2 3*. Brasília, DF: Ministério da Justiça, 2017. 138p.

Ministério da Justiça e Segurança Pública. Conselho Nacional de Política Criminal e Penitenciária. *Plano Nacional de Política Criminal e Penitenciária (2020-2023)*. Brasília, DF: Ministério da Justiça e Segurança Pública, 2019. 125p.

Ministério da Justiça e Segurança Pública. Ouvidoria Nacional de Serviços Penais. *A Metodologia Apac e a Criação de Vagas no Sistema Prisional a Partir da Implantação de Centros de Reintegração Social*. Brasília, DF: Ministério da Justiça e Segurança Pública, 2019. 29p.

Ministério da Saúde. Secretaria de Atenção Primária. Ministério da Justiça e Segurança Pública.Departamento Penitenciário Nacional. *Recomendações para Prevenção e Cuidado da Covid_19 no Sistema Prisional Brasileiro*. Brasília, DF: Ministério da Saúde e Ministério da Justiça e Segurança Pública, 2020.19p.

Ministério da Justiça e Segurança Pública. Depen. Coordenação de Assistência Social e Religiosa. *Levantamento sobre*

Prestação de Assistência Religiosa no Sistema Penitenciário Brasileiro. INFORMAÇÃO Nº 49/2021/COARE/CGCAP/DIRPP/ Depen. Brasília, DF: Ministério da Justiça e Segurança Pública, 2021. 14p.

Ministério da Justiça e Segurança Pública. *Política Nacional de Fortalecimento da Assistência Religiosa.*Brasília, DF:Ministério da Justiça e Segurança Pública,2022. Disponível em:<https://edemocracia.mj.gov.br/wikilegis/bill/17/report/>. Acesso em: 13 mar. 2022.

Secretaria de Estado de Defesa Social de Minas Gerais. *Assistência Religiosa e Políticas Sobre Drogas.* Departamento Penitenciário Nacional, 2013. Disponível em: http://www.depen.seguranca.mg.gov.br/images/Publicacoes/Subsecretariadeadministracaoprisional/Cartilha-Assistencia-Religiosa.pdf. Acesso em: 13 mar. 2020.

BRIDGES, T. PASCOE, C.J.

Hybrid Masculinities: New Directions in the Sociology of Men and Masculinities.*Sociology Compass*, 8. 2014.

CAMPOS, A.

Do quilombo à favela: A produção do espaço criminalizado no Rio de Janeiro. Rio de Janeiro: Bertrand Brasil, 2005.

CARDOSO, L. C.

O branco "invisível": um estudo sobre a emergência da branquitude nas pesquisas sobre as relações raciais no Brasil (Período: 1957-2007). Dissertação (mestrado) - Faculdade de Economia e Centro de Estudos Sociais da Universidade de Coimbra, 2008.

Retrato do branco racista e anti-racista. Disponível em: http://online.unisc.br/seer/index.php/reflex/article/viewFile/1279/1055. Acesso em: 13 mar. 2022.

CARNEIRO, A. S.

Epistemicídio, 2014. Disponível em: http://www.geledes.org.br/epistemicidio/. Acesso em: 13 mar. 2022.

CARONE, I. & BENTO, M. A. S. (ORG.).

Psicologia social do racismo: estudos sobre branquitude e branqueamento no Brasil. Rio de Janeiro: Editora Vozes, 2002.

CASTRO-GÒMEZ, S.

Ciências Sociais, violência epistêmica e o problema da "invenção do outro". In: Lander, Edgardo (org.). *A colonialidade do saber:eurocentrismo e ciências sociais.*Buenos Aires: Clacso, 2005. p. 227-278.

*La hybrisdelpunto cero:*ciencia, raza e ilustraciónen La Nueva Granada (1750-1816). Bogotá, Colombia: Editorial PontíficaUniversidadJaveriana, 2006.

Cuerpos racializados. Para una genealogía de lacolonialidaddel poder enColombia. *In*: Cardona, H.; Pedraza, Z. (org.). *Al otro lado delcuerpo*: Estudiosbiopolíticosen América Latina. Bogotá: Universidad de los Andes, 2014. p. 53-78.

CASTRO-GÓMEZ, S. & GROSFÓGUEL, R.

El giro decolonial: reflexiones para una diversidad epistémica más alládel capitalismo global. SiglodelHombre Editores, 2007.

CAVALLIN, P. C.

Ciência da Religião Aplicada: quatro tipos ideais. Tradução: Adilson SkalskiZabiela. Revisão: Fábio L. Stern. São Paulo: Rever, v. 21, n°1, 2021, p.171-189.

CÉSAIRE, A.

Discurso sobre o colonialismo. Lisboa: Sá da Costa, 1978.

CHKRABARTY, D.

ProvincializingEurope. Postcolonial Thought and Historical Difference. Princeton, Princeton University Press, 2002.

CLEAR, T. R. *et al.*

The value of religion in prison: An inmate perspective. *Journal of Contemporary Criminal Justice,* 16, 2000. p. 53–74.

CLOMAN, C.

Rebuilding Family Relationships From Inside Prison Walls. Kalau, 2017. Disponível em: https://www.kalw.org/post/rebuilding-family-relationship-inside-prison-walls. Acesso em: 08 jul. 2021.

connell, r. w.

Masculinities. Berkeley: University of California Press, 1995.

A iminente revolução na Teoria Social. *RBCS*. vol. 27. n. 80. out. 2012.

Gênero: uma perspectiva global. São Paulo: Versos, 2015.

Gênero em termos reais. São Paulo: nVersos, 2016.

CORACINI, M. J. R. F.

Um fazer persuasivo: o discurso subjetivo da ciência. 2. ed. Campinas (SP): Pontes, 2007.

CORONIL, F.

Naturalezadelposcolonialismo: del eurocentrismo ao globocentrismo. *In*: Lander, E. (Org). *La colonialidaddel saber*: eurocentrismo y cienciassociales, Buenos Aires: Clacso, 2000.

COSTA, S.

Desprovincializando a Sociologia: A contribuição pós-colonial. *Revista Brasileira de CiênciasSociais*. Vol 21. 2006. p. 117-134.

CRENSHAW, K.

Demarginalizing the Intersection of Race and Sex: A Black Feminist Critique of Antidiscrimination Doctrine, Feminist Theory and Antiracist Politics. University of Chicago Legal Forum, v. 1989, Iss. 1, Article 8. Disponível em: http://chicagounbound.uchicago.edu/cgi/viewcontent.cgi?article=1052&context=uclf. Acesso em: 13 nov. 2021.

A intersecionalidade da discriminação de raça e gênero, 2002. Disponível em: http://www.acaoeducativa.org.br/fdh/wp-content/uploads/2012/09/Kimberle-Crenshaw.pdf. Acesso em: 14 jul. 2018.

A interseccionalidade na discriminação de raça e gênero. VV. AA. *Cruzamento: raça e gênero*. Brasília: Unifem, 2004. http://www.acaoeducativa.org.br/fdh/wp-content/uploads/2012/09/Kimberle-Crenshaw.pdf . Acesso em: 18 mai. 2018.

Documento para o encontro de especialistas em aspectos da discriminação racial relativos ao gênero. Estudos feministas, p.171-188, 2002.

CUNHA, C.

Provocações decoloniais à teologia cristã. São Paulo: Ed. Terceira Via, 2017.

CURIEL, O.

Construyendometodologías feministas desde el feminismo decolonial. *In*: Azkue, I. M.; Luxán, M.; Legarreta, M.; Guzmán, G.; Zirion, I.; Carballo, J. A. (org.). *Otras formas de (re)conocer*. Reflexiones, herramientas y aplicaciones desde lainvestigación feminista, 2014.

Crítica pós-colonial a partir de práticas políticas do feminismo antirracista. *Revista de Teoria da História*, vol. 22, n. 02, p. 231-245, dez. 2019.

Construindo metodologias feministas a partir do feminismo decolonial. In: Hollanda, H. B. *Pensamento Feminista hoje*: perspectivas decoloniais. Rio de Janeiro: Bazar do tempo, 2020.

DALTON, S. & SECATTO, K.

Rádio em unidade prisional de Linhares multiplica conhecimento e estimula ressocialização. Sejus Espirito Santo. Disponível em: https://sejus.es.gov.br/Not%C3%ADcia/radio-em-unidade-prisional-de-linhares-multiplica-conhecimento-e-estimula-ressocializacao. Acesso em: 8 jul. 2021.

DALY, M.

The Church and the second sex. Boston: Beacon Press, 1968.

Beyond God the father: towards a philosophy of Women's Liberation. Boston: Beacon Press, 1973.

DAMATTA, R.

O ofício do etnólogo, ou como ter anthropological blues. *Boletim do Museu Nacional*, Rio de Janeiro, v. 1, n. 27, p. 1-12, mai./1978.

DAMASCENO, C.

Por uma criminologia crítica feminista. *Revista Espaço Acadêmico*. Dossiê Feminismo, Machismo e a Cultura do estupro, nº 183, ano XVI. Agosto 2016. 15-25p.

DAVIS, F. J.

Who is black: one nation's definition. University Park, Pennsylvania: The Pennsylvania State University, 1991.

DAVIS, A.

Are Prisons Obsolete?.New York: Seven Stories Press, 2003.

DEMETRIOU, D. Z.

"Connell's Concept of Hegemonic Masculinity: A Critique." *Theory and Society*, v. 30, n. 3, p. 337-361, 2001.

DEPARTAMENTO PENITENCIÁRIO NACIONAL.

Relatório da visita técnica na unidade prisional de Paço do Limiar Maranhão. julho, 2021.

Departamento Penitenciário Nacional. *Relatório da visita técnica na unidade prisional de Coronel Fabriciano Minas Gerais*. julho, 2021.

DEPEN

I Encontro de Assistência Religiosa é promovido e sua Política é fortalecida. Brasília, 2017. Disponível em: https://www.gov.br/depen/pt-br/assuntos/noticias/i-encontro-de-assistencia--religiosa-e-promovido-e-sua-politica-e-fortalecida. Acesso em: 13 mar. 2022.

*Depen lança produtos de Consultoria Religiosa.*Brasília, 2018. Disponível em: https://www.gov.br/depen/pt-br/assuntos/noticias/depen-lanca-produtos-de-consultoria-religiosa. Acesso em: 13 mar. 2022.

Depen produz 1º Levantamento sobre Prestação de Assistên-

cia Religiosa no sistema prisional brasileiro. Brasília, 2021. Disponível em:https://www.gov.br/depen/pt-br/assuntos/noticias/depen-produz-10-levantamento-sobre-prestacao--de-assistencia-religiosa-no-sistema-prisional-brasileiro. Acesso em: 13 mar. 2022.

Depen formaliza parceria com o Centro Universitário Adventista de São Paulo para a qualificação dos servidores das carreiras de execução penal. Depen. Brasília, 2021. Disponível em:https://www.gov.br/depen/pt-br/assuntos/noticias/depen-formaliza-parceria-com-o-centro-universitario-adventista-de-sao-paulo-para-a-qualificacao-dos-servidores--das-carreiras-de-execucao-penal. Acesso em: 13 mar. 2022.

Depen participa da Conferência Anual de Magistrados de Execução Penal que aplicam o método APAC em Minas Gerais. Brasília, 2021.Disponível em:https://www.gov.br/depen/pt-br/assuntos/noticias/depen-participa-da-conferencia-anual-de-magistrados-de-execucao-penal-que-aplicam-o--metodo-apac-em-minas-gerais. Acesso em: 13 mar. 2022.

DO BEM, A. S.

Formations of the secular: Christianity, Islam, modernity. Stanford: Stanford University Press, 2003.

Dominação da Subjetividade e repressão à religiosidade africana: uma práxis transatlântica secular. In: *Revista KuléKulé*: Religiões Afro-brasileiras. Maceió: Edufal, 2008.

DE VIGGIANI, N.

"Don'tMesswith Me!" EnactingMasculinitiesUnder a CompulsoryPrison Regime. In: Maycock, M. Hunt, K. (org.). *New Perspectives on Prison Masculinities*, pp.91-123, 2018.

DUARTE, S.

A relação entre religião e gênero como um desafio à sociologia da religião. *Caminhos*, Goiânia, v. 6, n. 1, p. 13-32, jun./2008.

DUARTE, E. C. P.

Criminologia e racismo. 1 ed. Curitiba: Juruá, 2011.

DU BOIS, W. E.B.

Black Reconstruction in the United States. New York: Russell & Russell, 1977.

The talented tenth. *In*: Gates Jr. *et al. The future of the race.* Nova York: Vintage Book, 1996.

DUSSEL, E.

1492: o encobrimento do outro – a origem do mito da modernidade. Conferências de Frankfurt. Tradução de Jaime A. Clasen. Petrópolis: Vozes, 1993.

EILBERG-SCHWARTZ, H.

O falo de Deus e outros problemas para o homem e o monoteísmo. São Paulo: Imago, 1995.

ELLIS, C; ADAMS, T; BOCHNER, A.

Autoethnography: An Overview. Forum Qualitative Sozialforschung. Volume 12, No. 1, Art. 10 – January 2011.

FANON, F. .

Pele negra máscaras brancas. Trad. Alexandre Pomar. Porto: Edição A. Ferreira, s/d [1952].

Em defesa da revolução africana. Terceiro Mundo, Tradução de Isabel Pascoal. Portugal: Livraria Sá da Costa Editora, 1980.

FAVRET-SAADA, J.

"Ser afetado". São Paulo: Cadernos de Campo, n.13, p.155-161, 2005.

FEDERAL BUREAU OF PRISON

Religious Programs. Disponível em: https://www.bop.gov/inmates/custody_and_care/religious_programs.jsp. Acesso em: 8 jul. 2021.

FEMINIST THEOLOGY WORKSHOP

Birthing a burmese feminist theology. Workshop, 8th-10th February, Jerusalem. [Rangoon]: Women's Theologians Fellowship, Association for Theological Education in Myanmar, 2002.

FERNANDES, F. O

Negro no Mundo dos Brancos. São Paulo: Difel, 1971.

A Integração do Negro na Sociedade de Classes. 2 vols., 3.a ed., São Paulo: Ática, 1978.

FERRAZ DE LIMA, J. S.

Mulher fiel: as famílias das mulheres dos presos relacionados ao Primeiro Comando da Capital. 2014. 164 f. Dissertação (Mestrado) - Universidade Federal de São Carlos, São Carlos, 2014.

FERREIRA, L. F.

"Negritude", "Negridade", "Negrícia": história e sentidos de três conceitos viajantes. USP: Via Atlântica. n. 9 jun/2006; 163 - 183. Disponível em: http://www.fflch.usp.br/dlcv/posgraduacao/ecl/pdf/via09/Via%209%20cap12.pdf. Acesso em: 11 jan. 2012.

FIGUEIREDO, A; GROSFOGUEL, R.

Racismo à brasileira ou racismo sem racistas: colonialidade do poder e a negação do racismo no espaço universitário. *Revista Sociedade e Cultura,* n. 12, n. 2, 18 mar. 2010, p. 223-234. Disponível em: https://doi.org/10.5216/sec.v12i2.9096. Acesso em: 13 mar. 2022.

FLAUZINA, A. L. P.

Corpo negro caído no chão: o sistema penal e o projeto genocida do Estado brasileiro. Dissertação (Mestrado) – Curso de Direito. Universidade de Brasília, Brasília, 2006.

FORMIGA, G. S.

A cor vigiada: uma crítica ao discurso racializado de prevenção ao crime. 2010. Dissertação (Mestrado) – Curso de Antropologia Social. Universidade de Brasília, Brasília, 2010.

FOUCAULT, M.

TwoLectures.1ª leitura de 7 janeiro de 1976, capítulo 5, p.78-

108. *In*: Gordon, C. *Power/Knowledge:* selected interviews and other writings 1972-1977 by Michel Foucault. New York: Pantheon Books, 1980.

Truth and Power.2ª leitura de 14 janeiro de 1976, cap. 6, p. 109-133. *In*: Gordon, C. *Power/Knowledge*: selected interviews and other writings 1972-1977 by Michel Foucault. New York: Pantheon Books, 1980.

História da sexualidade 2: o uso dos prazeres. 8. ed. Rio de Janeiro: Graal, 1998.

História da sexualidade I:: A vontade de saber. 13. ed. Rio de Janeiro: Edições Graal, 1999. p. 9-149.

Em defesa da sociedade: curso no Collège de France (1975-1976). Tradução: Maria Ermantina Galvão. São Paulo: Martins Fontes, 1999.

O poder psiquiátrico: curso no Collège de France (1973-1974). Tradução: Eduardo Brandão; revisão técnica: Salma Tannus Muchail e Márcio Alves da Fonseca. São Paulo: Martins Fontes, 2006.

Microfísica do poder. 24. ed. São Paulo: Edições Graal, 2007. p. 1-295.

Nascimento da biopolítica: curso no Collège de France (1978-1979).Tradução: Eduardo Brandão; revisão da tradução: Claudia Berliner. São Paulo: Martins Fontes, 2008.

Segurança, território, população: Collège de France (1977-1978).Tradução: Eduardo Brandão; revisão: Claudia Berliner. São Paulo: Martins Fontes, 2008.

FOUCAULT, M; RAMALHETE, R.

Vigiar e punir: nascimento da prisão. 19. ed. Petrópolis: Vozes, 1999.

FRANKENBERG, R.

White women, race matters: the social construction of whiteness. Minneapolis, University of Minnesota Press, 1995.

A miragem de uma branquidade não-marcada. In: Ware, V.

(org.). *Branquidade*: identidade branca e multiculturalismo. Rio de Janeiro: Garamond, 2004, p. 307 – 338.

FREDRICKSON, G. M.

The Black Image in The White Mind— The Debate on Afro-American Character and Destiny — 1817-1914. Nova Iorque, Harper Torchbooks, 1972.

FREITAS, M. M.

Religião nos presídios: Contribuição na transformação da conduta do detento. *Revista Científica Multidisciplinar Núcleo do Conhecimento*. Ano 4, Ed. 06, Vol. 11, pp. 47-53. Junho de 2019.

FRESTON, P.

Protestantes e Política no Brasil: Da Constituinte ao Impeachment. 1993.

FREYRE, G.

Casa Grande & Senzala. 20. ed., Rio de Janeiro/Brasilia, inl-mec, 1980.

Casa-grande & Senzala: Introdução à história da sociedade patriarcal no Brasil -1. 42ª ed., Rio de Janeiro: Editora Record, 2001.

FRY, P.

Para inglês ver: Identidade e política na cultura brasileira. Rio de Janeiro: Zahar, 1982.

GEBARA, I.

Mulheres femininas e feministas fazendo teologia. In: *Contexto Pastoral,*CBEP/Rio de Janeiro: Cedi, ano III, nº1 (maio/junho), 1993.pp.6-7.

GILROY, P.

O Atlântico Negro. São Paulo/Rio de Janeiro: Universidade Cândido Mendes, 2001.

GOFFMAN, E.

*Estigma:*notas sobre a manipulação da identidade deteriorada. Rio de Janeiro: Zahar, 1982.

GOMES, J.

A Visibilidade de Dilma Rousseff nas Revistas Veja e Isto É: reflexões sobre o enquadramento visual na mídia impressa. In: *Anais do VII Congresso da Associação Brasileira de Pesquisadores em Comunicação e Política*. Porto Alegre/RS, 2017. Disponível em http://www.compolitica.org/home/wp-content/uploads/2017/06/GOMES-AVISIBILIDADE-DE-DILMA-ROUSSEFF-NAS-REVISTAS-VEJA-E-ISTO-E%CC%81.pdf. Acesso em: 8 jul. 2020.

GONZÁLEZ CASANOVA, P.

Sociedad plural, colonialismo interno y desarrollo. América Latina. *Revista do Centro Latinoamericano de Ciencias Sociales* (México), 1963, julho-setembro. v.1, n.3.

GROSFÓGUEL, R.

Dilemas dos estudos étnicos norte-americanos: multiculturalismo identitário, colonização disciplinar e epistemologias descoloniais. *Ciência e cultura*, v. 59, n. 2, p. 32-35, 2007.

El Giro Decolonial: reflexiones para uma diversidad epistémica más alládel capitalismo global. Bogotá: UniversidadJaveriana-Instituto Pensar, Universidad Central-Iesco, SiglodelHombre, 2007.

Descolonizar as esquerdas ocidentalizadas: para além das esquerdas eurocêntricas rumo a uma esquerda transmoderna descolonial. Revista Semestral do Departamento e do Programa de Pós-Graduação em Sociologia da UFSCar, v. 2, n. 2, p. 337, 2012.

El concepto de "racismo" em Michel Foucault y Frantz Fanon. *Tabula Rasa*, Bogotá, Colombia, n. 16, p. 79-102, enero-junio. 2012. Disponível em http://.scielo.org.co/pdf/tara/n16/n16a06.pdf. Acesso em: 21 jul. 2019.

HALL, S.

Pensando a diáspora: reflexões sobre a terra no exterior. *In*: Sovik, L. (org.), *Da diáspora:* identidades e mediações culturais. Belo Horizonte: Editora UFMG, 2003. p. 25-48.

A identidade cultural na pós-modernidade. Trad. Tomaz Tadeu da Silva e Guacira Lopes Louro, 10ª. ed. Rio de Janeiro: DP&a, 2005.

HARDING, S.

Conclusion: Feminism and epistemology, in S. Harding (ed.), *Feminism & Methodology*.Bloomington: Indiana University Press, 1987. p. 181-190.

HOLANDA, S. B.

Raízes do Brasil. Rio de Janeiro: José Olympio, 1993.

HUIJG, D.D .

Feministas brancas, tirando às máscaras: a expressão da branquitude feminina nas relações raciais intra-gênero. Dissertação (Mestrado). Departamento de Letras da Universidade de Leiden, Holanda, 2007.

JEWKES, J.

Men behind bars. *Men and Masculinities*, Vol. 8 (1), 2005, p. 44–63.

JODELET, D.

Os Processos Psicossociais da Exclusão, In: SAWAIA, B. (org.). *As artimanhas da exclusão: análise psicossocial e ética dadesigualdade social,* Petrópolis, Editora Vozes, 1999, p. 56-64.

KAES, R.

O grupo e o sujeito do grupo:elementos para uma teoria psicanalítica do grupo, São Paulo: Casa do Psicólogo, 1997.

KAUFMAN, M.

The construction of masculinity and the triad of men's violence, pp.1-29 In: M Kaufman (ed.) *Beyond patriarchy:* essays by men on pleasure, power, and change. Oxford University Press, TorontoNova York, 1987.

KIMMEL, M. S.

Manhood in America. New York: Free Press, 1994.

Masculinity as homophobia: Fear, shame, and silence in the construction of gender identity. In H. Brod & M. Kaufman (Eds.) *Theorizing masculinities*. London: Sage, 1994.

Masculinity as homophobia: Fear, shame, and silence in the construction of gender identity. *In:* H. Brod & M. Kaufman (ed.), *Theorizing masculinities*. London: Sage, 1994.

Manhood in America. New York: Free Press, 1994.

KRAUSZ, D. GEORGE, V.

Associação de Proteção e Assistência aos Condenados (APAC), Minas Gerais Jul/2015. Fundação Getúlio Vargas, 2015. Disponível em: https://pesquisa-eaesp.fgv.br/sites/gvpesquisa.fgv.br/files/conexao-local/relatorio_final_apac.pdf. Acesso em: 13 fev. 2021.

A produção simultânea de masculinidades hegemônicas e subalternas. In: *Horizontes Antropológicos*/ufrgs. ifch. Programa de Pós-Graduação em Antropologia Social. Porto Alegre: ppgas, 1998. (103-118).

LANDER, E.

Ciências Sociais: saberes coloniais e eurocênctricos. *In*: *A colonialidade do saber: eurocentrismo e ciências sociais*. Buenos Aires: Clacso, 2005, p. 227-278.

LAW LIBRARY

Feminism: Criminological aspects. Development of feminist perspectives. *American Law and Legal Information*. Disponível em: https://law.jrank.org/pages/1218/Feminism-Criminological-Aspects-Development-feminist-perspectives.html. Acesso em: 25 out. 2020.

LAVOR, I. L.

Criminologia Crítica: você já ouviu falar dela, mas sabe o que realmente significa? *Canal de Ciências Criminais*, 2018. Disponível em: ttps://canalcienciascriminais.jusbrasil.com.br/artigos/422173096/criminologia-critica-voce-ja-ouviu-falar- ela-mas-sabe-o-que-realmente- significa#:~:text=Portanto%2C%20se%20voc%C3%AA%20pretende%20 dominar,onde%20o%20autor%20faz%20uma. Acesso em: 25 out. 2020.

LIMA, D.

Dilma é recebida em São Paulo com vaias e gritos de Fora PT. Folha Uol. São Paulo, 2015. Disponível em: https://m.folha.uol.com.br/poder/2015/03/1600693-dilma-e-recebida-em-sao-paulo-com-vaias-e-gritos-de-fora-pt.shtml. Acesso em: 13 abr. 2020.

LIMA, R. D. C. P.

Sociologia do desvio e interacionismo. *Tempo Social,* São Paulo, v. 13, n. 1, p. 185-201, mai.,2001.

LINHARES, J.

Bênção e Maldição. 6 ed. Editora Getsêmani Ltda. Belo Horizonte, 2015. 78p.

LOBO, E. S.

Católicos e evangélicos em prisões do Rio de Janeiro. *Revista Comunicações do Iser,* Rio de Janeiro, n. 61, p. 22-29, 2005.

LOPES, J. S.

Pontuações e proposições ao branco/a e à luta antirracista: ensaio político-reflexivo a partir dos Estudos Críticos da Branquitude. Anais do V Simpósio Internacional Lutas Sociais na América Latina - Revoluções nas Américas: passado, presente e futuro. Londrina: GEPAL, p. 134-150, 2013.

*(Não) Deu branco!*Uma declaração sobre a conveniência da branquitude. 2012. Disponível em: http://www.geledes.org.br/racismopreconceito/racismo-no-brasil/12964-nao-deu-branco-uma-declaracao-sobre-aconveniencia-da-branquitude. Acesso em: 26 jan. 2013.

*Lugar de branca/o e a/o "branca/o fora do lugar":*Representações sobre a branquitude e suas possibilidades de antirracismo entre negra/os e branca/os do/no Movimento Negro em Salvador-BA. 2016. 255f. Dissertação (Mestrado) – Curso de Antropologia Social e Cultural. Programa de Pós-Graduação em Antropologia Social e Cultural, Universidade Federal de Pelotas, Pelotas, 2016.

LUGONES, M.

The coloniality of gender. In: *Worlds and knowledges otherwise*. Duke University, 2008. Disponível em: https://globalstudies. trinity.duke.edu/wp-content/themes/cgsh/materials/WKO/v2d2_Lugones.pdf. Acesso em: 10 mar. 2016.

Colonialidade e gênero. In.: Hollanda, H. B. de. *Pensamento Feminista hoje:* perspectivas decoloniais. Rio de Janeiro: Bazar do tempo, 2020. p. 52-83.

MACHADO, M. D. C.

O discurso cristão sobre a "ideologia de gênero". *Rev. Estud. Fem.* [online]. 2018, vol. 26, n. 2, e47463, jun. 2018. Disponível em: https://periodicos.ufsc.br/index.php/ref/article/viewFile/47463/37122. Acesso em: 27 out. 2020.

MALDONADO-TORRES, N.

Pensamento crítico desde a subalternidade: os estudos étnicos como ciências descoloniais ou para a transformação das humanidades e das ciências sociais no século XXI. Salvador: Afro-ásia, n. 34, p.105-129, 2006.

"A topologia do ser e a geopolítica do conhecimento. Modernidade, império e colonialidade", *In*. Santos, B. S; Meneses, M. P. (org.). *Epistemologias do Sul*. São Paulo: Cortez, 2010, p. 396-443.

"Analítica da colonialidade e da decolonialidade: algumas dimensões básicas. *In*: Bernardino-Costa, J.; Maldonado-Torres, N.; Grosfoguel, R. (org.). *Decolonialidade e Pensamento Afrodiaspórico*. Belo Horizonte: Autêntica Editora, 2018, pp. 27-53.

MALINOWSKI, B.

Argonautas do Pacífico ocidental: um relato do empreendimento e da aventura dos nativos nos arquipélagos da Nova

Guiné Melanésia. 2. ed. São Paulo: Abril Cultural, 1978.

MALHEIROS, M. R.; DULCIL, T. M. S.

Um giro decolonial à metodologia científica: apontamentos epistemológicos para metodologias desde e para a América Latina. VII Encuentro de Estudios Sociales desde América Latina y el Caribe. *Revista spirales*, 174–193. Disponível em: https://revistas.unila.edu.br/espirales/article/view/2686. Acesso em: 13 mai. de 2021.

MANDO, B. P.; DIAS, C. N.

A guerra: ascensão do PCC e o mundo do crime no Brasil. Editora Todavia, 2018.

MARIANO, R.

Sociologia do crescimento pentecostal no Brasil: um balanço. Perspectiva Teológica, Belo Horizonte, Ano 43. n. 119. p.11-36, jan/abr 2011.

MARQUES, A.

Crime e proceder: um experimento antropológico. 1. ed. [S.l.]: Alameda Editorial, 2014.

MARTIN, B.

The Pentecostal Gender Paradox: A Cautionary Tale for for the Sociology of Religion. *The Blackwell Companion to Sociology of Religion*. Fenn, Richard K. Blackwell Publishing, 2001.

MASUZAWA, T.

The invention of world religions. Chicago, University of Chicago Press, 2005.

MBEMBE, A.

Crítica a razão negra. Tradução: Marta Lança. Antigona, 2014.

Políticas da inimizade. Lisboa: Antígona, 2017.

Necropolítica: Biopoder, soberania, estado de exceção, política de morte. n-1 edições, 2018.

MCCORMACK, M.

The declining significance of homohysteria for male students in three sixth forms in the south of England. *British Educational Research Journal*. 37, 2010, 337–353.

The declining significance of homophobia: How teenage boys are redefining masculinity and heterosexuality. Oxford: Oxford University Press. Littlefield Publishers, 2012.

MCINTOSHI, P.

White privilege: unpacking the invisible knapsack. In: *Peace and freedom*, [s.l.], 1989.

MEDRADO, B.; LYRA, J.

Por uma matriz feminista de gênero para os estudos sobre homens e masculinidades. Disponível em: http://www.scielo.br/pdf/ref/v16n3/05.pdf. Acesso em: 20 out. 2018.

MEMMI, A.

Retrato do colonizado precedido de retrato do colonizador. Rio de Janeiro: Civilização Brasileira, 2007.

MENDES, S. R.

Criminologia feminista: novos paradigmas, 2 ed. Saraiva, 2017.

MENDEZ, J. E.

Accountability for Past Abuses. In: *Human Rights Quaterly*, v. 19 n.2, May 2007, p. 255-282.

MESSERSCHMIDT, J. W.

Masculinities and crime. Rowman&Littlefield Publishers, (1993).

Crime as Structured Action: Gender, Race, Class and Crime in the Making. Thousand Oaks, CA: Sage, 1997.

Masculinities, crime and prison. *In: Prison Masculinities*, edited by D. Sabo, T.A. Kupers and W. London. Philadelphia, PA: Temple University Press, 2001.

Hegemonic masculinity: formulation, reformulation and amplification.Rowman&Littlefield, 2018.

MIGNOLO, W.

Historias locales/diseñosglobales: colonialidad, conocimientos subalternos y pensamientofronterizo. EdicionesAkal, 2003.

"Un Paradigma Otro":Colonialidad Global, PensamientoFronterizo Y Cosmopolitanismo Critico. Dispositio, p. 127-146, 2005.

Desobediência epistêmica: a opção descolonial e o significado de identidade em política. Cadernos de Letras da UFF– Dossiê: Literatura, língua e identidade, n. 34, p. 287-324, 2008a.

*La opciónde-colonial:*desprendimiento y apertura. Un manifiesto y un caso. Bogotá – Colombia: Tabula Rasa, No.8, p. 243-281, 2008b.

*La teoría política enlaencrucijada descolonial.*Ediciones Del Signo, 2009.

MILES, R.

Racism: After 'race relations'. Reprinted, London and New York: Routledge, 1994.

MISKOLCI, R.

O desejo da nação: masculinidade e branquitude no Brasil de fins do xix, São Paulo: Annalumbe, 2012.

MISSE, M.

Malandros, marginais e vagabundos & a acumulação social da violência do Rio de Janeiro. Tese (Doutorado) – Curso de Sociologia. Universidade Estadual do Rio de Janeiro, Rio de Janeiro, 1999.

Sobre a Construção Social do Crime no Brasil: Esboços de uma Interpretação. *In*: Misse, Michel. *Acusados e Acusadores: Estudos sobre ofensas, acusações e incriminações*, 2008.

Sujeição Criminal. In: Lima, R. S. ; Ratton, J. L.; Azevedo, R. G. *Crime, polícia e Justiça no Brasil.* São Paulo: Editora Contexto, 2014.

MOHANTY, C. T.

Sob os olhos do ocidente: estudos feministas e discursos coloniais. In.: Brandão, Izabel. *Traduções da Cultura:* Perspectivas Críticas Feministas (1970-2010). Florianópolis: Edufal; Editora da UFSC, 2017.

MOREIRA, C.

Branquitude é Branquidade? Uma Revisão Teórica da Aplicação dos Termos no Cenário Brasileiro. *Revista da Associação Brasileira de Pesquisadores/as Negros/as (ABPN)*, [S.l.], v. 6, n. 13, p. 73-87, jun. 2014. ISSN 2177-2770. Disponível em: *https://abpnrevista.org.br/index.php/site/article/view/151*. Acesso em: 26 abr. 2022.

MORENO, M. J. M.

"Ser macho neste país é coisa de macho": a culturalização da masculinidade e sua relação assimétrica com a igualdade. *Anuário Antropológico*[online],jun. 2018. Disponível em: http://journals.openedition.org/aa/1795. Acesso em: 27 out. 2020.

MOURA, C.

Sociologia do negro brasileiro. São Paulo: Ática S.A, 1988.

MUNANGA, K.

*Negritude:*usos e sentidos. São Paulo: Ática, 1986.

Uma abordagem conceitual das noções de raça, racismo, identidade e etnia. In: Brandão, A. (org.) *Programa de educação sobre o negro na sociedade brasileira*. Ed. uff: Niterói-RJ, 2004.

MUNANGA, K.

Rediscutindo a mestiçagem no Brasil. Identidade Nacional versus *Identidade Negra*. 2. ed. Belo Horizonte: Editora Autêntica, 2004.

MUNICÍPIO DE ITAPETININGA

Lei n. 2962. Prefeitura Municipal, 12 de dezembro de 1989.

NASCIMENTO, A.

O genocídio do negro brasileiro. Processo de um racismo mascarado. Editora paz e Terra s/a, Rio de Janeiro, 1978.

NERVELL, J.

A brancura desconfortável das classes médias brasileiras. In: Maggie, Y.; Rezende, C. B. *Raça como retórica:* a construção da diferença.Rio de Janeiro, Civilização Brasileira: 2001, p. 245 – 269.

NEWTON, C.

Gender theory and prison sociology: Using theories of masculinities to interpret the sociology of prisons for men. *The Howard Journal*, 33(3), 1994, p. 193–101.

NUTTALL, S.

Subjetividades da branquidade. In. WARE, V. (org.) *Branquidade:* identidade branca e multiculturalismo. Rio de Janeiro: Garamond, 2004. p. 183-218.

OCCUPATIONAL THERAPY PRACTICE

Framework: Domain & Process. (2nd ed., Carleto, D. G. de S. *et al.*, trad.). *The American JournalOccupationalTherapy*. Nov/dec, 2008, 63(6), 625-683.

OEA

Convenção Americana de Direitos Humanos, 1969, Disponível em: https://www.cidh.oas.org/basicos/portugues/c.convencao_americana.htm. Acesso em: 19 fev. 2019.

Convenção Interamericana Para Prevenir e Punir a Tortura, Disponível em: http://www.oas.org/pt/cidh/mandato/dbasicos.asp, Acesso em: 19 fev. 2019.

OLIVER, G.

*Real men have feelings too.*Chicago: Moody Press, 1993.

OLIVEIRA, L.

O. A. *Expressões de Vivência da Dimensão Racial de Pessoas Brancas: representações de branquitude entre indivíduos brancos.* Orientador: Dr. Antônio Carlos Chagas.Dissertação (Mestrado), Salvador, 2007. Disponível em: http://www.pospsi.ufba.br/Lucio_Oliveira.pdf. Acesso em: 21 fev. 2022.

ONU

Convenção contra a Tortura e Outros Tratamentos ou Penas Cruéis, Desumanos ou Degradantes, Disponível em: http://www2.camara.leg.br/atividade-legislativa/comissoes/comissoes-permanentes/cdhm/comite-brasileiro-de-direitos-humanos-e-política-externa/ConvTortTratPenCruDesDegr.html. Acesso em: 19 fev. 2019.

Manual para Documentação e Investigação Eficazes sobre Tortura e outros Tratamentos ou Penas Cruéis, Degradantes ou Desumanas (Protocolo de Istambul), Disponível em: www.dhnet.org.br/dados/manuais/a_pdf/manual_protocolo_istambul.pdf.Acesso em: 21 jan. 2019.

Regras de Mandela: Regras Mínimas das Nações Unidas para o Tratamento de Presos. Disponível em: http://www.cnj.jus.br/files/conteudo/arquivo/2016/05/39ae8bd2085fdbc4a1b02fa6e3944ba2.pdf. Acesso em: 19 fev. 2019.

Regras de Bangkok: Regras das Nações Unidas para o Tratamento de Mulheres Presas e Medidas Não Privativas de Liberdade para Mulheres Infratoras. Disponível em: http://www.cnj.jus.br/files/conteudo/arquivo/2016/03/a858777191da58180724ad5caafa6086.pdf, Acesso em: 19 fev. 2019.

ORO, A. P.

Neopentecostais e afro – brasileiros: quem vencerá esta guerra? Debates do ner, Porto Alegre, n. 1, p. 10-36, 1997.

OWINO, K.

"Godly manhood": evangelical constructions of masculinities in a South African context - a case study of the Mighty Men's Conference (MMC). Thesis. School of Religion, Philosophy and Classics. College of Humanities University of Kwazulu, Natal. 267p. February 2014.

PARSONS, T.

Sociedades: perspectivas evolutivas e comparativas. São Paulo: Pioneira, 1969.

PASSOS, J. D.; USARSKI, F. (ORG.).

Compêndio de Ciência da Religião. São Paulo: Paulinas; Paulus, 2013

PEREIRA, A. B. D. V.

"São os evangélicos que seguram essa cadeia, se não fossem eles, quem iria converter os mauzão?: considerações sobre o papel do "proceder evangélico" na prisão. 1. ed. [S.l.: s.n.], 2017. p. 10-96.

PENTEADO FILHO, N. S.

Manual esquemático de criminologia. 5. ed. São Paulo: Saraiva, 2015.

PESSINI, L & BERTACHINI, L.

Cuidados Paliativos e Espiritualidade. *Revista Brasileira de Cuidados Paliativos*. São Paulo, 2010. 11-13.

PHILLIPS, C.

The multicultural prison. Ethnicity, masculinity, and social relations among prisoners. Oxford: Oxford University Press, 2012.

PIZA, E.

Brancos no Brasil? Ningúem sabe, ninguém viu. In: Guimarães, A . S. A; Huntley, L. *Tirando a máscara:* ensaios sobre o racismo no Brasil. São Paulo: Paz e Terra, 2000. p. 97-126.

Porta de vidro: entrada para branquitude. In: Carone, I. & Bento, M. A. S. (org.) *Psicologia Social do racismo*: estudos sobre branquitude e branqueamento no Brasil, (pp. 59-90). Petrópolis: Editora Vozes, 2002.

Adolescência e racismo: uma breve reflexão. An. 1 *Simp. Internacional do Adolescente*. maio. 2005. Disponível em: http://www.proceedings.scielo.br/scielo.php?pid=MS-

C0000000820050001000022&script=sci_arttext. Acesso em: 13 mar. 2022.

PIEDADE, V.

Dororidade, São Paulo: Editora Nós, 2017.

PRATES, M. C.

Governo Temer veta palavra 'presidenta' em publicações da EBC. Estado de Minas. Minas Gerais, 2016. Disponível em: https://www.em.com.br/app/noticia/politica/2016/05/31/interna_politica,767923/palavra-presidenta-e-vetada-na-ebc.shtml. Acesso em: 13 abr. 2021.

PRESIDÊNCIA DA REPÚBLICA

Casa Civil. Subchefia para Assuntos Jurídicos. *Lei de n 7.210, de 11 de Julho de 1984*. Disponível em: http://www.planalto.gov.br/ccivil_03/leis/l7210.htm. Acesso em: 1 jul. 2020.

Decreto 6.085/2007: Protocolo Facultativo à Convenção contra a Tortura e Outros Tratamentos ou Penas Cruéis, Desumanos ou Degradantes, Disponível em: http://www.planalto.gov.br/ccivil_03/_Ato2007-2010/2007/Decreto/D6085.htm. Acesso em: 19 fev. 2019.

PRISION RADIO ASSOCIATION

2021. Disponível em: https://prison.radio/about/#story. Acesso em: 8 jul. 2021.

QUEIROZ,N.

Presos que menstruam. 2015. Disponível em: https://www.ufsj.edu.br/portal2repositorio/File/centrocultural/Presos%20Que%20Menstruam%20-%20Nana%20Queiroz.pdf. Acesso em: 13 abr. 2020.

QUIJANO, A.

Colonialidade do poder, eurocentrismo e América Latina. *In*: Lander, E. (org.). *A colonialidade do saber:* eurocentrismo e ciências sociais. Perspectivas latino-americanas. ColecciónSurSur, Clacso, CiudadAutómana de Buenos Aires, Argentina. Setembro, 2005. p. 227-278.

QUIJANO, A.

Colonialidade do poder e classificação social. In: Santos, B. S.; Meneses, M. P. (org.). *Epistemologias do Sul.* Coimbra: Almedina, CES, 2010, p. 84-130.

RACHLEFF, P.

"Branquidade": seu lugar na historiografia da raça e da classe nos Estados Unidos. In: WARE, V. *Branquidade*: identidade branca e multiculturalismo. Rio de Janeiro: Garamond, (org.), 2004. p. 97 – 114.

RACIONAIS MC'S

Diário de um detento. Álbum *Sobrevivendo no Inferno.* Disponível em: https://www.youtube.com/watch?v=GtffDryamtg. Acesso em: 13 jan. 2020.

RAMALHO, J. R.

Mundo do crime: a ordem pelo avesso. Rio de Janeiro: Edições Graal, 1979.

RAMOS, A. G.

Introdução crítica à sociologia brasileira. Editora UFRJ, 1995.

Patologia social do "branco" brasileiro, 1995[1957] b. In: Ramos, A. G., 1995[1957] a, p. 215-240.

O problema do negro na sociologia brasileira. 1995[1957]c. *In*: Ramos, A. G., 1995[1957]a, 163-211.

Toward a decolonial feminism". Hypatia, 2010. 25 (4): 742-759.

REUTNER, U.

De nobis ipsis silemus? As marcas de pessoa em artigo científico. Tradução de Daniella Lopes Dias Ignácio Rodrigues. Belo Horizonte, 2013.

REVELL, J.

Michel Foucault: Conceitos essenciais. 1. ed. São Carlos: Claraluz, 2005. p. 13-87.

RODRIGUES, E.

A exegese das exegeses. Quando compreender a relação entre símbolos, eventos e sentidos desvela intenções de poder e deslegitima intolerâncias. p. 59-88. In: *Existência e Desafio*. Um rabino na periferia da Palestina. Org: Jorge Pinheiro. Fonte Editorial, 2019, 263 p.

ROEDIGER, D. R.

Towards the Abolition of Whiteness. London, New York: Verso, 2000.

ROLIM, F. C.

Pentecostais no Brasil - uma Interpretação Sócio-religiosa. Petrópolis:Vozes, 1994.

ROSADO, M. J.

O Impacto do feminismo sobre o estudo das Religiões. In: *Cadernos Pagu*.Campinas, nº 16, 2001, pp.79-96.

ROSALDO, R.

Las Cambiantes Narrativas Chicanas. In: *Cultura y Verdad. Nueva Propuesta de Análisis Social. México*, D.F. Grijalbo. p. 139-155, 1989.

SAID, E. W.

Orientalismo: o Oriente como invenção do Ocidente. São Paulo: Companhia das Letras, 1990.

SAN QUENTIN RADIO

*What happens when prison populations are integrated after decades of being kept apart?*Kalu, 2018. Disponível em: https://www.kalw.org/post/what-happens-when-prison-populations-are-integrated-after-decades-being-kept-apart. Acesso em: 8 jul. 2021.

SANTOS, B. S.

Toward a New Common Sense: Law, Science and Politics in the Paradigmatic Transition. Nova Iorque: Routledge, 1995a.

Pela Mão de Alice: o social e o político na pós-modernidade. 8ª ed. Porto: Afrontamento, 2002a.

A gramática do tempo: para uma nova cultura política. Para um novo senso comum: a ciência, o direito e a política na transição paradigmática. Vol. 4. Porto: Afrontamento, 2006a.

Uma sociologia das ausências e uma sociologia das emergências. En Renovar lateoría crítica y reinventar laemancipación social (encuentrosen Buenos Aires). Buenos Aires: Clacso, 2006b.

Se Deus fosse um ativista dos direitos humanos. 2.ed. São Paulo: Cortez, 2014.

SANTOS, B. S.; MENESES, M. P. (ORGS).

*Epistemologias do Sul.*Coimbra: Almedina, CES, 2010.

SARTRE, J.-P.

Reflexões sobre o racismo, I Reflexões sobre a questão judaica, II Orfeu Negro. 2. ed. São Paulo: Difusão Europeia do Livro, 1960.

SCHUCMAN, L. V.

Entre o "encardido", o "branco" e o "branquíssimo": raça, hierarquia e poder na construção da branquitude paulistana, Tese (Doutorado) – Curso de Psicologia. Universidade de São Paulo, São Paulo, 2012.

SCHUCMAN, L. V.; COSTA, E. S.; CARDOSO, L.

Quando a identidade racial do pesquisador deve ser considerada:Paridade e Assimetria Racial.*Revista da ABPN*, v. 4, n. 8, p.15-29, 2012.

SCHWARCZ, L. M.

Retrato em Branco e Negro — Jornais, Escravos e Cidadaos em Sao Paulo no Final do Seculo xix. São Paulo: Companhia das Letras, 1987.

*O espetáculo das raças:*cientistas, instituições e questão racial no Brasil - 1870/1930. São Paulo: Companhia das Letras, 1993.

SCOTT, J.

Gênero: uma categoria útil para a análise histórica. Disponível em: http://disciplinas.stoa.usp.br/pluginfile.php/6393/

mod_resource/content/1/G%C3%AAnero-Joan%20Scott.pdf. Acesso em: 22 jun. 2012.

SCOTT, L. A.

Relatório da Prisão de San Quenti, KALW Public Media / 91,7 FM Bay Area, 2015. Disponível em: https://www.kalw.org/post/brothers-keepers-suicide-support-group-inmates. Acesso em: 08 jul. 2021.

Brother's Keepers: A suicide support group for inmates, Kalau, 2016. Disponível em: https://www.kalw.org/post/brothers-keepers-suicide-support-group-inmates. Acesso em: 8 jul. 2021.

SEGATO, R. L.

Território, soberania e crimes de segundo Estado: a escritura nos corpos das mulheres de Ciudad Juarez. *Revista Estudos Feministas*. Florianópolis, v. 13, n. 2, p. 265-285, maio/ago. 2005. Disponível em: https://www.scielo.br/pdf/ref/v13n2/26882.pdf. Acesso em: 27 set. 2020.

Gênero e colonialidade: em busca de chaves de leitura e de um vocabulário estratégico descolonial. Trad. Rose Barboza. *E-cadernos CES (Online)*. v. 18, p. 106-131, 2012. Disponível em: https://journals.openedition.org/eces/1533 . Acesso em: 9 mai. 2018.

SEIXAS, T.

*Salvador em bairros:*Liberdade e sua diversidade cultural. Disponível em: http://atarde.uol.com.br/materias/1669344. Acesso em: 13 nov. 2021.

SHEEDY, M.

Ateísmo metodológico vs. agnosticismo metodológico. Último Andar, São Paulo, v. 1, n. 29, 2016, p. 295-303.

SHELIGA, E. L.

E me visitastes quando estive preso: sobre a conversão religiosa em Unidades penais de Segurança Máxima. 2000. 167f. Dissertação (Mestrado) – Curso de Antropologia Social. Universidade Federal de Santa Catarina, Florianópolis, 2000.

SIBAI, S. A.
*La carcel del feminismo:*hacia um pensamento islámico decolonial. Espanha: Akal, 2016.

SILVA, A. C.
*Cor e posição simbólica:*o lugar do negro na modernidade. Caxambu [mimeo.], 1991.

SILVA, B. C. A. R. *et al.*
Machismo na política e seu peso no impeachment da presidenta Dilma Roussefd. In: *Anais do XIX Congresso de Ciências da Comunicação na Região Nordeste.*Fortaleza/CE, 2017. Disponível em: https://www.portalintercom.org.br/anais/nordeste2017/resumos/R57-0109-1.pdf. Acesso em: 08 jul. 2020.

SILVA, N. V.
Distância social e casamento inter-racial no Brasil. In: Hasenbalg, C.a. & Silva, N. do V. *Relações raciais no Brasil contemporâneo*. Rio de Janeiro: Rio Fundo Editora/Iuperj, 1992. p.17-53.

SILVA, V. G.
O antropólogo e sua magia. São Paulo: Edusp, 2000.

SILVA, V. G; REIS, L. V. S. (ORG.).
A antropologia e seus espelhos. São Paulo: Pós-Graduação em Antropologia, USP, São Paulo, 1996.

SKIDMORE, T.
"Fato e mito: descobrindo um problema racial no Brasil". *Cadernos de pesquisa*. n. 79, p. 5-16. São Paulo, 1991.

SLOAN, J.
Men inside: Masculinity and the adult male prison experience. Unpublished PhD thesis, The University of Sheffield, 2011.

SOUZA, N.S.

Tornar-se negro: as vicissitudes da identidade do negro brasileiro em ascensão social. Rio de Janeiro: Graal, 1983.

SOUZA, S. D.

O gênero da discórdia. A Igreja Católica e a campanha contra os direitos das mulheres na política internacional: uma abordagem a partir das conferências do Cairo e de Pequim. *Religare*, v. 15, n. 2, p. 483-504, dez. 2018. Disponível em: https://periodicos.ufpb.br/ojs2/index.php/religare/article/view/42234/22049. Acesso em: 11 jul. 2020.

SOUZA, T. L. S.

A era do grande encarceramento: Tortura e Superlotação Prisional no Rio de Janeiro.Rio de Janeiro: Editora Revan, 2018.

SOVIK, L.

Aqui ninguém é branco: hegemonia branca no Brasil. 2004a. *In*: Ware, V. (org.), 2004, p. 363-386.

We are family: Whiteness in the brazilian media, In: Journal of Latin American Cultural of Studies, vol., 13, nº 13, p. 315-325, 2004b.

Por que tenho razão: branquitude, estudos culturais, e a vontade da verdade acadêmica. *Contemporânea Revista de Comunicação e Cultura Journal of Comunication and culture.* vol. 3, nº 2, p. 159-180, jul. dez, 2005.

SOZZO, M.

Viagens Culturais e questão criminal, Tradução: Sérgio Lamarão. Rio de Janeiro: Editora Revan, 2014.

STERN, F. L.

Metodologia em Ciência da Religião. *RevistaRelegensThréskeia*, 2021, pp.138-160.

STIEGLER, B.

*Acting out.*Stanford: Stanford University Press, 2008.

STRATHERN, M.

O gênero da dádiva: problemas com as mulheres e problemas com a sociedade na Melanésia. Campinas: Unicamp, 2006.

STREVA, J. M.

Corpo, Raça, Poder: Extermínio Negro no Brasil. Uma leitura crítica, decolonial e foucaultiana. Rio de Janeiro: Editora-Multifoco, 2018.

SYKES, G.

The Society of Captives: A Study of a Maximum Security Prison. Princeton, NJ: Princeton University Press, 1958.

TRIBUNAL DE JUSTIÇA DO ESTADO DE MINAS GERAIS

Programa Novos Rumos (Cartilha), 2018, p.38

TWORUSCHKA, U.

Ciência prática da religião: considerações teóricas e metodológicas. In: Passos, João Décio; Usarski, Frank (org.). *Compêndio de ciência da religião.*São Paulo: Paulinas, 2013, pp. 577- 588.

UGELVIK, T.

'Be a Man. Not a Bitch.' Snitching, the Inmate Code and the Narrative Reconstruction of Masculinity in a Norwegian Prison. *Men, Masculinities and the Criminological Field.* I. Lander, N. Jon and S. Ravn (eds), Ashgate 2014, 57-70.

UNODC

Regras Mínimas das Nações Unidas para Tratamento de Reclusos. Disponível em: https://www.unodc.org/documents/justice-and-prison-reform/Nelson_Mandela_Rules-P-ebook.pdf. Acesso em: 08 jul. 2021.

URIBE, G; LIMA, D.

Ato em São Paulo pede Impeachment de Dilma e Intervenção Militar. *Folha Uol.* São Paulo, 2014. Disponível em: https://www1.folha.uol.com.br/poder/2014/11/1542047-ato-em-sao-paulo-pede-impeachment-de-dilma-e-intervencao-militar.shtml. Acesso em: 13 abr. 2021.

VAN KLINKEN, A.
Men in the Remaking: Conversion Narratives and Born-Again Masculinity in Zambia. *Journal of Religion in Africa*, p. 215-239, 2012.

VARELLA, D.
EstaçãoCarandiru. São Paulo: Companhia das Letras, 1999.

VASCONCELOS, F.
A outra face da violência nas relações de gênero: o homem preso pela Lei Maria da Penha. Monografia em Serviço Social. Fortaleza: UECE, 2011.
Manicômios, prisões e conventos. São Paulo: Perspectiva, 1974.

VIVEROS-VIGOYA, M.
As cores da masculinidade: experiências interseccionais e práticas de poder na Nossa América.Rio de Janeiro: Papéis Selvagens, 2018.

VIVEIROS DE CASTRO, E.
"O Nativo Relativo". *Mana*, 2002. 8(1): 113-148.

WARE, V. (ORG.)
Branquidade: identidade branca e multiculturalismo. Rio de Janeiro: Garamond, 2004.

WARE, V.
Introdução: O poder duradouro da branquidade um problema a solucionar. Rio de Janeiro: Garamond Universitária, 2004a.

WEBER, M.
A Ética Protestante e o Espírito do Capitalismo. São Paulo: Pioneira, 1981.
Ciência como vocação. In: *Metodologia das ciências sociais*. Parte II. São Paulo: Cortez; Campinas: Ed.Unicamp, 1993.

WHITEHEAD, M.
Men and Masculinities. Cambridge: Polity Press, 2002.

YOUNTAE, A.
A decolonial theory of religion. Contending Modernities, Notre Dame, Feb. 28, 2020. Availablefrom: https://url.gratis/nGAnH. Access on: June 25, 2020.

ZAFFARONI, E. R.
Em busca das penas perdidas: A perda de legitimidade do Sistema Penal. Tradução de Vânia Ramos Pedrosa e Amir Lopes da Conceição, 5ª edição, Rio de Janeiro: Ed. Revan, 2001.

ZAFFARONI, E. R. *et al.*
Direito penal brasileiro: teoria geral do direito penal. Rio de Janeiro: Revan, 2011.

ZUBERI, T.; BONILLA-SILVA, E. (ED.)
White logic, white methods: racism and methodology. Lanham: Plymouth, Rowman &Littlefi eld Publishers, 2008.